国家语委普通话与文字应用培训测试中心组编

PUTONGHUA SHUIPING CESHI YINGSHI ZHIDAO

普通话水平测试应试指导

PSC

U0818713

主编：刘朋建　　王　敏（执行）

统筹：于　谦

编者（按音序排列）：

陈　茜　韩玉华　孟　晖　齐　影　苏　恒　孙海娜

陶昱霖　王　佳　王　磊　于　谦　朱丽红

审定：姚喜双　王翠叶　齐军华

语文出版社

·北京·

图书在版编目（CIP）数据

普通话水平测试应试指导 / 国家语委普通话与文字应用培训测试中心组编. -- 北京 : 语文出版社, 2023.9（2025.3重印）
ISBN 978-7-5187-1429-2

Ⅰ. ①普… Ⅱ. ①国… Ⅲ. ①普通话－水平考试－自学参考资料 Ⅳ. ①H102

中国版本图书馆CIP数据核字(2021)第228068号

责任编辑 冀丽萍 白子一
装帧设计 徐晓森
出　　版 语文出版社
地　　址 北京市东城区朝阳门内南小街51号 100010
电子信箱 ywcbsywp@163.com
排　　版 华艺世纪缘科技发展有限公司
印刷装订 北京市大天乐投资管理有限公司
发　　行 语文出版社 新华书店经销
规　　格 787mm×1092mm
开　　本 1/16
印　　张 14.75
字　　数 295千字
版　　次 2023年9月第1版
印　　次 2025年3月第7次印刷
定　　价 30.00元

010-65253954(咨询) 010-65251033(购书) 010-65250075(印装质量)

目 录

前　言

普通话水平测试测查应试人的普通话规范程度、熟练程度。通过普通话水平测试，以测促训，提高普通话水平，是推广普及国家通用语言文字的重要举措。

本书由国家语委普通话与文字应用培训测试中心组编，严格依据《普通话水平测试大纲》和《普通话水平测试实施纲要》，内容简明扼要，密切结合测试过程，特别针对测试中的难点和失分点，兼顾科学性、系统性、实用性。

全书共分五部分：第一部分是对测试的介绍，提供了等级标准、测试大纲与样卷；第二部分是对普通话语音系统的分析；第三部分详细介绍每一测试项的测试要求、测试范围、评分标准，分析常见失分原因，并给出测前训练建议；第四部分介绍计算机辅助普通话水平测试的操作过程和需要注意的细节；第五部分提供三套测试训练试卷，并附有答案和重点难点解析。

希望本书有助于读者提高测试成绩，系统了解普通话语音知识，掌握学习普通话的方法，有效提升普通话水平。

第一部分
普通话水平测试介绍

一　普通话水平测试简介

1994 年 10 月，国家语言文字工作委员会、国家教育委员会、广播电影电视部发布《关于开展普通话水平测试工作的决定》（国语〔1994〕43 号），以此为标志，普通话水平测试正式开始实施。

普通话水平测试的直接目的是对应试人说普通话的规范程度和熟练程度进行测量，评定应试人所达到的水平等级。但普通话水平测试又不仅仅是一种评价工具，它是我国推广普通话工作顺应时代和社会发展进行语言规划、提供语言服务的产物。测试是工具，是手段，促进普通话普及和提高才是开展普通话水平测试的根本目的。

普通话水平测试工作特别强调“以训保测，以测促训”的原则。普通话是需要学习和训练的，参加普通话水平测试的过程也是强化训练的过程。为了取得好成绩，应试人需充分了解测试的目的和要求，在学习和练习普通话的过程中明确目标，突出重点，突破难点，把测试作为对自己学习成果的检验，肯定成绩，发现不足，以利继续改进和提高。

普通话水平达标是部分职业资格的取得条件之一。2000 年 10 月 31 日，第九届全国人民代表大会常务委员会第十八次会议通过了《中华人民共和国国家通用语言文字法》，2001 年 1 月 1 日开始实施。这是我国第一部关于语言文字的专门法律，该法第二章第十九条明确规定：“以普通话作为工作语言的播音员、节目主持人和影视话剧演员、教师、国家机关工作人员的普通话水平，应当分别达到国家规定的等级标准；对尚未达到国家规定的普通话等级标准的，分别情况进行培训。”

2022 年 1 月 1 日起施行的《普通话水平测试管理规定》（教育部令第 51 号）要求，教师，广播电台、电视台的播音员、节目主持人，影视话剧演员，国家机关工作人员和行业主管部门规定的其他应该接受测试的人员，在取得相应职业资格或者从事相应岗位工作前，应当根据法律规定或者职业准入条件的要求接受测试；师范类专业、播音与主持艺术专业、影视话剧表演专业以及其他与口语表达密切相关专业的学生应当接受测试。

以教师行业为例，2000 年 9 月 23 日发布实施的《〈教师资格条例〉实施办法》（教育部令第 10 号）第八条规定：申请认定教师资格者“普通话水平应当达到国家语言文字工作委员会颁布的《普通话水平测试等级标准》二级乙等以上标准。少数方言复杂地区的普通话水平应当达到三级甲等以上标准；使用汉语和当地民族语言教学的少数民族自治地区的普通话水平，由省级人民政府教育行政部门规定标准”。

普通话水平测试是我国语言文字工作的成功实践。自 1994 年实施以来发展迅速，在推普工作中发挥了重要作用。截至目前，全国已建立了 2000 多个测试站，参加普通话水平测试的人次累计超过 1 亿。普通话水平测试管理和测评的手段也已经实现了由最初的全人工操作模式到基于网络和计算机的信息化大发展。

为适应社会发展需求，针对不同人群、不同行业领域的普通话水平测试工具正在陆续开发研制。不断完善的国家通用语言文字测评体系，将为国家通用语言文字应用能力的全面提升提供有力支持。

二　普通话水平测试等级标准（试行）

《普通话水平测试等级标准（试行）》（以下简称《等级标准》）是普通话水平测试对于普通话水平的界定。普通话水平测试通过有针对性的内容设计，在朗读和自由交谈这两种口语活动中，考查应试人读和说的语音面貌，着重从语音、词汇语法、语调和流畅程度等四个方面对应试人的普通话水平进行评定。《等级标准》把普通话水平分为三级六等，对每一个等级既有定性的描述，又有定量的分数指标。如果成绩在三级乙等（60 分）以下，就属于“不入级”了，需要加强普通话学习，才能保证交流基本顺畅。

普通话水平测试等级标准（试行）

（国家语言文字工作委员会 1997 年 12 月 5 日颁布，国语〔1997〕64 号）

一　级

甲等　朗读和自由交谈时，语音标准，词汇、语法正确无误，语调自然，表达流畅。测试总失分率在 3% 以内。

乙等　朗读和自由交谈时，语音标准，词汇、语法正确无误，语调自然，表达流畅。偶然有字音、字调失误。测试总失分率在 8% 以内。

二　级

甲等　朗读和自由交谈时，声韵调发音基本标准，语调自然，表达流畅。少数难点音（平翘舌音、前后鼻尾音、边鼻音等）有时出现失误。词汇、语法极少有误。测试总失分率在 13% 以内。

乙等　朗读和自由交谈时，个别调值不准，声韵母发音有不到位现象。难点音（平翘舌音、前后鼻尾音、边鼻音、fu—hu、z—zh—j、送气不送气、i—ü 不分，保留浊塞音和浊塞擦音、丢介音、复韵母单音化等）失误较多。方言语调不明显。有使用方言词、方言语法的情况。测试总失分率在 20% 以内。

三　级

甲等　朗读和自由交谈时，声韵调发音失误较多，难点音超出常见范围，声调调值多不准。方言语调较明显。词汇、语法有失误。测试总失分率在 30% 以内。

乙等　朗读和自由交谈时，声韵调发音失误多，方音特征突出。方言语调明显。词汇、语法失误较多。外地人听其谈话有听不懂情况。测试总失分率在 40% 以内。

三　普通话水平测试大纲

《普通话水平测试大纲》（以下简称《测试大纲》）以《等级标准》为依据，是具体的测试工具的蓝图，说明了普通话水平测试是如何进行的。《测试大纲》体现了《等级标准》对普通话水平的界定，规定了测试的评分系统。

普通话水平测试大纲

（教育部　国家语委发教语用〔2003〕2 号文件）

根据教育部、国家语言文字工作委员会发布的《普通话水平测试管理规定》《普通话水平测试等级标准》，制定本大纲。

一、测试的名称、性质、方式

本测试定名为“普通话水平测试”（PUTONGHUA SHUIPING CESHI，缩写为 PSC）。

普通话水平测试测查应试人的普通话规范程度、熟练程度，认定其普通话水平等级，属于标准参照性考试。本大纲规定测试的内容、范围、题型及评分系统。

普通话水平测试以口试方式进行。

二、测试内容和范围

普通话水平测试的内容包括普通话语音、词汇和语法。

普通话水平测试的范围是国家测试机构编制的《普通话水平测试用普通话词语表》《普通话水平测试用普通话与方言词语对照表》《普通话水平测试用普通话与方言常见语法差异对照表》《普通话水平测试用朗读作品》《普通话水平测试用话题》。

三、试卷构成和评分

试卷包括5个组成部分，满分为100分。

（一）读单音节字词（100个音节，不含轻声、儿化音节），限时3.5分钟，共10分。

1. 目的：测查应试人声母、韵母、声调读音的标准程度。

2. 要求：

（1）100个音节中，70%选自《普通话水平测试用普通话词语表》“表一”，30%选自“表二”。

（2）100个音节中，每个声母出现次数一般不少于3次，每个韵母出现次数一般不少于2次，4个声调出现次数大致均衡。

（3）音节的排列要避免同一测试要素连续出现。

3. 评分：

（1）语音错误，每个音节扣0.1分。

（2）语音缺陷，每个音节扣0.05分。

（3）超时1分钟以内，扣0.5分；超时1分钟以上（含1分钟），扣1分。

（二）读多音节词语（100个音节），限时2.5分钟，共20分。

1. 目的：测查应试人声母、韵母、声调和变调、轻声、儿化读音的标准程度。

2. 要求：

（1）词语的70%选自《普通话水平测试用普通话词语表》“表一”，30%选自“表二”。

（2）声母、韵母、声调出现的次数与读单音节字词的要求相同。

（3）上声与上声相连的词语不少于3个，上声与非上声相连的词语不少于4个，轻声不少于3个，儿化不少于4个（应为不同的儿化韵母）。

（4）词语的排列要避免同一测试要素连续出现。

3. 评分：

（1）语音错误，每个音节扣0.2分。

（2）语音缺陷，每个音节扣0.1分。

（3）超时1分钟以内，扣0.5分；超时1分钟以上（含1分钟），扣1分。

（三）选择判断*，限时3分钟，共10分。

1. 词语判断（10组）

（1）目的：测查应试人掌握普通话词语的规范程度。

（2）要求：根据《普通话水平测试用普通话与方言词语对照表》，列举10组普通话与方言意义相对应但说法不同的词语，由应试人判断并读出普通话的词语。

（3）评分：判断错误，每组扣0.25分。

2. 量词、名词搭配（10组）

（1）目的：测查应试人掌握普通话量词和名词搭配的规范程度。

（2）要求：根据《普通话水平测试用普通话与方言常见语法差异对照表》，列举10个名词和若干量词，由应试人搭配并读出符合普通话规范的10组名量短语。

（3）评分：搭配错误，每组扣0.5分。

3. 语序或表达形式判断（5组）

（1）目的：测查应试人掌握普通话语法的规范程度。

（2）要求：根据《普通话水平测试用普通话与方言常见语法差异对照表》，列举5组普通话和方言意义相对应，但语序或表达习惯不同的短语或短句，由应试人判断并读出符合普通话语法规范的表达形式。

（3）评分：判断错误，每组扣0.5分。

选择判断合计超时1分钟以内，扣0.5分；超时1分钟以上（含1分钟），扣1分。答题时语音错误，每个错误音节扣0.1分；如判断错误已经扣分，不重复扣分。

（四）朗读短文（1篇，400个音节），限时4分钟，共30分。

1. 目的：测查应试人使用普通话朗读书面作品的水平。在测查声母、韵母、声调读音标准程度的同时，重点测查连读音变、停连、语调以及流畅程度。

2. 要求：

（1）短文从《普通话水平测试用朗读作品》中选取。

（2）评分以朗读作品的前400个音节（不含标点符号和括注的音节）为限。

3. 评分：

（1）每错 1 个音节，扣 0.1 分；漏读或增读 1 个音节，扣 0.1 分。

（2）声母或韵母的系统性语音缺陷，视程度扣 0.5 分、1 分。

（3）语调偏误，视程度扣 0.5 分、1 分、2 分。

（4）停连不当，视程度扣 0.5 分、1 分、2 分。

（5）朗读不流畅（包括回读），视程度扣 0.5 分、1 分、2 分。

（6）超时扣 1 分。

（五）命题说话，限时 3 分钟，共 30 分。

1. 目的：测查应试人在无文字凭借的情况下说普通话的水平，重点测查语音标准程度、词汇语法规范程度和自然流畅程度。

2. 要求：

（1）说话话题从《普通话水平测试用话题》中选取，由应试人从给定的两个话题中选定 1 个话题，连续说一段话。

（2）应试人单向说话。如发现应试人有明显背稿、离题、说话难以继续等表现时，主试人应及时提示或引导。

3. 评分：

（1）语音标准程度，共 20 分。分六档：

一档：语音标准，或极少有失误。扣 0 分、0.5 分、1 分。

二档：语音错误在 10 次以下，有方音但不明显。扣 1.5 分、2 分。

三档：语音错误在 10 次以下，但方音比较明显；或语音错误在 10 次—15 次之间，有方音但不明显。扣 3 分、4 分。

四档：语音错误在 10 次—15 次之间，方音比较明显。扣 5 分、6 分。

五档：语音错误超过 15 次，方音明显。扣 7 分、8 分、9 分。

六档：语音错误多，方音重。扣 10 分、11 分、12 分。

（2）词汇语法规范程度，共 5 分。分三档：

一档：词汇、语法规范。扣 0 分。

二档：词汇、语法偶有不规范的情况。扣 0.5 分、1 分。

三档：词汇、语法屡有不规范的情况。扣 2 分、3 分。

（3）自然流畅程度，共 5 分。分三档：

一档：语言自然流畅。扣 0 分。

二档：语言基本流畅，口语化较差，有背稿子的表现。扣 0.5 分、1 分。

三档：语言不连贯，语调生硬。扣 2 分、3 分。

说话不足3分钟，酌情扣分：缺时1分钟以内（含1分钟），扣1分、2分、3分；缺时1分钟以上，扣4分、5分、6分；说话不满30秒（含30秒），本测试项成绩计为0分。

四、应试人普通话水平等级的确定

国家语言文字工作部门发布的《普通话水平测试等级标准》是确定应试人普通话水平等级的依据。测试机构根据应试人的测试成绩确定其普通话水平等级，由省、自治区、直辖市以上语言文字工作部门颁发相应的普通话水平测试等级证书。

普通话水平划分为三个级别，每个级别内划分两个等级。其中：

97分及其以上，为一级甲等；

92分及其以上但不足97分，为一级乙等；

87分及其以上但不足92分，为二级甲等；

80分及其以上但不足87分，为二级乙等；

70分及其以上但不足80分，为三级甲等；

60分及其以上但不足70分，为三级乙等。

*说明：各省、自治区、直辖市语言文字工作部门可以根据测试对象或本地区的实际情况，决定是否免测“选择判断”测试项。如免测此项，“命题说话”测试项的分值由30分调整为40分。评分档次不变，具体分值调整如下：

（1）语音标准程度的分值，由20分调整为25分。

一档：扣0分、1分、2分。

二档：扣3分、4分。

三档：扣5分、6分。

四档：扣7分、8分。

五档：扣9分、10分、11分。

六档：扣12分、13分、14分。

（2）词汇语法规范程度的分值，由5分调整为10分。

一档：扣0分。

二档：扣1分、2分。

三档：扣3分、4分。

（3）自然流畅程度，仍为5分，各档分值不变。

从《测试大纲》评分设计可以看出，语音的分值约占75%，比重最大，说明普通话学习中语音是重点。其次，词汇语法尽管在测试中分值不高，但也是普通话不可或缺的语言要素，学习者要做到词汇语法规范，才能避免在测试中失分，避免在实际交流中出现让人听不懂的情况。自然流畅程度分值最少。普通话说得既标准规范，又运用得熟练流畅，这是比较高的要求，应当成为普通话学习者努力达成的更高目标。

《测试大纲》中规定的试题范围由《普通话水平测试实施纲要》（以下简称《纲要》）呈现。由于与测试之间的密切联系，《纲要》也常常被作为普通话教学的内容。如果把《纲要》掌握得非常熟练，普通话水平测试成绩一定不会低。但是也要注意，《纲要》毕竟只是测试范围，无法覆盖全部的普通话运用场景，只有把《纲要》的内容内化为个人语言交流习惯，才能在日常的社会交际中熟练运用，也就真正起到了普通话水平测试的作用。

四　普通话水平测试样卷

（一）读单音节字词（100 个音节，共 10 分，限时 3.5 分钟）

郝	缺	瓷	酸	捺	虞	坑	概	选	仕
耳	滕	苍	粉	遍	垮	谈	热	品	熊
掳	赛	虫	擀	房	拐	凑	铡	永	踞
黑	弱	修	鼎	裘	端	准	腭	粪	抿
群	搜	船	笔	渍	蛙	绫	诏	奎	绢
拈	甩	碟	郡	皇	嫩	翁	帛	家	犊
略	雅	票	乳	颇	外	嗓	臻	雪	迸
沏	魂	幂	脑	宽	甜	寡	鬃	窦	姬
坐	柔	秒	杯	冷	安	腿	尊	凡	柯
存	瞥	水	酿	爽	眸	药	产	绛	迟

（二）读多音节词语（100 个音节，共 20 分，限时 2.5 分钟）

把握	风格	越野	森林	飞快	春节
子孙	扭转	音像	昆仑	老伴儿	花生
诺言	旅游	奔跑	恰当	摧残	整理
空中	石榴	地铁	下旬	圆场	欢呼
绝活儿	审美	赞扬	穷苦	露馅儿	关怀
矮小	包袱	温差	窘迫	发财	组装

拳头	日程	玩耍	沉思	儿女	荧光屏
创制	模特儿	曲调	仍然	奥运会	名列前茅

（三）选择判断（共10分，限时3分钟）

1. 词语判断：请判断并读出下列各组中的普通话词语

（1）暗中　暗头里　暗肚里

（2）大手节头　大拇指　手指公　大指拇

（3）肥皂　番碱　胰子油

（4）翅翻　翼胛　翅膀　翼股

（5）无想着　想唔倒　估唔到　不料

（6）两公婆　翁姥　夫妻　两马老子

（7）角落头　角下里　角头　角落

（8）滚水　开水　滚汤

（9）店头　商店　铺头　店欸

（10）土豆　洋山芋　薯仔　洋芋头

2. 量词、名词搭配：请搭配并读出下列符合普通话规范的数量名短语（例如：一条鱼）

字典　筷子　道路　桌子　账　眼睛　信息　城市　光盘　桥

本　双　所　张　座　条

3. 语序或表达形式判断：请判断并读出下列各组中的普通话语句

（1）A. 这座山有一千九百五十米高。

B. 这座山有千九五米高。

C. 这座山有一千九五米高。

（2）A. 把书把给他。

B. 把书给他。

C. 把书把他。

（3）A. 这凳子会坐得三个人。

B. 这凳子坐得三个人。

C. 这凳子能坐三个人。

D. 这凳子会坐三个人。

（4）A. 雪白白的

B. 雪雪白的

C. 雪白雪白的

（5）A. 在黑板上写字。

B. 搁黑板上写字。

C. 跟黑板上写字。

（四）朗读短文（400个音节，共30分，限时4分钟）

照北京的老规矩，春节差不多在腊月的初旬就开始了。“腊七腊八，冻死寒鸦”，这是一年里最冷的时候。在腊八这天，家家都熬腊八粥。粥是用各种米，各种豆，与各种干果熬成的。这不是粥，而是小型的农业展览会。

除此之外，这一天还要泡腊八蒜。把蒜瓣放进醋里，封起来，为过年吃饺子用。到年底，蒜泡得色如翡翠，醋也有了些辣味，色味双美，使人忍不住要多吃几个饺子。在北京，过年时，家家吃饺子。

孩子们准备过年，第一件大事就是买杂拌儿。这是用花生、胶枣、榛子、栗子等干果与蜜饯掺和成的。孩子们喜欢吃这些零七八碎儿。第二件大事是买爆竹，特别是男孩子们。恐怕第三件事才是买各种玩意儿——风筝、空竹、口琴等。

孩子们欢喜，大人们也忙乱。他们必须预备过年吃的、喝的、穿的、用的，好在新年时显出万象更新的气象。

腊月二十三过小年，差不多就是过春节的“彩排”。天一擦黑儿，鞭炮响起来，便有了过年的味道。这一天，是要吃糖的，街上早有好多卖麦芽糖与江米糖的，糖形或为长方块或为瓜形，又甜又黏，小孩子们最喜欢。

过了二十三，大家更忙。必须大扫除一次，还要把肉、鸡、鱼、青菜、年糕什么的都预备充足——店//铺多数正月初一到初五关门，到正月初六才开张。

（五）命题说话（请在下列话题中任选一个，共30分，限时3分钟）

1. 我喜欢的美食
2. 学习普通话（或其他语言）的体会

第二部分
普通话语音分析

普通话以北京语音为标准音。普通话语音系统包括声母、韵母、声调、音节，以及变调、轻声、儿化、语调等。

一　声母

传统上在分析汉语音节时，把一个音节切分成两部分：音节开头的辅音称为“声母”，声母后面的部分称为“韵母”。如果音节开头没有辅音，这个音节的声母就是零声母。普通话共有22个声母，除零声母外，其余21个声母可以根据发音部位和发音方法列成下表：

普通话声母总表

发音部位 发音方法		双唇音		唇齿音		舌尖前音		舌尖中音		舌尖后音		舌面前音		舌面后音	
		上唇	下唇	上齿	下唇	舌尖	齿背	舌尖	上齿龈	舌尖	硬腭前	舌面前	硬腭前	舌面后	软腭
塞音	不送气	b[p]						d[t]						g[k]	
	送气	p[p^h]						t[t^h]						k[k^h]	

续表

发音方法 \ 发音部位		双唇音		唇齿音		舌尖前音		舌尖中音		舌尖后音		舌面前音		舌面后音	
		上唇	下唇	上齿	下唇	舌尖	齿背	舌尖	上齿龈	舌尖	硬腭前	舌面前	硬腭前	舌面后	软腭
塞擦音	不送气					z [ts]				zh [tʂ]		j [tɕ]			
	送气					c [ts^h]				ch [tʂ^h]		q [tɕ^h]			
擦音				f [f]		s [s]				sh [ʂ]		x [ɕ]		h [x]	
近音										r [ɻ]					
鼻音		m [m]						n [n]							
边音								l [l]							

（一）声母的分类

1. 按发音部位分类

按照发音部位，普通话的辅音声母可以分为以下 7 种：

（1）双唇音（b、p、m）：上唇和下唇接触形成阻塞。

（2）唇齿音（f）：上齿和下唇接近形成阻碍。

（3）舌尖前音（z、c、s）：舌尖与下齿、舌叶与齿龈接触或接近形成阻碍。

（4）舌尖中音（d、t、n、l）：舌尖和上齿龈接触形成阻塞。

（5）舌尖后音（zh、ch、sh、r）：舌尖翘起向硬腭前部接触或接近形成阻碍。

（6）舌面前音（j、q、x）：舌面前部和硬腭前部接触或接近形成阻碍。

（7）舌面后音（g、k、h）：舌面后部和软腭前部（软腭和硬腭的交界处）接触或接近形成阻碍。

2. 按发音方法分类

辅音的特点是气流在声腔中受到阻碍，通过一定方法冲破阻碍发出音来。形成阻碍和解除阻碍的方式就是发音方法。辅音的发音有一个动程，按时间顺序可以分为三个阶段：成阻——形成阻碍；持阻——阻碍持续；除阻——阻碍解除。根据形成阻碍和解除阻碍方式的不同，普通话的辅音声母可以分为以下 6 种：

（1）塞音（b、p、d、t、g、k）：又称“爆破音”。成阻阶段发音部位完全闭塞，气流无法通过；维持到除阻阶段时，阻塞突然放开，压力很大的气流冲出而发出声音。

（2）擦音（f、h、x、sh、s）：成阻时发音器官只是靠近，留下狭窄的缝隙；持阻时气流从缝隙中挤出形成湍流发出声音。

（3）塞擦音（z、c、zh、ch、j、q）：成阻阶段发音部位完全闭塞，气流无法通过；持阻时阻碍略微放松，气流挤出产生摩擦，形成先塞后擦的音，成为塞擦音。塞音和擦音紧密结合在一个发音过程中。

（4）近音（r）：成阻阶段发音器官接近，口腔通道变窄，留有比擦音大又比高元音小的缝隙，未达到形成湍流的程度，气流通过时只产生轻微的摩擦。

（5）鼻音（m、n）：成阻阶段口腔里形成的阻碍完全闭塞，软腭下降，打开气流通向鼻腔的通路；持阻阶段气流通过鼻腔发音。一般鼻音都是浊音，即发音时气流振动声带。

（6）边音（l）：成阻阶段舌尖与上齿龈接触形成阻塞，但舌头两边留出空隙；持阻时气流振动声带，从舌边流出。

根据发音时声带的状态，普通话辅音声母还可以分为清音和浊音。发音时，声带振动的为浊音，共 4 个声母：m、n、l、r；除此之外，其余 17 个辅音声母都是清音，它们是：b、p、f、d、t、g、k、h、j、q、x、zh、ch、sh、z、c、s。

根据气流强弱，塞音和塞擦音可以分为送气音和不送气音两种 *。普通话有 6 个送气音：p、t、k、q、ch、c；6 个不送气音：b、d、g、j、zh、z。

（二）普通话声母的发音分析

▶ b [p] 双唇、不送气、清、塞音

发音时，双唇闭合，软腭上升，关闭鼻腔通道；较弱的气流冲破双唇的阻塞，爆发成声。

发音例词：

颁布 bānbù　　板报 bǎnbào　　褒贬 bāobiǎn

辨别 biànbié　　标本 biāoběn　　步兵 bùbīng

▶ p [pʰ] 双唇、送气、清、塞音

发音的成阻和持阻阶段与 b 相同，只是除阻时气流较强。

发音例词：

批评 pīpíng　　匹配 pǐpèi　　偏旁 piānpáng

偏僻 piānpì　　瓢泼 piáopō　　乒乓 pīngpāng

* 送气音和不送气音在气流、气压、噪音起始时间（VOT）、声源等多方面都存在区别。送气音在除阻之后还有一段送气噪音。“气流强弱”是传统语音教学的说法。

▶ m [m] 双唇、鼻音

双唇闭合，软腭下降，打开鼻腔通道；气流振动声带，从鼻腔透出成声。

发音例词：

麦苗 màimiáo	眉目 méimù	门面 ménmiàn
迷茫 mímáng	命名 mìngmíng	磨灭 mómiè

▶ f [f] 唇齿、擦音

下唇接近上齿，形成窄缝，同时软腭上升，关闭鼻腔通道；气流从上齿和下唇之间的缝隙中挤出，摩擦成声。

发音例词：

发奋 fāfèn	反复 fǎnfù	方法 fāngfǎ
仿佛 fǎngfú	肺腑 fèifǔ	丰富 fēngfù

▶ d [t] 舌尖中、不送气、清、塞音

舌尖抵住上齿龈，软腭上升，关闭鼻腔通道；较弱的气流冲破舌尖的阻塞，爆发成声。

发音例词：

达到 dádào	带动 dàidòng	单调 dāndiào
当初 dāngchū	道德 dàodé	等待 děngdài

▶ t [t^h] 舌尖中、送气、清、塞音

成阻、持阻阶段与 d 相同，只是除阻时气流较强。

发音例词：

贪图 tāntú	探讨 tàntǎo	淘汰 táotài
体贴 tǐtiē	团体 tuántǐ	妥帖 tuǒtiē

▶ n [n] 舌尖中、鼻音

舌尖抵住上齿龈，软腭下降，打开鼻腔通道；气流振动声带，从鼻腔透出成声。

发音例词：

奶牛 nǎiniú	男女 nánnǚ	恼怒 nǎonù
能耐 néngnai	泥泞 nínìng	农奴 nóngnú

▶ l [l] 舌尖中、边音

舌尖抵住上齿龈，软腭上升，关闭鼻腔通道；气流振动声带，从舌头两边通过。

发音例词：

拉力 lālì	利落 lìluo	流利 liúlì

履历 lǚlì	罗列 luóliè	轮流 lúnliú

▶ g [k] 舌面后、不送气、清、塞音

舌面后部抬起，抵住软腭和硬腭的交界处，形成阻塞；软腭上升，关闭鼻腔通道；较弱的气流冲破阻塞爆发成声。

发音例词：

杠杆 gànggǎn	高贵 gāoguì	更改 gēnggǎi
观光 guānguāng	灌溉 guàngài	光顾 guānggù

▶ k [k^h] 舌面后、送气、清、塞音

成阻、持阻阶段与 g 相同，只是除阻时气流较强。

发音例词：

开垦 kāikěn	苛刻 kēkè	刻苦 kèkǔ
空旷 kōngkuàng	宽阔 kuānkuò	困苦 kùnkǔ

▶ h [x] 舌面后、清、擦音

舌面后部隆起接近软腭和硬腭的交界处，形成窄缝；软腭上升，关闭鼻腔通道；气流从形成的缝隙中挤出，摩擦成声。

发音例词：

航海 hánghǎi	呼唤 hūhuàn	花卉 huāhuì
谎话 huǎnghuà	挥霍 huīhuò	悔恨 huǐhèn

▶ j [tɕ] 舌面前、不送气、清、塞擦音

舌尖抵住下齿背，舌面前部抵住硬腭前部；软腭上升，关闭鼻腔通道；较弱的气流冲破舌面前部的阻塞后，在原闭塞的部位之间保持适度的缝隙，气流从缝隙流出摩擦成音。

发音例词：

积极 jījí	家具 jiājù	坚决 jiānjué
讲解 jiǎngjiě	捷径 jiéjìng	军舰 jūnjiàn

▶ q [$tɕ^h$] 舌面前、送气、清、塞擦音

成阻阶段与 j 相同，不同的是在舌面前部与硬腭前部形成适度的缝隙时流出的气流较强。

发音例词：

齐全 qíquán	恰巧 qiàqiǎo	亲切 qīnqiè
情趣 qíngqù	请求 qǐngqiú	缺勤 quēqín

▶ x [ɕ] 舌面前、清、擦音

舌尖抵住下齿背，舌面前部接近硬腭前部，形成适度的缝隙；软腭上升，关闭鼻腔通道；气流从缝隙中挤出，摩擦成声。

发音例词：

喜讯 xǐxùn	现象 xiànxiàng	心胸 xīnxiōng
行星 xíngxīng	选修 xuǎnxiū	学习 xuéxí

▶ zh [tʂ] 舌尖后、不送气、清、塞擦音

舌尖抵住硬腭前部，软腭上升，关闭鼻腔通道；较弱的气流冲破舌尖的阻塞后，在原闭塞的部位之间保持适度的缝隙，气流从缝隙流出摩擦成音。

发音例词：

战争 zhànzhēng	真正 zhēnzhèng	政治 zhèngzhì
支柱 zhīzhù	制止 zhìzhǐ	周转 zhōuzhuǎn

▶ ch [tʂʰ] 舌尖后、送气、清、塞擦音

成阻阶段与 zh 相同，不同的是在除阻时气流较强。

发音例词：

超产 chāochǎn	驰骋 chíchěng	充斥 chōngchì
抽查 chōuchá	橱窗 chúchuāng	戳穿 chuōchuān

▶ sh [ʂ] 舌尖后、清、擦音

舌尖上翘接近硬腭前部，形成适度的缝隙；软腭上升，关闭鼻腔通道；气流从缝隙中挤出，摩擦成声。

发音例词：

赏识 shǎngshí	少数 shǎoshù	设施 shèshī
神圣 shénshèng	事实 shìshí	舒适 shūshì

▶ r [ɻ] 舌尖后、近音

发音部位与 sh 相同，不同的是声带振动，口腔通道缝隙比擦音大又比高元音小，除特别重读外，一般摩擦轻微。也有人称之为“通音”。

发音例词：

忍让 rěnràng	仍然 réngrán	荣辱 róngrǔ
如若 rúruò	软弱 ruǎnruò	闰日 rùnrì

▶ z [ts] 舌尖前、不送气、清、塞擦音

舌尖轻抵下齿背，软腭上升，关闭鼻腔通道；较弱的气流冲破舌叶与齿龈的阻碍后，在原闭塞的部位之间保持适度的缝隙，气流从缝隙流出摩擦成音（也有用舌尖抵上齿背形成阻碍的情况）。

发音例词：

在座 zàizuò　　自尊 zìzūn　　总则 zǒngzé

祖宗 zǔzong　　罪责 zuìzé　　做作 zuòzuo

▶ c [ts^h] 舌尖前、送气、清、塞擦音

成阻阶段与 z 相同，不同的是在除阻时气流较强。

发音例词：

猜测 cāicè　　残存 cáncún　　仓促 cāngcù

从此 cóngcǐ　　催促 cuīcù　　措辞 cuòcí

▶ s [s] 舌尖前、清、擦音

舌尖轻抵下齿背，软腭上升，关闭鼻腔通道；舌叶与齿龈形成适度的缝隙，气流从缝隙流出摩擦成音（也有用舌尖接近上齿背形成缝隙的情况）。

发音例词：

洒扫 sǎsǎo　　思索 sīsuǒ　　松散 sōngsǎn

诉讼 sùsòng　　速算 sùsuàn　　琐碎 suǒsuì

▶ 零声母

普通话中的零声母音节比较少。读零声母音节时，前面往往会带上辅音。以 ɑ、o、e 开头的开口呼韵母前往往有微弱的喉塞音 [ʔ] 或舌面后浊擦音 [ɣ]；在齐齿呼、合口呼和撮口呼韵母前往往带有一个同部位的近音 [j] [w] [ɥ]。由于这些音的喉塞或摩擦成分都很轻微，而且没有辨义作用，可有可无，所以注音或标音时都不写出来。

发音例词：

额外 éwài　　恩爱 ēn'ài　　偶尔 ǒu'ěr　　万物 wànwù

忘我 wàngwǒ　　威望 wēiwàng　　洋溢 yángyì　　谣言 yáoyán

永远 yǒngyuǎn　　踊跃 yǒngyuè　　医药 yīyào　　孕育 yùnyù

二　韵母

普通话的韵母共有 39 个，其中 23 个由元音构成，16 个由元音加鼻辅音构成。韵母按

照结构可以分为3类：单韵母、复韵母和鼻韵母。

传统上根据韵母开头元音的发音口形又把韵母分为4类：开口呼、齐齿呼、合口呼、撮口呼。

开口呼——韵母开头不是i、u、ü的韵母。舌尖元音 -i [ɿ]（如zi中的 -i）和 -i [ʅ]（如zhi中的 -i）也是开口呼韵母。

齐齿呼——韵母开头是i的韵母。

合口呼——韵母开头是u的韵母。

撮口呼——韵母开头是ü的韵母。

普通话韵母总表

按四呼分 / 按结构分	开口呼（15）	齐齿呼（9）	合口呼（10）	撮口呼（5）
单韵母（10）	-i [ɿ、ʅ]	i [i]	u [u]	ü [y]
	ɑ [A]			
	o [o]			
	e [ɤ]			
	ê [ɛ]			
	er [ɚ]			
复韵母（13）		iɑ [iA]	uɑ [uA]	
			uo [uo]	
		ie [iɛ]		üe [yɛ]
	ɑi [ai]		uɑi [uai]	
	ei [ei]		uei [uei]	
	ɑo [ɑu]	iɑo [iɑu]		
	ou [ou]	iou [iou]		
鼻韵母（16）	ɑn [an]	iɑn [iɛn]	uɑn [uan]	üɑn [yæn]
	en [ən]	in [in]	uen [uən]	ün [yn]
	ɑng [ɑŋ]	iɑng [iɑŋ]	uɑng [uɑŋ]	
	eng [əŋ]	ing [iŋ]	ueng [uəŋ]	
			ong [ʊŋ]	iong [yŋ]

有学者不认同 ê [ɛ] 为一个单韵母，因此认为普通话有 38 个韵母。《汉语拼音方案》的韵母表中 [i] [ɿ] [ʅ] 都写成 i，并且不列卷舌韵母 er [ɚ] 和舌面韵母 ê [ɛ]，因此《汉语拼音方案》一共有 35 个韵母。

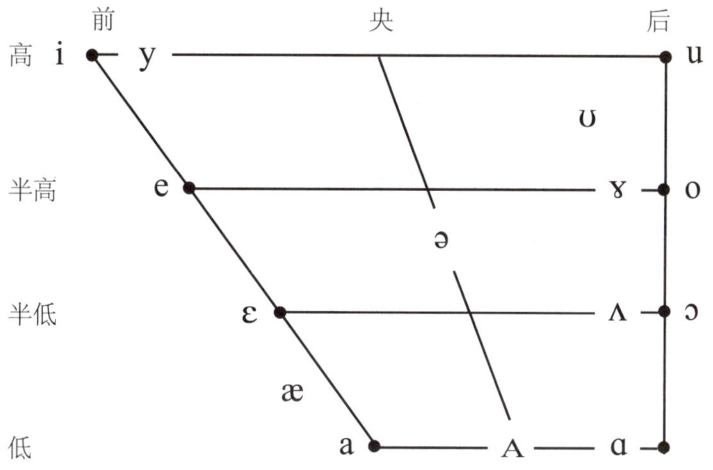

普通话常见元音舌位图

1. 单韵母（单元音）的发音

元音的不同是由共鸣腔（主要是口腔）的不同形状造成的，舌头的升降伸缩和嘴唇的圆展都可以构成不同的共鸣腔。可以从三个方面观察元音：

（1）舌位的高低。舌位是舌头隆起的最高点在口腔中所处的位置。舌位的高低与开口度大小有关，开口度越大，舌位越低；开口度越小，舌位越高。根据舌位的高低可以把元音分为高元音（如 i、u）、半高元音（如 e、o）、半低元音（如 ê）、低元音（如 ɑ）等。

（2）舌位的前后。可以分为前元音（如 i、ü）、央元音（如 e[ə]）、后元音（如 u、o）。

（3）嘴唇的圆展。可以分为圆唇元音（如 u、ü）和不圆唇元音（如 i、ɑ）（“不圆唇”也可称为“展唇”或“非圆唇”）。

普通话的单韵母有 10 个。

ɑ[A] 舌面、央、低、不圆唇元音

口大开，舌位低，舌头居中央，舌尖微接或微离下齿背，嘴唇展开。[A] 介于 [a] 和 [ɑ] 之间，是中国语言学家使用但国际语音学会尚未认可的音标符号。

发音例词：

打靶 dǎbǎ	大厦 dàshà	发达 fādá
喇叭 lǎba	马达 mǎdá	哪怕 nǎpà

▶ o [o] 舌面、后、半高、圆唇元音

上下唇拢圆，舌头后缩，舌位半高。舌位比国际音标中的 [o] 略低一点，圆唇程度也比 [u] 略低。唇音声母之后的 o，如“波 bō”“婆 pó”“默 mò”“佛 fó”里的 o，并非语言学意义上的单韵母，只是拼写形式与单韵母相同，实际读音与复韵母 uo 相同。

发音例词：

哦 ò

▶ e [ɣ] 舌面、后、半高、不圆唇元音

发音与 o 基本相同，但双唇要自然展开。舌位比 o 略偏前，且有一个微小的下降动程。

发音例词：

隔阂 géhé	合格 hégé	客车 kèchē
特色 tèsè	折射 zhéshè	这个 zhège

▶ ê [ɛ] 舌面、前、半低、不圆唇元音

发音时口半开，舌位半低，舌尖抵住下齿背，嘴唇展开。ê 单独使用时只限于语气词“欸”。不过“欸”的发音并不稳定，有时候是复合元音。

▶ i [i] 舌面、前、高、不圆唇元音

口微开，两唇呈扁平状，舌体前伸，舌尖抵住下齿背。

发音例词：

笔记 bǐjì	基地 jīdì	激励 jīlì
记忆 jìyì	霹雳 pīlì	习题 xítí

▶ u [u] 舌面、后、高、圆唇元音

发音时双唇拢圆，舌体后缩，舌面后部隆起接近软腭，舌位高而后。

发音例词：

补助 bǔzhù	读物 dúwù	辜负 gūfù
瀑布 pùbù	入伍 rùwǔ	疏忽 shūhu

▶ ü [y] 舌面、前、高、圆唇元音

发音状况与 i 基本相同，但唇形拢圆。

发音例词：

聚居 jùjū	区域 qūyù	屈居 qūjū
须臾 xūyú	序曲 xùqǔ	语序 yǔxù

▶ -i（前）[ɿ] 舌尖前、高、不圆唇元音

舌尖较用力，形成两个舌高点，一个在舌尖，一个在舌面后部。舌尖接近上齿背，但气流经过时不发生摩擦，唇形不圆。这个韵母在普通话里只出现在 z、c、s 声母的后面。

发音例词：

此次 cǐcì　　次子 cìzǐ　　私自 sīzì

▶ -i（后）[ʅ] 舌尖后、高、不圆唇元音

舌尖上翘接近硬腭前部，气流经过时不发生摩擦，唇形不圆。这个韵母在普通话里只出现在 zh、ch、sh、r 声母的后面。

发音例词：

实施 shíshī　　试制 shìzhì　　支持 zhīchí

知识 zhīshi　　值日 zhírì　　制止 zhìzhǐ

▶ er [ɚ] 卷舌、央、中、不圆唇元音

er 是舌尖上翘带有卷舌色彩的央元音 [ə]，发音时口型自然开启，舌位居中，舌尖向后卷，和硬腭前端相对，唇形不圆。也可以标写为 er [ər]，其中的 r 表示卷舌。

发音例词：

儿歌 érgē　　而且 érqiě　　耳朵 ěrduo

2. 复韵母（复合元音）的发音

普通话共有 13 个复韵母。可以分为三组：前响复韵母、后响复韵母、中响复韵母。

前响复韵母共有 4 个：ai、ei、ao、ou。发音的共同特点是元音舌位都是由低向高滑动，前一个元音听起来比较响亮，且有向央元音靠拢的趋势。后一个元音轻短模糊，只是用来表示整个动程的趋向，不一定必然达到音标所代表的舌位。

▶ ai [ai]

是前元音的复合，动程较长。起点元音是前低不圆唇元音 [a]，由它开始，舌位向 [i] 的方向往前往高滑动。

发音例词：

爱戴 àidài　　采摘 cǎizhāi　　海带 hǎidài

开采 kāicǎi　　拍卖 pāimài　　灾害 zāihài

▶ ei [ei]

是前元音的复合，动程较短。起点元音是前半高不圆唇元音 [e]，由它开始，舌位升高，向 [i] 的方向往前往高滑动。

发音例词：

肥美 féiměi　　妹妹 mèimei　　配备 pèibèi

▶ ao [ɑu]

是后元音的复合。起点元音是后低不圆唇元音 [ɑ]，由它开始，舌位向 [u] 的方向滑动升高。

发音例词：

懊恼 àonǎo	操劳 cāoláo	高潮 gāocháo
骚扰 sāorǎo	逃跑 táopǎo	早操 zǎocāo

▶ ou [ou]

起点元音的实际舌位比 [o] 略微靠前，圆唇程度略低，因此 ou 也可以标写为 [əu]。从 [o] 开始，舌位向 [u] 的方向滑动。这个复韵母的动程很小。

发音例词：

丑陋 chǒulòu	兜售 dōushòu	喉头 hóutóu
口头 kǒutóu	漏斗 lòudǒu	收购 shōugòu

后响复韵母共有 5 个：ia、ie、ua、uo、üe。发音的共同特点是元音舌位都是由高向低滑动，后一个元音听起来比较响亮。后响复韵母前后两个元音的舌位都比较稳定，开头的元音都读得很短。

▶ ia [iA]

起点元音是前高元音 [i]，由它开始，舌位滑向央低元音 [A] 止。[i] 读得很短，[A] 的发音响而长。

发音例词：

假牙 jiǎyá	恰恰 qiàqià	压价 yājià

▶ ie [iɛ]

起点元音是前高元音 [i]，由它开始，舌位滑向前半低元音 [ɛ] 止。

发音例词：

结业 jiéyè	贴切 tiēqiè	铁屑 tiěxiè

▶ ua [uA]

起点元音是后高圆唇元音 [u]，由它开始，舌位滑向央低元音 [A] 止。唇形由最圆展开到不圆。

发音例词：

挂花 guàhuā	耍滑 shuǎhuá	娃娃 wáwa

▶ uo [uo]

起点元音是后高圆唇元音 [u]，由它开始，舌位滑向后半高圆唇元音 [o] 止。[o] 的实际舌位比国际音标中的 [o] 略低一点。发音过程中，保持圆唇，开头最圆，结尾圆唇度略低。

发音例词：

错落 cuòluò　　硕果 shuòguǒ　　脱落 tuōluò

▶ üe [yɛ]

起点元音是前高圆唇元音 [y]，由它开始，舌位下滑到前半低元音 [ɛ] 止。[ɛ] 略带圆唇色彩。

发音例词：

雀跃 quèyuè　　约略 yuēlüè

中响复韵母共有 4 个：iao、iou、uai、uei。它们实际是由韵头加前响复韵母组成的。发音的共同点是元音舌位由高向低滑动，再由低向高滑动。开头的元音读得很短，舌位稳定，中间的元音响亮清晰，收尾的元音只表示舌位滑动的方向。

▶ iao [iɑu]

由前高元音 [i] 开始，舌位降至后低元音 [ɑ]，然后再向 [u] 的方向滑升。唇形从中间的元音 [ɑ] 逐渐圆唇。

发音例词：

吊销 diàoxiāo　　疗效 liáoxiào　　苗条 miáotiao

巧妙 qiǎomiào　　调料 tiáoliào　　逍遥 xiāoyáo

▶ iou [iou]

由前高元音 [i] 开始，舌位降至后半高元音 [o]（略微靠前），然后再向 [u] 的方向滑升。iou 中的 [o] 读得比较短，这是汉语拼音 iou 省写为 iu 的依据。

发音例词：

久留 jiǔliú　　牛油 niúyóu　　求救 qiújiù

绣球 xiùqiú　　优秀 yōuxiù　　悠久 yōujiǔ

▶ uai [uai]

由后高圆唇元音 [u] 开始，舌位向前滑降至前低不圆唇元音 [a]，然后再向前高不圆唇元音 [i] 的方向滑升。舌位动程先降后升，由后到前，曲折幅度大。唇形从前元音 [a] 逐渐展唇。

发音例词：

乖乖 guāiguāi　　怀揣 huáichuāi　　外快 wàikuài

▶ uei [uei]

由后高圆唇元音 [u] 开始，舌位向前滑降至前半高不圆唇元音 [e]，然后再向前高不圆唇元音 [i] 的方向滑升。舌位动程先降后升，由后到前。唇形从前元音 [e] 逐渐展唇。uei 中的 [e] 读得比较短。

发音例词：

垂危 chuíwēi　　归队 guīduì　　悔罪 huǐzuì
荟萃 huìcuì　　推诿 tuīwěi　　追悔 zhuīhuǐ

3. 鼻韵母的发音

鼻韵母由元音和鼻辅音韵尾构成，共有 16 个，分为两组：以 n [n] 为韵尾的前鼻音韵母和以 ng [ŋ] 为韵尾的后鼻音韵母。前鼻音韵母 8 个：an、en、in、ün、ian、uan、uen、üan。后鼻音韵母 8 个：ang、eng、ing、ong、iang、uang、ueng、iong。

鼻韵母发音的特点是：元音与鼻辅音不是简单的拼合关系，而是由元音的发音状态向鼻辅音过渡，鼻音色彩逐渐增加，最后发音部位闭塞，形成鼻辅音。鼻辅音韵尾除阻阶段不发音。

韵尾 -n [n] 的发音同声母 n- 基本相同，只是 -n 的部位比 n- 靠后，一般是舌面前部接触硬腭，教学上仍把它看成是舌尖中鼻音。

韵尾 -ng [ŋ] 是舌面后鼻音。发音时软腭下降，打开鼻腔通道，舌面后部后缩抵住软腭，气流振动声带后从鼻腔通过。ng [ŋ] 在普通话中不作声母，只能用作韵尾。

▶ an [an]

起点元音是前低元音 [a]。先发 [a]，紧接着软腭逐渐下降，打开鼻腔通道，舌面前部向硬腭前部移动闭合，气流从鼻腔流出。

发音例词：

参战 cānzhàn　　反感 fǎngǎn　　烂漫 lànmàn
谈判 tánpàn　　坦然 tǎnrán　　赞叹 zàntàn

▶ en [ən]

起点元音是央元音 [ə]，舌位居中。先发 [ə]，紧接着软腭逐渐下降，打开鼻腔通道，舌面前部向硬腭前部移动闭合，气流从鼻腔流出。

发音例词：

根本 gēnběn　　门诊 ménzhěn　　人参 rénshēn
认真 rènzhēn　　深沉 shēnchén　　振奋 zhènfèn

▶ in [in]

起点元音是前高不圆唇元音 [i]。先发 [i]，之后有一个短暂的央元音 [ə] 过渡，然后软腭逐渐下降，打开鼻腔通道，舌面前部向硬腭前部移动闭合，气流从鼻腔流出。开口度始终很小，几乎没有变化。发音时央元音 [ə] 仅是过渡，不宜过分强调。

发音例词：

濒临 bīnlín　　近邻 jìnlín　　拼音 pīnyīn

辛勤 xīnqín　　信心 xìnxīn　　引进 yǐnjìn

▶ ün [yn]

起点元音是前高圆唇元音 [y]。先发 [y]，之后有一个短暂的央元音 [ə] 过渡，然后软腭逐渐下降，打开鼻腔通道，舌面前部向硬腭前部移动闭合，气流从鼻腔流出。唇形从 [y] 开始逐步展开。发音时央元音 [ə] 仅是过渡，不宜过分强调。

发音例词：

军训 jūnxùn　　均匀 jūnyún　　芸芸 yúnyún

群众 qúnzhòng　　循环 xúnhuán　　允许 yǔnxǔ

▶ ang [ɑŋ]

起点元音是后低元音 [ɑ]。先发 [ɑ]，紧接着软腭逐渐下降，打开鼻腔通道，舌面后部向软腭移动闭合，气流从鼻腔流出。

发音例词：

帮忙 bāngmáng　　苍茫 cāngmáng　　当场 dāngchǎng

刚刚 gānggāng　　商场 shāngchǎng　　上当 shàngdàng

▶ eng [əŋ]

eng [əŋ] 里的 [ə] 实际舌位略后而低，大致在国际音标的 [ə] 和 [ʌ] 之间。先发 [ə]，紧接着软腭逐渐下降，打开鼻腔通道，舌面后部向软腭移动闭合，气流从鼻腔流出。

发音例词：

承蒙 chéngméng　　丰盛 fēngshèng　　更正 gēngzhèng

萌生 méngshēng　　升腾 shēngténg　　声称 shēngchēng

▶ ing [iŋ]

起点元音是前高不圆唇元音 [i]。先发 [i]，之后有一个短暂的央元音 [ə] 过渡，然后软腭逐渐下降，打开鼻腔通道，舌面后部向软腭移动闭合，气流从鼻腔流出。口形没有明显变化。发音时央元音 [ə] 仅是过渡，不宜过分强调。

发音例词：

叮咛 dīngníng　　经营 jīngyíng　　命令 mìnglìng

评定 píngdìng　　清静 qīngjìng　　姓名 xìngmíng

▶ ong [ʊŋ]

ong [ʊŋ] 里的后近高圆唇元音 [ʊ] 介于 [u] 和 [o] 之间，圆唇程度不高。先发 [ʊ]，紧接着软腭逐渐下降，打开鼻腔通道，舌面后部向软腭移动闭合，气流从鼻腔流出。唇形始终拢圆。

发音例词：

共同 gòngtóng	轰动 hōngdòng	空洞 kōngdòng
恐龙 kǒnglóng	隆重 lóngzhòng	通融 tōngróng

▶ ian [iɛn]

ian 由于韵腹前后音的舌位都很高，受协同发音的影响，韵腹的舌位也相应提高了一些，一般用 [ε] 表示。发音时，从前高元音 [i] 开始，舌位向前半低元音 [ε] 滑降，紧接着软腭逐渐下降，打开鼻腔通道，舌面前部向硬腭前部移动闭合，气流从鼻腔流出。

发音例词：

艰险 jiānxiǎn	简便 jiǎnbiàn	连篇 liánpiān
前天 qiántiān	浅显 qiǎnxiǎn	田间 tiánjiān

▶ uan [uan]

发音时，从后高圆唇元音 [u] 开始，唇形迅速由圆唇展开，舌位向前低元音 [a] 滑降，紧接着软腭逐渐下降，打开鼻腔通道，舌面前部向硬腭前部移动闭合，气流从鼻腔流出。

发音例词：

贯穿 guànchuān	软缎 ruǎnduàn	酸软 suānruǎn
婉转 wǎnzhuǎn	专款 zhuānkuǎn	转换 zhuǎnhuàn

▶ üan [yæn]

üan 由于韵腹前后音的舌位都很高，受协同发音的影响，韵腹的舌位略高一些。发音时，从前高圆唇元音 [y] 开始，之后往往先向 [u] 有一个短暂的过渡（未达到 [u] 的位置），再向前近低元音 [æ] 的方向滑降，紧接着软腭逐渐下降，打开鼻腔通道，舌面前部向硬腭前部移动闭合，气流从鼻腔流出。唇形由圆唇在向折点元音的滑动过程中逐渐展唇。也有人读作 [yɛn]。

发音例词：

涓涓 juānjuān	轩辕 xuānyuán	源泉 yuánquán

▶ uen [uən]

发音时，从后高圆唇元音 [u] 开始，向央元音 [ə] 滑降，紧接着软腭逐渐下降，打开鼻腔通道，舌面前部向硬腭前部移动闭合，气流从鼻腔流出。唇形由圆唇在向折点元音的滑动过程中逐渐展唇。

发音例词：

馄饨 húntun　　昆仑 kūnlún　　论文 lùnwén

温存 wēncún　　温顺 wēnshùn　　谆谆 zhūnzhūn

▶ iang [iaŋ]

发音时，从前高元音 [i] 开始，舌位向后低元音 [ɑ] 滑降，紧接着软腭逐渐下降，打开鼻腔通道，舌面后部向软腭移动闭合，气流从鼻腔流出。

发音例词：

两样 liǎngyàng　　响亮 xiǎngliàng　　洋相 yángxiàng

▶ uang [uaŋ]

发音时，从后高圆唇元音 [u] 开始，舌位向后低元音 [ɑ] 滑降，紧接着软腭逐渐下降，打开鼻腔通道，舌面后部向软腭移动闭合，气流从鼻腔流出。唇形由圆唇在向折点元音的滑动过程中逐渐展唇。

发音例词：

狂妄 kuángwàng　　双簧 shuānghuáng　　状况 zhuàngkuàng

▶ ueng [uəŋ]

发音时，从后高圆唇元音 [u] 开始，舌位向央元音 [ə] 滑降，紧接着软腭逐渐下降，打开鼻腔通道，舌面后部向软腭移动闭合，气流从鼻腔流出。唇形由圆唇在向折点元音的滑动过程中逐渐展唇。在普通话里，韵母 ueng 只有一种零声母的音节形式 weng。

发音例词：

水瓮 shuǐwèng　　蕹菜 wèngcài　　主人翁 zhǔrénwēng

▶ iong [yŋ]

起点元音是前高圆唇元音 [y]。先发 [y]，紧接着软腭逐渐下降，打开鼻腔通道，舌面后部向软腭移动闭合，气流从鼻腔流出。[yŋ] 里的 [y] 和 [ŋ] 之间有一个过渡音 [u]，也可以标写为 [yuŋ]。

发音例词：

炯炯 jiǒngjiǒng　　汹涌 xiōngyǒng

三　声调

汉语的声调是具有区别音节意义作用的音高变化。调值是描述声调的数值表示方法，一般采用赵元任先生创制的五度标调法。五度标调法将声调的相对音高分成五度，分别是低、半低、中、半高、高，可以用数字 1、2、3、4、5 表示。

普通话有 4 种声调。

普通话声调表

调类	调值	声调符号	例字
阴平（第一声）	[55]	ˉ	高 天 方 出
阳平（第二声）	[35]	ˊ	时 门 国 白
上声（第三声）	[214]	ˇ	短 米 有 北
去声（第四声）	[51]	ˋ	对 稻 必 叶

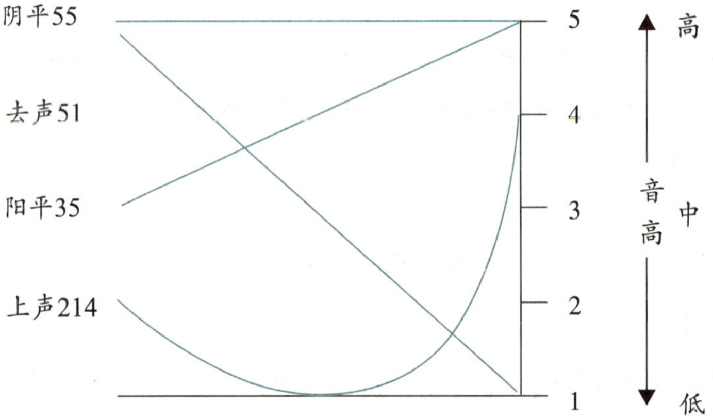

普通话声调五度标记图

阴平 [˥^{55}]——高平调，主要特点是高调，音高基本上没有升降的变化。

发音例字：

编 biān　　端 duān　　方 fāng　　交 jiāo

亏 kuī　　酸 suān　　宣 xuān　　装 zhuāng

阳平 [˧˥^{35}]——高升调（也有人称为“中升调”），主要特点是升调，音高由中音升到最高音。

发音例字：

怀 huái　　连 lián　　棉 mián　　年 nián

情 qíng　　全 quán　　然 rán　　人 rén

上声 [˨˩˦^{214}]——降升调，主要特点是低调，是先降后升的曲折调。也可以读成 [213] 或 [212]。

发音例字：

扁 biǎn　　闯 chuǎng　　广 guǎng　　九 jiǔ

脸 liǎn　　秒 miǎo　　碾 niǎn　　惹 rě

去声［ V51 ］——全降调，由最高音降到最低音。

发音例字：

掉 diào　　换 huàn　　辣 là　　浪 làng

卖 mài　　面 miàn　　片 piàn　　热 rè

声调的声学特性不仅包括语音的音高，还包括时长。时长与声调没有一定的对应关系，但普通话音节单独发音时，通常上声比其他声调长一些；在连续语流中，4 种声调的时长差别不大，与其音节所在的位置、该音节是否是重音等因素有关。

四　音节

一般来说，一个汉字的读音就是一个带调音节（儿化音节用两个汉字代表一个音节）。普通话有 22 个声母，39 个韵母，但实际出现的音节有大约 400 个，这说明声母和韵母的配合是有限制的。这种限制主要体现在声母的发音部位和韵母四呼的关系上。

普通话声韵配合简表

声母 \ 能否配合 \ 韵母		开口呼	齐齿呼	合口呼	撮口呼
双唇音	b、p、m	+	+	只跟 u 相拼	
唇齿音	f	+		只跟 u 相拼	
舌尖中音	d、t	+	+	+	
	n、l	+	+	+	+
舌面后音	g、k、h	+		+	
舌面前音	j、q、x		+		+
舌尖后音	zh、ch、sh、r	+		+	
舌尖前音	z、c、s	+		+	
零声母	∅	+	+	+	+

简表中“+”表示声韵可以相拼，空白表示不可以相拼。可以看出：

（1）双唇音 b、p、m 不能和撮口呼韵母相拼，与合口呼相拼仅限于 u*。

* 这种限制是指拼音形式上的限制。bo 音节实际是 buo [puo] 的简写形式。

（2）唇齿音 f，舌面后音 g、k、h，舌尖后音 zh、ch、sh、r 和舌尖前音 z、c、s 能和开口呼、合口呼韵母相拼，不能跟齐齿呼和撮口呼相拼。唇齿音 f 与合口呼相拼仅限于 u。

（3）舌面前音 j、q、x 只能与齐齿呼和撮口呼韵母相拼，不能与开口呼和合口呼韵母相拼。

（4）舌尖中音 n、l 能跟四呼韵母相拼。

（5）开口呼韵母搭配能力最强，除舌面前音声母 j、q、x 外，和其他声母都能相拼。

（6）撮口呼韵母只能与舌尖中音 n、l，舌面前音 j、q、x 和零声母相拼。

简表只能体现声韵配合的主要规律，有一些规则在简表中得不到体现，如：齐齿呼韵母 ia、iang 不能和双唇音 b、p、m 相拼，舌尖中音 d、t、n、l 不能和合口呼韵母 ua、uai、uang 相拼，等等。具体的声韵配合规律只有从普通话基本音节表中才能较全面地反映出来。

普通话基本音节表

	声母	唇音				舌尖中音				舌面后音			舌面前音			舌尖后音				舌尖前音			
	韵母	b	p	m	f	d	t	n	l	g	k	h	j	q	x	zh	ch	sh	r	z	c	s	∅
开口呼	-i[ɿ、ʅ]															知	蚩	诗	日	资	雌	思	
	a	八	怕	妈	发	搭	他	那	拉	嘎	咖	哈				渣	插	杀		匝	擦	撒	啊
	o	玻	坡	摸	佛																		噢
	e			么		得	特	讷	勒	哥	科	喝				遮	车	奢	热	则	策	涩	鹅
	ê																						欸
	er																						儿
	ai	白	拍	埋		呆	胎	乃	来	该	开	孩				摘	拆	筛		栽	猜	赛	哀
	ei	杯	胚	眉	非	得		内	类	给	剋	黑				这		谁		贼			欸
	ao	包	抛	猫		刀	涛	闹	捞	高	考	蒿				招	超	烧	饶	遭	操	搔	熬
	ou		剖	谋	否	兜	偷	耨	楼	沟	口	喉				州	抽	收	柔	邹	凑	搜	欧
	an	班	潘	蛮	帆	丹	贪	男	兰	干	刊	含				沾	搀	山	然	赞	餐	三	安
	en	奔	喷	门	分	扽		嫩		根	肯	痕				针	尘	深	人	怎	岑	森	恩
	ang	帮	旁	忙	方	当	汤	囊	狼	钢	康	杭				章	昌	商	嚷	脏	仓	桑	昂
	eng	崩	烹	蒙	风	登	疼	能	冷	耕	坑	恒				征	称	升	扔	增	层	僧	鞥

续表

韵母 \ 声母		唇音				舌尖中音				舌面后音			舌面前音			舌尖后音				舌尖前音			
		b	p	m	f	d	t	n	l	g	k	h	j	q	x	zh	ch	sh	r	z	c	s	∅
齐齿呼	i	逼	批	迷		低	梯	泥	里				基	欺	希								衣
	ia					嗲			俩				加	恰	虾								呀
	ie	别	撇	灭		爹	贴	捏	列				阶	切	些								耶
	iao	标	飘	苗		刁	挑	鸟	疗				交	敲	消								腰
	iou			谬		丢		牛	留				究	秋	休								忧
	ian	边	偏	面		颠	天	年	连				尖	千	先								烟
	in	宾	拼	民				您	林				今	亲	心								因
	iang							娘	良				江	枪	香								央
	ing	兵	乒	明		丁	听	宁	玲				京	青	星								英
合口呼	u	不	扑	木	夫	读	突	奴	卢	姑	枯	呼				朱	初	书	如	租	粗	苏	乌
	ua									瓜	夸	花				抓	欻	刷	挼				蛙
	uo					多	拖	挪	罗	锅	阔	活				捉	戳	说	弱	作	搓	梭	窝
	uai									乖	快	怀				拽	揣	衰					歪
	uei					堆	推			归	亏	灰				追	吹	水	锐	最	崔	虽	威
	uan					端	团	暖	乱	关	宽	欢				专	川	闩	软	钻	撺	酸	弯
	uen					吨	吞		论	棍	昆	昏				准	春	顺	润	尊	村	孙	温
	uang									光	筐	荒				庄	窗	双					汪
	ueng																						翁
	ong					东	通	弄	龙	工	空	烘				忠	充		容	宗	聪	松	
撮口呼	ü							女	吕				居	区	需								迂
	üe							虐	略				决	缺	靴								约
	üan												捐	圈	宣								冤
	ün												军	群	勋								晕
	iong												迥	穷	兄								雍

基本音节表中没有收一些语气词，特别是只以辅音充当音节的，例如：lo（咯）、yo（哟）、hm（噷）、hng（哼）、m（呣）、n（嗯）、ng（嗯）。

从基本音节表中我们可以看出：

（1）开口呼包含音节数量最多，几乎占所有音节的一半；撮口呼音节包含音节最少。

（2）舌尖元音 -i [ʅ、ʅ] 属于开口呼音节，只同舌尖前音声母 z、c、s 和舌尖后音声母 zh、ch、sh、r 相拼。

（3）er 独立自成音节，不同任何声母相拼；ê 一般出现在韵母 ie、üe、ian 中，独立成音节只用于语气词。

（4）o 韵母只同双唇音和唇齿音声母相拼，而 uo 韵母不能同双唇音或唇齿音声母相拼。

（5）ong 属于合口呼，只能前拼辅音声母，不独立成音节；ueng 则只独立成音节，不同任何辅音声母相拼。

五　变调

声调语言的两个或两个以上音节连在一起时，音节所属调类的调值有时会发生变化，这种现象称为“连读变调”。连读变调只可能出现在相连音节之间。普通话的连读变调包括上声变调和“一”“不”变调。

1. 上声变调

上声在阴平、阳平、上声、去声前都会产生变调，只有在单念或处在词语、句子的末尾才有可能读原调。

（1）上声在阴平、阳平、去声、轻声前，即在非上声前，丢掉后半段“14”上升的尾巴，调值由 214 变为半上声 21，变调调值描写为 214–21。例如：

▶ 上声 + 阴平

百般 bǎibān	摆脱 bǎituō	保温 bǎowēn
火车 huǒchē	警钟 jǐngzhōng	省心 shěngxīn

▶ 上声 + 阳平

导游 dǎoyóu	改革 gǎigé	考察 kǎochá
朗读 lǎngdú	旅行 lǚxíng	祖国 zǔguó

▶ 上声 + 去声

感谢 gǎnxiè	稿件 gǎojiàn	广大 guǎngdà
讨论 tǎolùn	挑战 tiǎozhàn	土地 tǔdì

上声在轻声前调值也变成半上声 21。例如：斧子、奶奶、姐姐、尾巴、老婆、耳朵、马虎、口袋、伙计。

（2）两个上声相连，前一个上声的调值变为 35，跟阳平的调值一样。变调调值描写为 214–35。例如：

▶ 上声 + 上声

粉笔 fěnbǐ	古典 gǔdiǎn	广场 guǎngchǎng	海岛 hǎidǎo
减少 jiǎnshǎo	简短 jiǎnduǎn	懒散 lǎnsǎn	旅馆 lǚguǎn
母语 mǔyǔ	手指 shǒuzhǐ	首长 shǒuzhǎng	小组 xiǎozǔ

（3）三个上声音节相连，如果后面没有其他音节，也不带什么语气，末尾音节一般不变调。开头、当中的上声音节有两种变调：

1）当词语的结构是双音节 + 单音节（“双单格”）时，开头、当中的上声音节调值变为 35，跟阳平的调值一样。例如：

打靶场 dǎbǎchǎng	管理组 guǎnlǐzǔ
手写体 shǒuxiětǐ	水彩笔 shuǐcǎibǐ
洗脸水 xǐliǎnshuǐ	选举法 xuǎnjǔfǎ
勇敢者 yǒnggǎnzhě	展览馆 zhǎnlǎnguǎn

2）当词语的结构是单音节 + 双音节（“单双格”），开头音节处在被强调的逻辑重音时，读作“半上”，调值为 21，当中音节则按两字组变调规律变为 35。例如：

党小组 dǎngxiǎozǔ	老保守 lǎobǎoshǒu
冷处理 lěngchǔlǐ	撒火种 sǎhuǒzhǒng
耍笔杆 shuǎbǐgǎn	小两口 xiǎoliǎngkǒu
小拇指 xiǎomǔzhǐ	纸老虎 zhǐlǎohǔ

除此之外，有些情况根据个人习惯的不同有所变化，例如“买手表”“你演讲”虽属“单双格”，但开头音节不是逻辑重音时，开头、当中的上声音节调值也可变为 35；一些不容易确定格式的词语如“索马里”“卡塔尔”的音变，更是不宜强求一律。

2. “一”“不”的变调

“一”的单字调是阴平 55，“不”的单字调是去声 51，在单念或处在词句末尾的时候，不变调。

“一”有两种变调：

（1）在去声音节前调值变为 35，跟阳平的调值一样。例如（以下“一”字标变调）：

一半 yíbàn	一旦 yídàn	一定 yídìng
一度 yídù	一概 yígài	一共 yígòng

（2）在阴平、阳平、上声前，即在非去声前，调值变为 51，跟去声的调值一样。例如

（以下“一”字标变调）：

阴平前

一般 yìbān	一边 yìbiān	一端 yìduān
一经 yìjīng	一瞥 yìpiē	一身 yìshēn
一生 yìshēng	一天 yìtiān	一些 yìxiē

阳平前

一连 yìlián	一齐 yìqí	一群 yìqún
一如 yìrú	一时 yìshí	一同 yìtóng
一头 yìtóu	一行 yìxíng	一直 yìzhí

上声前

一举 yìjǔ	一口 yìkǒu	一览 yìlǎn
一起 yìqǐ	一手 yìshǒu	一体 yìtǐ
一统 yìtǒng	一早 yìzǎo	一准 yìzhǔn

当“一”作为序数表示“第一”时不变调，例如“一楼”的“一”不变调，表示“第一号楼”或“第一层楼”；而变调表示“全楼”。“一连”不变调表示“第一连”，而变调则表示“全连”，副词“一连”中的“一”也变调，如“一连五天”。“一”在复杂数词中做个位数，无论是基数词还是序数词都不变调，比如“十一”“一百零一”。此外在十位数上可以不变，例如“一百一十一”，第二个“一”是否变调有分歧。

“不”字只有一种变调。当“不”在去声音节前调值变为35，跟阳平的调值一样。例如（以下“不”字标变调）：

不必 búbì	不变 búbiàn	不便 búbiàn
不测 búcè	不错 búcuò	不待 búdài
不但 búdàn	不定 búdìng	不要 búyào

六　轻声

一个音节在某个词或某句话里念得短而轻，失去了原有的声调，叫作轻声。一个音节读成轻声后，物理属性会发生相应变化：

（1）音长会大大缩短。

（2）调形不再是原有声调的调形，它的音高依赖于前面音节的声调。音高与时长是轻声感知中的重要因素。

（3）大部分音节强度会减弱，能量则明显减弱。

（4）音色或多或少会发生变化。最明显的是韵母发生弱化，例如主要元音向央元音[ə]靠拢；声母也可能产生变化，例如不送气的清塞音、清塞擦音声母变为浊塞音、浊塞擦音声母等。

普通话轻声音节没有自己独立固定的调值，它的音高和升降变化由前面的音节决定。阴平、阳平、去声之后的轻声音节音高表现为下降，调值分别为2、3、1；上声之后的轻声音节音高表现为较高的平调或微升调，调值为4（用五度标调法表示调值时，由于调形的变化比较细微，一般不必标出，但这并不否认调形对轻声感知的作用）。

▶ 阴平·轻声

哥哥 gēge	家伙 jiāhuo	清楚 qīngchu
说了 shuōle	他的 tāde	先生 xiānsheng
休息 xiūxi	庄稼 zhuāngjia	桌子 zhuōzi

▶ 阳平·轻声

房子 fángzi	红的 hóngde	粮食 liángshi
萝卜 luóbo	婆婆 pópo	晴了 qíngle
石头 shítou	头发 tóufa	行李 xíngli

▶ 上声·轻声

耳朵 ěrduo	斧子 fǔzi	好了 hǎole
姐姐 jiějie	喇叭 lǎba	老实 lǎoshi
马虎 mǎhu	使唤 shǐhuan	我的 wǒde

▶ 去声·轻声

弟弟 dìdi	豆腐 dòufu	坏的 huàide
骆驼 luòtuo	漂亮 piàoliang	扇子 shànzi
睡了 shuìle	吓唬 xiàhu	意思 yìsi

七　儿化

普通话的儿化现象主要由词尾“儿”变化而来。词尾“儿”本是一个独立的音节，由于口语中处于轻读的地位，长期与前面的音节流利地连读而产生音变，“儿”（er）失去了独立性，“化”到前一个音节上，只保持一个卷舌动作，使两个音节融合成为一个音节，前面音节里的韵母或多或少地发生变化。这种语音现象就是“儿化”。我们把这种带有卷舌色彩的韵母称作“儿化韵”。

儿化音变的基本性质是使一个音节的主要元音带上卷舌色彩。-r是儿化韵的形容性符号，不把它作为一个音素看待。儿化韵音变的规则如下：

（1）儿化音变是使韵腹（主要元音）、韵尾（尾音）发生变化，对声母和韵头 i–、u–、ü– 没有影响。

（2）韵尾 –i、–n 儿化时不再发音，只有前面的韵腹产生卷舌作用。

（3）在主要元音（i、ü 除外）上加卷舌动作。这些主要元音大多数变为带有卷舌色彩的央元音 ar 和 er。

（4）在主要元音 i、ü 后面加上 er [ɚ]。包括原形韵母 5 个：i、in、ing、ü、ün。另外，儿化时舌尖元音 –i [ɿ] 和 –i [ʅ] 后加上一个 er，实际读音是用 [ɚ] 替换了原来的韵母。

（5）后鼻音韵母儿化时，韵尾 –ng 和前面韵腹合并成鼻化元音，同时加上卷舌作用。

普通话韵母中，自成音节的 er（“儿、耳、二”）本身就是卷舌韵母；口语中的单韵母 ê 未见儿化词，除此之外的韵母都可以儿化。

儿化韵和儿化词的发音举例 *：

a > ar

打杂儿 dǎzár　　刀把儿 dāobàr　　号码儿 hàomǎr　　戏法儿 xìfǎr

ai > ar

加塞儿 jiāsāir　　名牌儿 míngpáir　　小孩儿 xiǎoháir　　鞋带儿 xiédàir

an > ar

老伴儿 lǎobànr　　脸蛋儿 liǎndànr　　收摊儿 shōutānr　　蒜瓣儿 suànbànr

ang > ar（鼻化）

赶趟儿 gǎntàngr　　瓜瓤儿 guārángr　　香肠儿 xiāngchángr　　药方儿 yàofāngr

ia > iar

掉价儿 diàojiàr　　豆芽儿 dòuyár　　一下儿 yīxiàr

ian > iar

扇面儿 shànmiànr　　小辫儿 xiǎobiànr　　一点儿 yīdiǎnr　　照片儿 zhàopiānr

iang > iar（鼻化）

鼻梁儿 bíliángr　　花样儿 huāyàngr　　透亮儿 tòuliàngr

ua > uar

大褂儿 dàguàr　　麻花儿 máhuār　　脑瓜儿 nǎoguār

uai > uar

一块儿 yīkuàir

---

* 下面列出每个原形韵母和所对应的儿化韵，用符号＞表示由哪个原形韵母变为儿化韵。描写儿化韵中的“：”表示“：”之前的是主要元音（韵腹），不是介音（韵头）。注意：此处是借助汉语拼音描写儿化音节的实际发音。拼写儿化音节时要符合拼写规则。

uan > uar

茶馆儿 cháguǎnr　打转儿 dǎzhuànr　拐弯儿 guǎiwānr　好玩儿 hǎowánr

uang > uar（鼻化）

蛋黄儿 dànhuángr　天窗儿 tiānchuāngr

üan > üar

包圆儿 bāoyuánr　人缘儿 rényuánr　手绢儿 shǒujuànr　烟卷儿 yānjuǎnr

ei > er

刀背儿 dāobèir　摸黑儿 mōhēir

en > er

老本儿 lǎoběnr　纳闷儿 nàmènr　压根儿 yàgēnr　走神儿 zǒushénr

eng > er（鼻化）

钢镚儿 gāngbèngr　夹缝儿 jiāfèngr　提成儿 tíchéngr

ie > ier

半截儿 bànjiér　小鞋儿 xiǎoxiér

üe > üer

旦角儿 dànjuér　主角儿 zhǔjuér

uei > uer

跑腿儿 pǎotuǐr　一会儿 yīhuìr　走味儿 zǒuwèir

uen > uer

冰棍儿 bīnggùnr　打盹儿 dǎdǔnr　没准儿 méizhǔnr

ueng > uer（鼻化）

小瓮儿 xiǎowèngr

i > i：er

垫底儿 diàndǐr　玩意儿 wányìr　针鼻儿 zhēnbír

in > i：er

脚印儿 jiǎoyìnr　送信儿 sòngxìnr　有劲儿 yǒujìnr

ing > i：er（鼻化）

打鸣儿 dǎmíngr　花瓶儿 huāpíngr　火星儿 huǒxīngr　人影儿 rényǐngr

ü > ü：er

毛驴儿 máolǘr　痰盂儿 tányúr　小曲儿 xiǎoqǔr

ün > ü：er

合群儿 héqúnr

-i（前）> er

瓜子儿 guāzǐr　没词儿 méicír　挑刺儿 tiāocìr

-i（后）> er

记事儿 jìshìr　锯齿儿 jùchǐr　墨汁儿 mòzhīr

e > er

挨个儿 āigèr　打嗝儿 dǎgér　逗乐儿 dòulèr　模特儿 mótèr

u > ur

泪珠儿 lèizhūr　没谱儿 méipǔr　碎步儿 suìbùr　有数儿 yǒushùr

ong > or（鼻化）

抽空儿 chōukòngr　胡同儿 hútòngr　酒盅儿 jiǔzhōngr　门洞儿 méndòngr

iong > ior（鼻化）

小熊儿 xiǎoxióngr

ao > aor

半道儿 bàndàor　红包儿 hóngbāor　叫好儿 jiàohǎor　口哨儿 kǒushàor

iao > iaor

火苗儿 huǒmiáor　开窍儿 kāiqiàor　面条儿 miàntiáor　跑调儿 pǎodiàor

ou > our

门口儿 ménkǒur　年头儿 niántóur　小丑儿 xiǎochǒur　小偷儿 xiǎotōur

iou > iour

顶牛儿 dǐngniúr　加油儿 jiāyóur　棉球儿 miánqiúr　抓阄儿 zhuājiūr

uo > uor

大伙儿 dàhuǒr　火锅儿 huǒguōr　小说儿 xiǎoshuōr　做活儿 zuòhuór

（o）> or

耳膜儿 ěrmór　粉末儿 fěnmòr

儿化韵在普通话里有一定的语用功能。主要功能在构词和修辞两方面：在构词上能够区别不同的词性或派生同类的词；在修辞上能够体现人物的语言风格，以及附有指小、表爱的色彩。普通话有相当多的词在需要附加上述功能时，都可以儿化。当然，在不需要负载上述功能时，就不会儿化。所以，除极少数经常读为儿化的词语，如"一会儿、一点儿、这儿、那儿"以外，一般不提"必读儿化词"。

八　语调

声调是音节层面的音高变化，而语调是句子层面的音高特征（广义的语调还包括句子的节奏、音长、音强特征）。有时一句话的所有音节声调都相同，它们的音高却可能有所差别，有的差别还会很大。比如在“刘平常回南宁”中，所有的音节都是阳平调。前两个音节音高接近，而句重音“常”的高音点大幅上升，音高上升幅度超过其他所有音节。之后的音节音高回落，而且音高曲线的上升幅度也被压缩。因此，语调可以引起声调音域的变化，能在保留音节声调调形的基础上对声调音域进行调节。

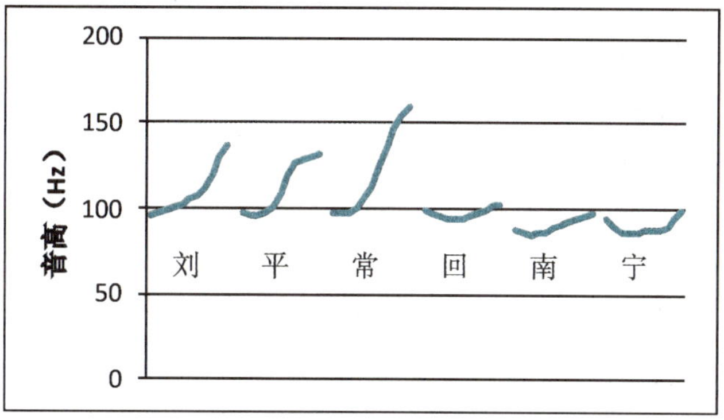

句重音的音高表现

在没有词汇和句法标记的条件下，语调可以区分陈述、疑问、感叹等语气。以陈述语调和疑问语调分别说“赵亮爱看话剧”时，疑问句在后面几个音节的调域上限比陈述句高一些；陈述句句末音节的调域下限与前面一个音节相比有突出的向下拓展，句末音节的音高曲线斜率要更大些。疑问句句末音节的音高曲线音阶都高于这个音节单念时的音高；陈述句句末音节的音高曲线音阶都比这个音节单念时低。

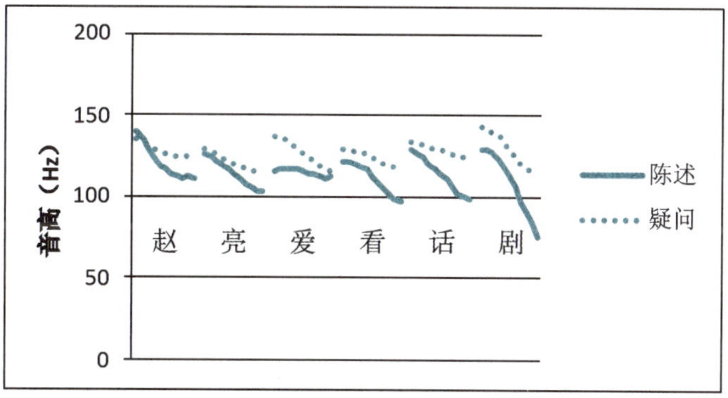

陈述句和疑问句的音高表现

语句中有些音节听起来声音比其他音节突显，这就是句重音。句重音有两种基本类型——常规重音和对比重音。常规重音的分布和句法结构有密切联系。一般来说，主谓结构中的谓语主要动词、述宾结构中的宾语、定中结构的形容词定语、状中结构表性状的状语、述补结构中的补语会被重读，例如：

他赞赏这一举动。（主谓结构中的谓语主要动词重读）

下雨了。（述宾结构中的宾语重读）

这是一件精美的作品。（定中结构的形容词定语重读）

请仔细观察。（状中结构表性状的状语重读）

他跑得飞快。（述补结构中的补语重读）

对比重音的分布由表达的需要而定，需要突出或强调的部分都需要重读，听感上往往比常规重音更加突显。例如：

——谁昨天没有去学校？

——他昨天没有去学校。

——他哪天没有去学校？

——他昨天没有去学校。

——他昨天去学校了吗？

——他昨天没有去学校。

——他昨天没去哪儿？

——他昨天没有去学校。

如果对比重音落在阴平、阳平和去声音节上，那它们的音高高点会有明显提高；如果落在上声音节上，其音高的低点会进一步降低。假如上声重音音节在句末，那么一定会出现上声的尾部音高上升，而且上升高度较高。

第三部分
普通话水平测试分项指导

一　读单音节字词

“读单音节字词”项，要求读100个单音节字词，限时3.5分钟，共计10分，主要测查应试人的声、韵、调的标准程度。掌握普通话声、韵、调的正确发音，读好单音节字词是学习普通话、提高测试成绩的基础。

本节包括测试要求、常见失分原因分析和应试建议等内容；对失分较为集中的重难点音，提供了学习方法指导和大量训练材料；此外，还列举了易读错的重点和难点单音节字词。

本书第二部分“普通话语音分析”对普通话声母、韵母和声调进行了系统的讲解，本节不再重复引用，读者如有需要可在前文查阅。

（一）测试要求

读100个单音节字词（不含轻声、儿化音节），限时3.5分钟，共10分。

（二）测试范围

100个音节中，70%选自《普通话水平测试用普通话词语表》“表一”，30%选自“表二”。

100个音节中，每个声母出现次数一般不少于3次，每个韵母出现次数一般不少于2次，4个声调出现次数大致均衡。

（三）本项评分

（1）语音错误，每个音节扣0.1分。

（2）语音缺陷，每个音节扣0.05分。

（3）超时 1 分钟以内，扣 0.5 分；超时 1 分钟以上（含 1 分钟），扣 1 分。

（四）常见失分原因分析

1. 语音错误导致失分

语音错误就是把字读错。一个字的声母、韵母和声调中只要有一个部分读错，这个字就是读错了。常见错误有：

（1）声母、韵母、声调受到方言语音系统影响读错。如把“牛”读作“流”（n、l 相混），“锦”读作“井”（in、ing 相混），“雨”读作“鱼”（三声、二声相混）等。

（2）字形相混。如把“日”读作“目”，“灸”读作“炙”，“铿”读作“锵”等。

（3）受形声字声旁影响读错。如把“绽”读作“定”，“酵”读作“孝”等。

（4）不认识字。如湍（tuān）、厥（jué）、绺（liǔ）、啜（chuò）等。

（5）长期误读。如把“氛”读成第四声，“亚”读作第三声等。

2. 语音缺陷导致失分

语音缺陷是指还没有将字完全读成错字，但声母、韵母、声调存在发音不准确的情况。常见缺陷有：

（1）声母的发音部位不够准确。如 j、q、x 读得像 z、c、s，读翘舌音 zh、ch、sh 时舌头卷得太靠后等。

（2）韵母的舌位或唇形不够准确。如读 ian 中的 a 时开口度过大，与 an 中的 a 相同；读 üe、uan 时韵母开头嘴唇没有拢圆；er 卷舌不够自然等。

（3）声调的调形和音高不够准确。如第一声读得很低；第三声只读了前半段，或低段未降到位。

3. 超时导致失分

绝大部分应试人都能够在 3.5 分钟限时内读完 100 个音节，个别应试人由于以下原因超时：

（1）发音时有意拖长腔。

（2）不熟悉读音或字形，音节间隔时间过长。

（3）反复更改某些音节的发音。

（五）应试建议

（1）打好普通话基础，读准声母、韵母、声调。了解自己语音中存在的问题，有的放矢地练习；掌握正确的发音方法，提高学习效率；勤于练习，多听多说，反复纠正与巩固。

（2）识记常用单音节字词。如平翘舌有问题的应试人，可以借助“单字练习”记忆常见平舌音和翘舌音字。

（3）考试时发音应自然、清晰、饱满，避免刻意、夸张。

（4）第三声的单音节字词，如“好（hǎo）”，要把第三声读完整。

（5）掌握好读单音节字词的速度，避免过快或过慢。

（6）每个字读一遍，如个别字词读错，可以即时将该字词重读一遍，评分以第二遍读音为准（多读不计）。

（六）“单音节字词”项训练

本节以普通话水平测试第一项“读单音节字词”失分较为集中的语音问题为训练目标，包括“单字练习”“辨正练习”等内容。其中，“辨正练习”对比易失误的声母、韵母，例如声母 z、c、s 和 zh、ch、sh 的对比、前鼻音韵母和后鼻音韵母的对比等，是进阶练习材料。

1. 声母

z、c、s 和 zh、ch、sh

（1）常见失分原因分析

普通话有平舌音（z、c、s）和翘舌音（zh、ch、sh、r）两组声母，测试中常见的主要问题是平翘舌音混淆，如部分应试人把 zh、ch、sh 读作 z、c、s，或把 z、c、s 读作 zh、ch、sh。

单纯从发音角度来看，一些应试人发 z、c、s 时，舌头置于上下牙齿之间，听上去有咬着舌尖的感觉；另有一些应试人发 zh、ch、sh 时，舌尖接触位置不准确，或是偏前，或是偏后。实际上，绝大部分应试人是可以发出平舌音和翘舌音的，问题是不知道哪些字是平舌音，哪些字是翘舌音。

（2）学习方法

z、c、s 在发音时，舌尖是抵住下齿背的；而 zh、ch、sh 发音时舌尖翘起，抵住或接近的部位是硬腭前部。

学习区分平舌音和翘舌音，除了学会正确的发音方法外，更为重要的是要记住字音。《普通话水平测试用普通话词语表》（以下简称《词语表》）中声母为 z、c、s 的字有 270 多个（含多音字），声母为 zh、ch、sh 的字有 660 多个（含多音字），这 900 多个字的使用频率较高，有必要记住字音。应试人可根据汉字形声字的声旁类推，如通过记住“宗”是平舌音，进而记住“棕、踪、粽、综”等也是平舌音；还可以借助声韵配合规律来记忆，如 ua、uai、uang 在普通话中只和 zh、ch、sh 相拼，不和 z、c、s 相拼。应试人可结合以下“单字练习”记忆这些常用字。“单字练习”中①、②、③、④分别表示第一声、第二声、第三声、第四声。

（3）单字练习*

z	
za	①咂　②杂　砸
zai	①灾　哉　栽　③宰　崽　④再　在
zan	④暂　赞
zang	①赃　④葬
zao	①遭　糟　②凿　③早　枣　蚤　澡　藻　④皂　灶　造　噪　燥　躁
ze	②则　责　泽　啧　④仄
zei	②贼
zen	③怎
zeng	①增　憎　④赠
zi	①咨　姿　资　滋　③子　姊　籽　紫　滓　④自　字　渍
zong	①宗　棕　踪　鬃　③总　④纵　粽
zou	③走　④奏　揍
zu	①租　②足　族　③诅　阻　组　祖
zuan	③纂　④攥
zui	③嘴　④最　罪　醉
zun	①尊　遵
zuo	②昨　③左　佐　④坐　座　做

zh	
zha	①渣　楂　②闸　铡　③眨　④乍　诈　榨　蚱
zhai	①斋　摘　②宅　③窄　④债　寨
zhan	①沾　毡　瞻　③斩　盏　展　崭　④栈　战　站　绽　蘸　湛
zhang	①张　章　彰　樟　③掌　④丈　仗　杖　帐　账　胀　障
zhao	①招　昭　③找　沼　④兆　赵　照　罩　肇　诏
zhe	①遮　②哲　辙　辄　③者　褶　④这　浙　蔗
zhen	①贞　针　侦　珍　真　砧　斟　臻　③诊　枕　疹　④阵　振　朕　震　镇

* 单字练习供学习者练习普通话音节使用，用字均选自《词语表》。普通话水平测试“读单音节字词”不考查《词语表》中的多音字，单字练习未收多音字。

续表

zh	
zheng	①争 征 狰 睁 筝 蒸 ③拯 整 ④证 郑 政
zhi	①之 支 汁 芝 枝 知 肢 织 脂 蜘 ②执 直 侄 值 职 植 殖 ③止 旨 址 纸 指 趾 ④至 志 帜 制 质 治 挚 致 秩 掷 窒 智 滞 置 稚 炙 桎
zhong	①忠 终 钟 衷 盅 ③肿 冢 ④仲 众
zhou	①舟 州 周 洲 ③肘 帚 ④咒 宙 昼 皱 骤
zhu	①朱 珠 株 诸 猪 蛛 诛 ②竹 逐 烛 ③主 拄 煮 嘱 瞩 ④助 住 贮 注 驻 柱 祝 蛀 铸 筑 伫
zhua	①抓
zhuan	①专 砖 ④赚 撰 篆
zhuang	①妆 庄 桩 装 ④壮 状 撞
zhui	①追 椎 锥 ④坠 缀 赘
zhun	①谆 ③准
zhuo	①拙 捉 桌 ②灼 茁 卓 浊 酌 啄

c	
ca	①擦
cai	①猜 ②才 材 财 裁 ③彩 睬 踩 ④菜 蔡
can	①餐 ②残 蚕 惭 ③惨 ④灿 璨
cang	①仓 苍 沧 舱
cao	①操 糙 ②曹 槽 嘈 ③草
ce	④册 厕 侧 测 策
ceng	②层 ④蹭
ci	②词 祠 瓷 辞 慈 磁 雌 ③此 ④次 赐
cong	①匆 囱 葱 聪 ②从 丛
cou	④凑
cu	①粗 ④促 醋 簇

续表

c	
cuan	①蹿 ④窜 篡
cui	①崔 催 摧 ③璀 ④脆 萃 啐 淬 悴 瘁 粹 翠
cun	①村 皴 ②存 ③忖 ④寸
cuo	①搓 磋 ④挫 措 锉 错

ch	
cha	①插 ②茬 茶 察 ④岔 诧
chai	①拆 ②柴 豺
chan	①搀 ②馋 缠 蝉 潺 蟾 ③产 铲 阐 ④忏
chang	①昌 猖 娼 ②肠 尝 常 偿 嫦 ③敞 ④畅 唱 怅
chao	①抄 钞 超 ②巢 潮 ③炒
che	③扯 ④彻 掣 撤 澈
chen	①抻 ②臣 尘 辰 沉 忱 陈 晨 ④衬 趁
cheng	①撑 ②成 丞 呈 诚 承 城 程 惩 橙 ③逞 骋 ④秤
chi	①吃 嗤 痴 ②池 弛 驰 迟 持 ③齿 侈 耻 ④斥 赤 炽 翅 啻
chong	①充 舂 憧 ②虫 崇 ③宠
chou	①抽 ②绸 畴 酬 稠 愁 筹 惆 踌 ③丑 瞅
chu	①出 初 ②刍 除 厨 锄 蜍 雏 橱 躇 ③础 储 楚 ④触 矗 搐
chuai	④踹
chuan	①川 穿 ②船 ③喘 ④串
chuang	①疮 窗 ②床 ③闯
chui	①吹 炊 ②垂 陲 捶 槌 锤
chun	①春 椿 ②纯 唇 淳 醇 ③蠢
chuo	①戳 ④啜

s	
sa	①仨　③洒　④萨　卅
sai	①腮　鳃　④赛
san	①三　叁　③伞
sang	①桑　③嗓
sao	①搔　骚　缫　③嫂
se	④涩　瑟　啬
sen	①森
seng	①僧
si	①司　丝　私　思　斯　撕　嘶　厮　③死　④巳　四　寺　伺　祀　饲　肆　俟　嗣
song	①松　③耸　怂　悚　④讼　宋　送　诵　颂
sou	①搜　艘　④嗽
su	①苏　酥　稣　②俗　④诉　肃　素　速　粟　塑　溯
suan	①酸　④蒜　算
sui	①虽　②隋　随　绥　③髓　④岁　祟　碎　隧　穗　邃
sun	①孙　③损　笋
suo	①唆　梭　嗦　蓑　③所　索　琐　锁

sh	
sha	①杀　沙　纱　砂　鲨　②啥　③傻　④霎
shai	①筛　④晒
shan	①山　删　衫　珊　煽　③闪　陕　④讪　善　缮　擅　膳　赡
shang	①伤　商　③晌　赏　④尚
shao	①烧　②勺　④绍　哨
she	①奢　②舌　蛇　④设　社　射　涉　赦　摄　麝
shen	①申　伸　身　呻　绅　深　砷　娠　②神　③沈　审　婶　④肾　甚　渗　慎　蜃
sheng	①升　生　声　牲　笙　甥　②绳　④圣　剩

续表

sh	
shi	①尸　失　师　诗　狮　施　湿　虱　②十　时　实　蚀　③史　矢　使　始　驶　屎　④士　示　世　市　式　势　事　侍　饰　试　视　拭　柿　是　适　恃　室　逝　释　嗜　誓　仕　舐　噬　螫
shou	①收　③手　守　首　④寿　受　授　售　兽　瘦　狩
shu	①书　抒　枢　叔　殊　梳　淑　舒　疏　输　蔬　倏　②赎　孰　塾　③暑　署　蜀　鼠　薯　曙　④束　述　树　竖　恕　庶　墅　漱
shua	①刷　③耍
shuai	①摔　③甩　④帅　蟀
shuan	①拴　栓　④涮
shuang	①双　霜　③爽
shui	③水　④税　睡
shun	③吮　④顺　瞬　舜
shuo	④烁　硕

（4）辨正练习

z—zh					
咂——渣	杂——闸	灾——斋	宰——窄	再——债	暂——战
赃——张	葬——丈	遭——招	早——找	皂——照	责——哲
仄——浙	怎——诊	增——争	赠——正	咨——支	宗——忠
总——肿	纵——众	走——肘	奏——皱	租——朱	足——逐
祖——主	攥——赚	最——坠	尊——谆	昨——啄	

c—ch					
擦——插	猜——拆	餐——搀	残——缠	灿——忏	仓——昌
侧——彻	层——成	蹭——秤	词——池	此——齿	次——赤
匆——充	从——虫	凑——臭（chòu）	粗——出	醋——触	蹿——穿
窜——串	崔——吹	村——春	存——纯	忖——蠢	搓——戳
错——啜					

s—sh					
仨——沙	洒——傻	萨——霎	腮——筛	赛——晒	三——山
伞——闪	桑——商	嗓——赏	骚——烧	涩——社	森——身
僧——生	司——师	死——始	四——室	搜——收	嗽——受
苏——书	俗——赎	速——树	酸——拴	算——涮	髓——水
岁——睡					

j、q、x

（1）常见失分原因分析

部分应试人 j、q、x 发音部位偏前，具体表现是发 j、q、x 时，舌面前部或舌尖与上齿背而非硬腭前部接触，发音与 z、c、s 很接近。

有些应试人 j、q、x 与 z、c、s 或 zh、ch、sh 混淆。有的人把 zh、ch、sh 读为 j、q、x，如把“知道”读成“鸡道”，把“诗人”读成“西人”；有的人把 j、q、x 读为 z、c、s，如把“家”的声母读为“z”，把“谢谢”的声母读为“s”。

（2）学习方法

j、q、x 发音时，舌尖要抵住下齿背，舌面前部抵住硬腭前部；练习初始阶段，可以尽量让舌尖在下门齿背后下垂，以免舌尖在发音过程中起作用。

《词语表》收 j、q、x 为声母的字近 720 个（含多音字），由于涉及字数较多，对测试成绩的影响也相对较大。

发音有问题的应试人，首先应掌握正确的发音方法，再按字、词、句、篇章、说话的顺序练习，养成正确的发音习惯。j、q、x 与 z、c、s 或 zh、ch、sh 相混淆的应试人，除了掌握正确发音方法外，还需要记住以 j、q、x 为声母的字：一是借助声韵配合规律来记忆，在普通话里，j、q、x 只与以“i”开头的齐齿呼韵母、以“ü”开头的撮口呼韵母相拼；二是利用汉字形声字的声旁类推，如通过记住“交”是 j 声母，类推“郊、胶、跤、狡、饺、绞、皎”等也是 j 声母。应试人可结合以下“单字练习”记忆这些常用字。

（3）单字练习

j	
ji	①讥　击　叽　饥　圾　机　肌　鸡　唧　积　姬　基　缉　畸　箕　稽　激　羁　②及　吉　级　极　即　急　疾　棘　集　辑　嫉　籍　汲　瘠　③己　挤　脊　戟　麂　④计　记　技　忌　际　妓　季　剂　迹　既　继　祭　寄　寂　绩　鲫　冀　伎　暨　髻　悸
jia	①加　佳　枷　浃　家　嘉　②荚　颊　③甲　胛　钾　④价　驾　架　嫁　稼

续表

j	
jian	①尖　奸　歼　坚　肩　艰　兼　煎　缄　③拣　茧　柬　俭　捡　检　减　剪　简　碱　睑　④件　建　荐　贱　剑　健　舰　涧　渐　践　溅　鉴　键　箭　谏　毽　腱
jiang	①江　姜　僵　缰　疆　③讲　奖　桨　蒋　④匠　绛　酱　犟
jiao	①交　郊　浇　娇　骄　胶　椒　焦　跤　蕉　礁　③侥　狡　饺　绞　脚　搅　缴　皎　④叫　轿　较　窖　酵
jie	①阶　皆　接　秸　揭　街　②劫　杰　洁　捷　睫　截　竭　③姐　④介　戒　芥　届　界　诫　借
jin	①巾　斤　今　金　津　筋　襟　矜　③仅　紧　锦　谨　④进　近　晋　烬　浸　靳　噤
jing	①茎　京　荆　惊　晶　睛　兢　精　鲸　③井　阱　景　憬　警　④径　净　胫　竞　竟　敬　靖　静　境　镜
jiong	③窘　炯
jiu	①纠　究　揪　③九　久　玖　灸　韭　酒　④旧　臼　疚　救　就　舅　厩
ju	①拘　居　驹　掬　鞠　②局　菊　橘　③沮　矩　举　咀　④巨　拒　具　炬　俱　剧　距　惧　锯　聚　踞　遽
juan	①捐　娟　鹃　④倦　绢　眷
jue	①撅　②决　诀　抉　绝　掘　崛　爵　厥　蕨　獗　攫
jun	①军　均　君　钧　④俊　峻　骏　竣　郡

q	
qi	①七　妻　柒　栖　凄　戚　期　欺　漆　沏　②齐　其　歧　祈　脐　崎　骑　棋　旗　鳍　畦　③乞　岂　企　启　起　绮　④气　迄　弃　汽　泣　契　砌　器
qia	①掐　④洽　恰
qian	①千　迁　牵　铅　谦　签　扦　②前　钱　钳　乾　潜　黔　虔　③遣　谴　④欠　嵌　歉
qiang	①枪　腔　锵　②墙　蔷　④跄

续表

q	
qiao	①跷 锹 敲 ②乔 侨 桥 憔 瞧 ③巧 ④俏 峭 窍 撬
qie	③且 ④怯 窃 妾 惬
qin	①钦 侵 ②芹 秦 琴 禽 勤 擒 噙 ③寝 ④沁
qing	①青 轻 氢 倾 卿 清 蜻 ②情 晴 擎 ③顷 请 ④庆 磬
qiong	②穷 琼 穹
qiu	①丘 秋 蚯 邱 鳅 ②囚 求 球 酋 裘
qu	①岖 驱 屈 躯 袪 蛆 趋 ②渠 ③取 娶 ④去 趣
quan	②权 全 泉 拳 痊 蜷 ③犬 ④劝
que	①缺 ②瘸 ④却 雀 确 鹊 榷
qun	②裙 群

x	
xi	①夕 西 吸 希 昔 析 牺 息 悉 惜 晰 稀 犀 锡 溪 熙 熄 嘻 膝 蟋 兮 唏 奚 蜥 嬉 皙 汐 曦 ②习 席 袭 媳 ③徙 喜 ④戏 细 隙
xia	①虾 瞎 ②匣 侠 峡 狭 暇 辖 霞 遐 ④下 夏
xian	①仙 先 掀 锨 ②闲 贤 弦 咸 衔 嫌 涎 娴 舷 ③显 险 ④县 现 限 线 宪 陷 馅 羡 献 腺 霰
xiang	①乡 香 厢 湘 箱 镶 ②详 祥 翔 ③享 响 想 饷 ④向 项 象 像 橡
xiao	①逍 消 宵 萧 硝 销 箫 潇 霄 嚣 ②淆 ③小 晓 ④孝 哮 笑 效 啸
xie	①些 歇 蝎 楔 ②协 胁 斜 挟 谐 携 鞋 偕 ③写 ④泄 泻 卸 屑 械 谢 懈 蟹 亵
xin	①心 辛 欣 锌 新 薪 馨 ④信 衅
xing	①星 猩 腥 ②刑 邢 形 型 ③醒 ④杏 幸 性 姓
xiong	①凶 兄 匈 汹 胸 ②雄 熊
xiu	①休 修 羞 ③朽 ④秀 袖 绣 锈 嗅

续表

x	
xu	①戌 须 虚 墟 需 ②徐 ③许 ④旭 序 叙 恤 酗 绪 续 絮 婿 蓄
xuan	①轩 宣 喧 暄 ②玄 悬 ③选 癣 ④炫 绚 渲 眩
xue	①靴 薛 ②穴 学 ③雪 ④谑
xun	①勋 熏 薰 ②旬 寻 巡 询 峋 循 ④训 讯 汛 迅 驯 逊 殉

（4）辨正练习

j—z				
基——资	己——紫	技——自	家——咂	涧——赞
酱——葬	叫——灶	杰——责	酒——走	倦——攥

j—zh				
基——知	己——止	技——至	家——渣	涧——站
酱——帐	叫——照	杰——辙	酒——肘	倦——赚

q—c				
骑——词	岂——此	泣——次	前——残	掐——擦
遣——惨	欠——灿	琼——从	区——粗	劝——篡

q—ch				
骑——迟	岂——耻	泣——翅	掐——叉	钱——馋
遣——产	欠——忏	腔——昌	墙——偿	敲——超
巧——炒	琼——虫	区——出	全——船	劝——串

x—s				
西——司	戏——四	乡——桑	享——嗓	消——搔
小——嫂	虚——苏	宣——酸	渲——算	勋——孙

x—sh				
西——师	习——时	喜——始	戏——是	虾——纱
下——霎	仙——衫	显——闪	乡——商	象——上
宵——烧	笑——哨	休——收	宣——拴	绚——涮

l 和 n

（1）常见失分原因分析

应试人发 l、n 这两个声母出现问题主要有两方面原因：一是应试人的方言里缺少 l 或 n 声母，所以不会发音；二是可以发出 l 和 n 声母，但使用时有混淆，有的把 l 读为 n，有的把 n 读为 l。

（2）学习方法

n、l 两个声母最大的区别在于 n 是鼻音声母，发音时鼻腔有气流流出；l 没有鼻音，发音时气流从口腔流出。捏住鼻子发 l，没有任何困难；而捏住鼻子发 n，气流不能从鼻腔流出，无法正常发音。此外，l 发音时舌的前半部下凹，舌身收窄，气流从舌头两侧流出；n 发音时舌的两侧与上颚形成完全的闭合。

学习声母 l 和 n，除学会正确的发音方法外，还要记住字音。《词语表》收常用 l 声母字 270 个左右（含多音字），n 声母字 90 个左右（含多音字）。可借助形声字声旁类推记忆，例如，声旁是“兰”的字，声母往往是“l”，如“拦、栏、烂”等；声旁是“内”的字，声母往往是“n”，如“纳、钠、呐”等。应试人可结合以下“单字练习”记忆这些常用字。

（3）单字练习

l	
la	①垃　啦　③喇　④腊　辣
lai	②来　莱　④睐　赖
lan	②兰　拦　栏　婪　蓝　澜　篮　斓　③览　揽　缆　榄　懒　④烂　滥
lang	②郎　狼　琅　廊　榔　螂　③朗　④浪
lao	①捞　②劳　牢　唠　③老　姥　④烙　涝　酪
lei	②雷　镭　③垒　磊　蕾　儡　④肋　泪　类
leng	③冷　④愣
li	②厘　狸　离　梨　犁　漓　璃　黎　篱　③礼　李　里　理　鲤　锂　④力　历　厉　立　吏　丽　励　利　沥　例　隶　荔　俐　莉　栗　砾　蛎　笠　粒　雳　痢

续表

l	
lian	②连 怜 帘 莲 联 廉 镰 涟 ③敛 脸 ④练 炼 恋 链
liang	②良 梁 粮 粱 ③两 ④亮 谅 辆 晾 踉
liao	②辽 疗 聊 僚 寥 嘹 缭 潦 ④料 瞭 撂 廖
lie	④列 劣 烈 猎 裂 冽
lin	①拎 ②邻 林 临 琳 嶙 霖 磷 鳞 ③凛 ④吝 赁 躏
ling	②伶 灵 玲 铃 凌 陵 聆 菱 翎 羚 绫 零 龄 ③岭 领 ④另
liu	②刘 浏 留 流 琉 硫 馏 榴 瘤 ③柳 绺 ④六
long	②龙 咙 胧 聋 窿 珑 ③拢 垄 陇
lou	②娄 楼 ③篓 ④陋 漏
lu	②卢 芦 庐 炉 颅 ③卤 虏 鲁 掳 ④录 赂 鹿 禄 碌 路 戮 麓
luan	②峦 孪 ③卵 ④乱
lun	②仑 伦 沦 轮
luo	②罗 萝 逻 锣 箩 骡 螺 ③裸 ④洛 骆 摞
lü	②驴 榈 ③吕 侣 旅 铝 屡 缕 履 ④律 虑 氯 滤
lüe	④掠 略

n	
na	②拿 ④呐 纳 钠 捺
nai	③乃 奶 氖 ④奈 耐
nan	②男 南
nang	①囔
nao	②挠 ③恼 脑 瑙 ④闹
nei	③馁 ④内
nen	④嫩

续表

n	
neng	②能
ni	①妮 ②尼 倪 霓 ③拟 你 ④昵 逆 匿 腻 溺
nian	①拈 蔫 ②年 黏 ③捻 撵 碾 ④念 廿
niang	②娘 ④酿
niao	③鸟 袅 ④尿
nie	①捏 ④聂 孽 啮 镊 镍 蘖
nin	②您
ning	②狞 柠 凝 咛 ④泞
niu	②牛 ③扭 纽 钮
nong	②农 浓 脓 ④弄
nu	②奴 ③努 ④怒
nuan	③暖
nuo	②挪 ④诺 懦 糯
nü	③女
nüe	④疟 虐

（4）辨正练习

l—n					
辣——呐	赖——耐	篮——男	郎——囊（náng）	劳——挠	老——脑
酪——闹	磊——馁	类——内	梨——尼	里——你	力——逆
莲——年	脸——碾	练——念	良——娘	谅——酿	猎——聂
林——您	聆——凝	另——泞	留——牛	柳——扭	龙——农
炉——奴	卤——努	录——怒	卵——暖	罗——挪	骆——糯
旅——女	略——虐				

f 和 h

（1）常见失分原因分析

部分应试人把声母 f 读为 h，如把“飞机”读为“灰机”；或把声母 h 读为 f，导致“工会”与“公费”不分等问题。也有的人 f 和 h 混用。

究其原因：一是发音不够准确，有的人在发 f 时，不是用上齿和下唇摩擦，而是用上下嘴唇摩擦；还有的人发 h 时，找不到舌面后部与软腭摩擦的位置。二是能够发出 f 和 h，但弄不清楚哪些字声母是 f，哪些字声母是 h。

（2）学习方法

f 的发音动作并不复杂，发音时注意下唇内侧接近上齿，上唇不要参与发音。

学习 f 和 h，在学会正确发音方法的基础上，要记住哪些字是 f 声母，哪些字是 h 声母。《词语表》收常用 f 声母字 120 多个（含多音字），h 声母字 180 多个（含多音字）。同前面的记忆方法一样，可根据汉字形声字的声旁类推记忆，如声旁为“方”的形声字“坊、防、妨、肪、房、仿、访、纺、放”声母都是 f，声旁为“皇”的形声字“凰、惶、煌、蝗”声母都是 h。另外，也可借助声韵配合规律来记忆，和 f 相拼的韵母比 h 少很多，尤其是以 u 开头的韵母，f 只和单韵母 u 相拼，而 h 除了 ueng 不能与之相拼外，其他以 u 开头的韵母都可以与之相拼。除此以外，与 h 相比，f 不与 e、ai、ao 相拼。应试人可结合以下“单字练习”记忆这些常用字。

（3）单字练习

f	
fa	②乏 伐 罚 阀 筏 ③法
fan	①帆 番 翻 藩 ②凡 矾 烦 繁 ③反 返 ④犯 饭 泛 范 贩 梵
fang	①方 坊 芳 ②防 妨 肪 房 ③仿 访 纺 ④放
fei	①飞 妃 非 啡 绯 ②肥 ③匪 诽 翡 ④吠 肺 废 沸 费
fen	①芬 吩 纷 氛 酚 ②坟 焚 ③粉 ④份 奋 忿 粪 愤
feng	①丰 风 枫 封 疯 峰 锋 蜂 烽 ②逢 ③讽 ④凤 奉
fu	①肤 孵 敷 ②弗 伏 扶 芙 拂 俘 浮 符 匐 袱 幅 辐 福 蝠 氟 ③抚 甫 斧 府 俯 辅 腐 腑 ④付 负 妇 附 咐 赴 复 副 赋 傅 富 腹 缚 覆

h	
hai	②孩　③海　④亥　骇　害　氦
han	①酣　蚶　憨　鼾　②含　函　涵　韩　寒　③罕　喊　④汉　旱　捍　悍　焊　撼　翰　憾
hang	①夯　②杭　航
hao	②毫　豪　壕　嚎　③郝　④耗　浩　皓
he	②禾　何　河　劾　盒　涸　阂　④贺　赫　褐　鹤　壑
hei	①黑
hen	②痕　③很　狠　④恨
heng	①哼　②恒　衡
hong	①轰　烘　②弘　宏　虹　洪　鸿
hou	②喉　猴　③吼　④后　厚　候
hu	①乎　呼　忽　惚　②狐　弧　胡　壶　葫　湖　蝴　瑚　③虎　唬　④互　户　护　沪
hua	①花　②猾　滑　④化　画　话　桦
huai	②怀　徊　淮　槐　④坏
huan	①欢　②环　③缓　④幻　宦　换　唤　涣　患　焕　痪　豢
huang	①荒　慌　②皇　黄　凰　惶　煌　蝗　簧　潢　③恍　谎　幌
hui	①灰　挥　恢　辉　徽　诙　②回　洄　蛔　③悔　毁　④卉　汇　讳　荟　诲　绘　贿　彗　晦　秽　惠　慧　喙
hun	①昏　荤　婚　②浑　魂
huo	②活　③火　伙　④或　货　获　祸　惑　霍

（4）辨正练习

f—h				
发（fā）——花	帆——欢	烦——环	返——缓	饭——换
芳——慌	防——黄	纺——恍	放——晃（huàng）	飞——辉
肥——回	诽——悔	废——惠	芬——昏	焚——浑
忿——混（hùn）	肤——忽	福——壶	辅——虎	副——互

r

（1）常见失分原因分析

我国许多地区的方言中没有声母 r，应试人出现的与 r 相关的语音问题也各不相同。有的人把 r 声母的字读为零声母字，如把“肉”读为“诱”；有的人把 r 声母读为 l 声母，如把“然”读为“兰”，把“如”读为“卢”等。

（2）学习方法

r 声母的发音部位和 sh 相同，应试人可以在掌握 sh 的发音之后再练习 r。r 发音时声带颤动，而且摩擦比 sh 弱很多。

普通话里 r 声母的字不太多，《词语表》收 r 声母的字 59 个（含多音字），记忆起来应非难事。r 声母的学习可借助一些规律，如 r 不和以 ü 开头的韵母相拼；r 声母的字里，第一声的字很少，《词语表》里只收了“扔”（另有“嚷”也是 r 声母的字，因其为多音字，未收入以下单字练习）。应试人可记住一些代表字，例如“然、壤、刃、柔、容”等，可结合以下“单字练习”记忆。

（3）单字练习

r	
ran	②然　燃　③冉　染
rang	②瓤　③壤　攘　④让
rao	②饶　③扰　④绕
re	③惹　④热
ren	②人　壬　仁　③忍　④刃　认　纫　韧　妊　任
reng	①扔　②仍
ri	④日
rong	②戎　茸　荣　绒　容　蓉　溶　榕　熔　融　③冗
rou	②柔　揉　蹂　④肉
ru	②如　儒　蠕　③汝　乳　辱　④入　褥
ruan	③软
rui	③蕊　④锐　瑞
run	④闰　润
ruo	④弱

（4）辨正练习

r—y				
然——言	让——样	扰——咬	绕——耀	人——银
冗——永	柔——油	肉——又	如——余	软——远

r—l				
然——兰	让——浪	饶——劳	热——乐（lè）	茸——龙
柔——楼	肉——漏	如——卢	软——卵	若——洛

2. 韵母

前鼻音韵母和后鼻音韵母

（1）常见失分原因分析

前后鼻音不分或者前鼻音偏后、后鼻音偏前是普通话水平测试中的常见语音问题。有的应试人把 -ng 读作 -n，有的把 -n 读作 -ng，如分不清“辛勤”和“心情”、“人参”和“人生”、“担心”和“当心”、“炖肉”和“冻肉”等。其中 in 和 ing、en 和 eng 混读的情况最为常见，an 和 ang 混读的情况次之。

学好前后鼻音韵母具有重要意义。普通话中有 16 个鼻韵母：以 -n [n] 为韵尾的前鼻音韵母和以 -ng [ŋ] 为韵尾的后鼻音韵母。前鼻音韵母有 in、en、an、un、ün、ian、uan、üan 等 8 个，后鼻音韵母有 ing、eng、ang、ong、iong、iang、uang、ueng 等 8 个。《词语表》收常用的前鼻音韵尾 -n 的字 840 多个（含多音字），后鼻音韵尾 -ng 的字 680 多个（含多音字），这 1500 多个字约占《词语表》收字数量的 38%，因此读好前后鼻音对提高普通话水平、提升测试成绩有非常重要的作用。

本节以 in 和 ing、en 和 eng、an 和 ang 为例讲解前鼻音韵母和后鼻音韵母的学习。

（2）学习方法和单字练习

- in 和 ing

区分 in 和 ing，在解决发音的问题之前，首先要确定能够听出二者的不同。如果听不出“金”和“京”、“辛勤”和“心情”的区别，就需要多听示范发音，多对比，直到从听感上能区分开。解决好“听”的问题后，再解决“说”的问题。

in 和 ing 的区别在于韵尾不同。由于 in 里的 -n 发音时舌面前部要抵到硬腭前部，因此发完 i 后舌头隆起的部位有向前移动的动作；ing 里的 -ng 发音时舌面后部要抵到软腭，因此发完 i 后舌头有向后移动的动作。另外注意不能把 in 和 ing 发成 ien 和 ieng。

in	
bin	①宾　彬　斌　滨　缤　濒　④鬓　摈
jin	①巾　斤　今　金　津　筋　襟　矜　③仅　紧　锦　谨　④进　近　晋　烬　浸　靳　噤
lin	①拎　②邻　林　临　琳　嶙　霖　磷　鳞　③凛　④吝　赁　躏
min	②民　③皿　闽　抿　泯　悯　敏
nin	②您
pin	①拼　②贫　频　③品　④聘
qin	①钦　侵　②芹　秦　琴　禽　勤　擒　噙　③寝　④沁
xin	①心　辛　欣　锌　新　薪　馨　④信　衅
yin	①因　阴　茵　音　姻　②吟　垠　银　淫　寅　龈　③尹　引　饮　蚓　隐　瘾　④印

ing	
bing	①冰　兵　③丙　秉　柄　饼　禀　④并　病　摒
ding	①丁　叮　盯　③顶　鼎　④订　定　锭
jing	①茎　京　荆　惊　晶　睛　兢　精　鲸　③井　阱　景　憬　警　④径　净　胫　竞　竟　敬　靖　静　境　镜
ling	②伶　灵　玲　铃　凌　陵　聆　菱　翎　羚　绫　零　龄　③岭　领　④另
ming	②名　明　鸣　冥　铭　④命
ning	②狞　柠　咛　凝　④泞
ping	①乒　②平　评　坪　苹　凭　瓶　萍
qing	①青　轻　氢　倾　卿　清　蜻　②情　晴　擎　③顷　请　④庆　磬
ting	①厅　听　②廷　亭　庭　停　蜓　③挺　艇
xing	①星　猩　腥　②刑　邢　形　型　③醒　④杏　幸　性　姓
ying	①英　莺　婴　樱　鹦　鹰　膺　②迎　荧　盈　莹　萤　营　蝇　赢　萦　③颖　影　④映　硬

● en 和 eng

en 的起点元音是央元音，舌位居中，而 eng 的起点元音比 en 略低、略后一点。同 in 类似，en 的发音舌位有向前的动作，即发完 e 后舌面前部向硬腭前部移动；而发 eng 时舌位有向后的动作，发完 e 后舌面后部向软腭移动闭合。

en	
ben	③本　苯　④笨
chen	①抻　②臣　尘　辰　沉　忱　陈　晨　④衬　趁
fen	①芬　吩　纷　氛　酚　②坟　焚　③粉　④份　奋　忿　粪　愤
gen	①根　跟　④亘
hen	②痕　③很　狠　④恨
ken	③肯　垦　恳　啃
men	②门
nen	④嫩
pen	②盆
ren	②人　壬　仁　③忍　④刃　认　纫　韧　妊　任
sen	①森
shen	①申　伸　身　呻　绅　深　砷　娠　②神　③沈　审　婶　④肾　甚　渗　慎　蜃
zen	③怎
zhen	①贞　针　侦　珍　真　砧　斟　臻　③诊　枕　疹　④阵　振　朕　震　镇
en	①恩

eng	
beng	①崩　④泵　迸　蹦
ceng	②层　④蹭
cheng	①撑　②成　丞　呈　诚　承　城　程　惩　橙　③逞　骋　④秤
deng	①灯　登　③等　④邓　凳　瞪
feng	①丰　风　枫　封　疯　峰　锋　蜂　烽　②逢　③讽　④凤　奉

续表

eng	
geng	①庚　耕　羹　③埂　耿　梗　哽
heng	①哼　②恒　衡
keng	①坑　铿
leng	③冷　④愣
meng	②萌　盟　檬　朦　③猛　锰　蜢　④孟　梦
neng	②能
peng	①抨　砰　烹　②朋　彭　棚　蓬　硼　鹏　篷　膨　③捧　④碰
reng	①扔　②仍
seng	①僧
sheng	①升　生　声　牲　笙　甥　②绳　④圣　剩
teng	②疼　腾　誊　滕　藤
zeng	①增　憎　④赠
zheng	①争　征　狰　睁　筝　蒸　③拯　整　④证　郑　政

- an 和 ang

与 in 和 ing、en 和 eng 之间的区别类似，发 an 和 ang 时舌位的动作也不同。除此以外，an 和 ang 中的“a”也不一样。an 中的“a”可以称为“前 a”，与 ai 中的“a”类似，位置靠前；而 ang 中的“a”可以称为“后 a”，与 ao 中的“a”类似，位置靠后。

an	
ban	①扳　班　般　颁　斑　搬　③板　版　④办　半　扮　伴　拌　绊　瓣
can	①餐　②残　蚕　惭　③惨　④灿　璨
chan	①搀　②馋　缠　蝉　潺　蟾　③产　铲　阐　④忏
dan	①丹　耽　③胆　④旦　但　诞　淡　蛋　氮　惮
fan	①帆　番　翻　藩　②凡　矾　烦　繁　③反　返　④犯　饭　泛　范　贩　梵
gan	①甘　肝　柑　竿　尴　坩　③秆　赶　敢　感　橄　擀　④赣
han	①酣　蚶　憨　鼾　②含　函　涵　韩　寒　③罕　喊　④汉　旱　捍　悍　焊　撼　翰　憾

续表

an	
kan	①刊　勘　堪　龛　③坎　砍　槛　④瞰
lan	②兰　拦　栏　婪　蓝　澜　篮　斓　③览　揽　缆　榄　懒　④烂　滥
man	②蛮　馒　瞒　鳗　③满　螨　④曼　漫　慢　谩　幔
nan	②男　南
pan	①潘　攀　②盘　④判　盼　叛　畔
ran	②然　燃　③冉　染
san	①三　叁　③伞
shan	①山　删　衫　珊　煽　③闪　陕　④讪　善　缮　擅　膳　赡
tan	①坍　贪　摊　滩　瘫　②坛　谈　痰　谭　潭　檀　③坦　毯　④叹　炭　探　碳
zan	④暂　赞
zhan	①沾　毡　瞻　③斩　盏　展　崭　④栈　战　站　绽　蘸　湛
an	①安　氨　庵　鞍　③俺　④岸　按　案　暗　黯

ang	
bang	①邦　帮　梆　③绑　④棒　傍　谤　镑
cang	①仓　苍　沧　舱
chang	①昌　猖　娼　②肠　尝　常　偿　嫦　③敞　④畅　唱　怅
dang	①裆　③挡　党　④荡　档
fang	①方　坊　芳　②防　妨　肪　房　③仿　访　纺　④放
gang	①冈　刚　肛　纲　缸　③港　④杠
hang	①夯　②杭　航
kang	①康　慷　糠　④抗　炕
lang	②郎　狼　琅　廊　榔　螂　③朗　④浪
mang	②芒　忙　盲　茫　③莽　蟒
nang	①囔
pang	①乓　②庞　旁　螃

续表

ang	
rang	②瓤　③壤　攘　④让
sang	①桑　③嗓
shang	①伤　商　③晌　赏　④尚
tang	②唐　堂　棠　塘　膛　糖　搪　螳　③淌　躺　④烫
zang	①赃　④葬
zhang	①张　章　彰　樟　③掌　④丈　仗　杖　帐　账　胀　障
ang	①肮　②昂　④盎

（3）辨正练习

in—ing					
宾——兵	摈——病	金——晶	紧——景	进——静	您——柠
林——灵	凛——岭	赁——令	民——名	拼——乒	贫——平
侵——轻	秦——晴	寝——请	沁——磬	欣——星	信——幸
因——婴	银——营	饮——影	印——硬		

en—eng					
笨——蹦	抻——撑	晨——承	衬——秤	根——耕	门——萌
纷——风	焚——逢	粉——讽	奋——奉	痕——恒	嫩——能
盆——朋	人——仍	森——僧	申——升	神——绳	渗——圣
针——征	诊——整	镇——郑			

an—ang					
安——肮	按——盎	扳——帮	版——绑	半——棒	餐——苍
搀——昌	缠——常	产——敞	忏——畅	丹——裆	胆——党
蛋——档	帆——方	烦——房	反——仿	饭——放	甘——刚
感——港	赣——杠	憨——夯	含——杭	刊——康	瞰——抗
拦——狼	览——朗	烂——浪	瞒——芒	满——莽	盘——旁

续表

an—ang					
然——瓤	染——壤	三——桑	伞——嗓	衫——商	闪——赏
善——尚	谈——唐	毯——躺	探——烫	赞——葬	沾——章
斩——掌	站——帐				

ai、ei、ao、ou

（1）常见失分原因分析

ai、ei、ao、ou 是复韵母，有些应试人把复韵母读得听起来像单韵母，原因是发音过程中舌头和嘴唇没有移动变化。如发“ao”的时候，舌头停留在“a”的位置，嘴唇也没有变化，听起来像一个不太准确的“a”。有些应试人开口度有问题，比如把“北”读得像“百”（ei 里的“e”舌位偏低、开口度偏大）。

（2）学习方法

练习 ai、ei、ao、ou 这几个音时，要点一是要把起点元音发准确，注意舌头的高低和开口度的大小；要点二是起点元音要发得响亮清晰，后一个元音要发得轻短模糊，舌头由低向高移动的动作要完整。

（3）单字练习

ai	
bai	①掰　②白　③百　柏　摆　④败　拜
cai	①猜　②才　材　财　裁　③彩　睬　踩　④菜　蔡
chai	①拆　②柴　豺
dai	①呆　③歹　④代　带　贷　怠　袋　戴　玳
gai	①该　③改　④丐　钙　溉　概
hai	②孩　③海　④亥　骇　害　氦
kai	①开　揩　③凯　慨　楷
lai	②来　莱　④睐　赖
mai	②霾　③买　④迈　麦　卖
nai	③乃　奶　氖　④奈　耐
pai	①拍　②徘　牌　④派　湃
sai	①腮　鳃　④赛

续表

ai	
shai	①筛 ④晒
tai	①胎 ②抬 ④太 汰 态 泰 钛
zai	①灾 哉 栽 ③宰 崽 ④再 在
zhai	①斋 摘 ②宅 ③窄 ④债 寨
ai	①哎 哀 埃 ②癌 皑 ③矮 蔼 ④爱 隘 碍

ei	
bei	①杯 卑 悲 碑 ③北 ④贝 狈 备 倍 悖 被 辈 惫 钡
fei	①飞 妃 非 啡 绯 ②肥 ③匪 诽 翡 ④吠 肺 废 沸 费
hei	①黑
lei	②雷 镭 ③垒 磊 蕾 儡 ④肋 泪 类
mei	②玫 枚 眉 梅 媒 煤 霉 酶 莓 ③每 美 镁 ④妹 昧 媚 魅 寐
nei	③馁 ④内
pei	①胚 ②陪 培 赔 裴 ④沛 佩 配
zei	②贼

ao	
bao	①包 苞 胞 褒 孢 ②雹 ③饱 宝 保 ④报 抱 豹 鲍 爆
cao	①操 糙 ②曹 槽 嘈 ③草
chao	①抄 钞 超 ②巢 潮 ③炒
dao	①刀 ③导 岛 捣 祷 蹈 ④到 盗 悼 道 稻
gao	①高 羔 糕 篙 ③搞 稿 ④告
hao	②毫 豪 壕 嚎 ③郝 ④耗 浩 皓
kao	③考 拷 烤 ④铐 靠
lao	①捞 ②劳 牢 唠 ③老 姥 ④烙 涝 酪
mao	①猫 ②毛 矛 茅 锚 髦 ③卯 铆 ④茂 冒 贸 帽 貌 瑁 袤

续表

ao	
nao	②挠　③恼　脑　瑙　④闹
pao	①抛　②袍　狍　咆
rao	②饶　③扰　④绕
sao	①搔　骚　缫　③嫂
shao	①烧　②勺　④绍　哨
tao	①涛　滔　绦　②逃　桃　萄　淘　啕　③讨　④套
zao	①遭　糟　②凿　③早　枣　蚤　澡　藻　④皂　灶　造　噪　燥　躁
zhao	①招　昭　③找　沼　④兆　赵　照　罩　肇　诏
ao	②遨　螯　翱　③袄　④傲　奥　澳　懊　坳

ou	
cou	④凑
chou	①抽　②绸　畴　酬　稠　愁　筹　惆　踌　③丑　瞅
dou	①兜　③抖　陡　蚪　④豆　逗　痘　窦
gou	①沟　钩　篝　③苟　狗　④构　购　垢　够
hou	②喉　猴　③吼　④后　厚　候
kou	①抠　③口　④叩　扣　寇
lou	②娄　楼　③篓　④陋　漏
mou	②谋　眸　③某
pou	①剖
rou	②柔　揉　蹂　④肉
sou	①搜　艘　④嗽
shou	①收　③手　守　首　④寿　受　授　售　兽　瘦　狩
tou	①偷　②头　投　④透
zou	③走　④奏　揍
zhou	①舟　州　周　洲　③肘　帚　④咒　宙　昼　皱　骤
ou	①欧　殴　鸥　讴　③呕　偶　藕

（4）辨正练习

ai—ei				
掰——杯	百——北	败——贝	来——雷	赖——类
埋——煤	买——美	麦——妹	乃——馁	奈——内
拍——胚	牌——陪	派——佩		

ao—ou				
抄——抽	巢——绸	炒——丑	刀——兜	岛——陡
到——豆	高——钩	搞——狗	告——购	豪——猴
郝——吼	浩——后	考——口	靠——扣	劳——楼
老——篓	酪——陋	茅——谋	卯——某	抛——剖
饶——柔	绕——肉	搔——搜	稍——收	绍——售
涛——偷	淘——头	套——透	早——走	造——奏
招——周	找——肘	照——昼	袄——呕	

齐齿呼韵母（i–）和撮口呼韵母（ü–）

（1）常见失分原因分析

齐齿呼韵母指韵母开头是 i 的韵母，比如 i、ie、ian 等；撮口呼韵母指韵母开头是 ü 的韵母，比如 ü、üe、üan 等。有的应试人会把撮口呼韵母发成齐齿呼，如把“雨”读作“以”，“月”读作“夜”。

（2）学习方法

学习 ü 的发音并不难，先发 i，声音拖长，把双唇拢圆，就可以发出 ü。

（3）单字练习

i	
ji	①讥 击 叽 饥 圾 机 肌 鸡 唧 积 姬 基 缉 畸 箕 稽 激 羁 ②及 吉 级 极 即 急 疾 棘 集 辑 嫉 籍 汲 瘠 ③己 挤 脊 戟 麂 ④计 记 技 忌 际 妓 季 剂 迹 既 继 祭 寄 寂 绩 鲫 冀 伎 暨 髻 悸
li	②厘 狸 离 梨 犁 漓 璃 黎 篱 ③礼 李 里 理 鲤 锂 ④力 历 厉 立 吏 丽 励 利 沥 例 隶 荔 俐 莉 栗 砾 蛎 笠 粒 雳 痢
ni	①妮 ②尼 倪 霓 ③拟 你 ④昵 逆 匿 腻 溺

续表

i	
qi	①七　妻　柒　栖　凄　戚　期　欺　漆　沏　②齐　其　歧　祈　脐　崎　骑　棋　旗　鳍　畦　③乞　岂　企　启　起　绮　④气　迄　弃　汽　泣　契　砌　器
xi	①夕　西　吸　希　昔　析　牺　息　悉　惜　晰　稀　犀　锡　溪　熙　熄　嘻　膝　蟋　兮　唏　奚　蜥　嬉　皙　汐　曦　②习　席　袭　媳　③徙　喜　④戏　细　隙
yi	①一　伊　医　依　壹　漪　②仪　夷　怡　宜　贻　姨　胰　移　疑　③乙　已　以　矣　蚁　倚　椅　④亿　义　艺　忆　议　屹　亦　异　抑　邑　役　译　易　绎　疫　益　谊　逸　意　溢　毅　翼　驿　翌　熠　臆　裔　呓　蜴　诣

ü	
ju	①拘　居　驹　掬　鞠　②局　菊　橘　③沮　矩　举　咀　④巨　拒　具　炬　俱　剧　距　惧　锯　聚　踞　遽
lü	②驴　榈　③吕　侣　旅　铝　屡　缕　履　④律　虑　氯　滤
nü	③女
qu	①岖　驱　屈　躯　祛　蛆　趋　②渠　③取　娶　④去　趣
xu	①戌　须　虚　墟　需　②徐　③许　④旭　序　叙　恤　酗　绪　续　絮　婿　蓄
yu	①迂　淤　②于　余　鱼　娱　渔　隅　逾　渝　愉　榆　愚　舆　虞　腴　臾　③屿　宇　羽　雨　禹　④玉　芋　郁　狱　浴　预　域　欲　遇　喻　御　寓　裕　愈　誉　豫　谕　驭

ian	
jian	①尖　奸　歼　坚　肩　艰　兼　煎　缄　③拣　茧　柬　俭　捡　检　减　剪　简　碱　睑　④件　建　荐　贱　剑　健　舰　涧　渐　践　溅　鉴　键　箭　谏　毽　腱
qian	①千　迁　牵　铅　谦　签　扦　②前　钱　钳　乾　潜　黔　虔　③遣　谴　④欠　嵌　歉
xian	①仙　先　掀　锨　②闲　贤　弦　咸　衔　嫌　涎　娴　舷　③显　险　④县　现　限　线　宪　陷　馅　羡　献　腺　霰
yan	①咽　烟　焉　淹　②延　严　言　岩　炎　沿　盐　阎　蜒　颜　檐　筵　③俨　衍　掩　眼　演　④厌　砚　艳　唁　宴　验　谚　堰　雁　焰

üan	
juan	①捐　娟　鹃　④倦　绢　眷
quan	②权　全　泉　拳　痊　蜷　③犬　④劝
xuan	①轩　宣　喧　暄　②玄　悬　③选　癣　④炫　绚　渲　眩
yuan	①鸳　冤　渊　②元　园　袁　原　圆　援　缘　猿　源　垣　③远　④苑　怨　院　愿

ie	
jie	①阶　皆　接　秸　揭　街　②劫　杰　洁　捷　睫　截　竭　③姐　④介　戒　芥　届　界　诫　借
qie	③且　④怯　窃　妾　惬
xie	①些　歇　蝎　楔　②协　胁　斜　挟　谐　携　鞋　偕　③写　④泄　泻　卸　屑　械　谢　懈　蟹　亵
ye	①椰　噎　②爷　③也　冶　野　④业　页　夜　液　腋　曳

üe	
jue	①撅　②决　诀　抉　绝　掘　崛　爵　厥　蕨　獗　攫
que	①缺　②瘸　④却　雀　确　鹊　榷
xue	①靴　薛　②穴　学　③雪　④谑
yue	①曰　④月　岳　阅　悦　跃　越　粤

in	
jin	①巾　斤　今　金　津　筋　襟　矜　③仅　紧　锦　谨　④进　近　晋　烬　浸　靳　噤
qin	①钦　侵　②芹　秦　琴　禽　勤　擒　噙　③寝　④沁
xin	①心　辛　欣　锌　新　薪　馨　④信　衅
yin	①因　阴　茵　音　姻　②吟　垠　银　淫　寅　龈　③尹　引　饮　蚓　隐　瘾　④印

ün	
jun	①军　均　君　钧　④俊　峻　骏　竣　郡
qun	②裙　群
xun	①勋　熏　薰　②旬　寻　巡　询　峋　循　④训　讯　汛　迅　驯　逊　殉
yun	②云　匀　耘　纭　③允　陨　④孕　运　酝　韵　蕴

（4）辨正练习

i—ü				
基——居	急——菊	挤——举	季——聚	你——女
离——驴	理——旅	利——律	期——屈	骑——渠
企——取	汽——去	希——需	席——徐	喜——许
细——续	医——迂	宜——余	以——雨	译——遇

ian—üan				
坚——娟	建——倦	前——全	遣——犬	歉——劝
先——宣	嫌——悬	显——选	线——渲	烟——渊
炎——园	掩——远	焰——院		

ie—üe				
阶——撅	捷——决	介——倔（juè）	茄（qié）——瘸	怯——确
些——靴	斜——学	写——雪	谢——谑	椰——曰
页——月				

in—ün				
今——军	近——骏	勤——裙	辛——熏	信——迅
音——晕（yūn）	银——云	引——允	印——运	

er

（1）常见失分原因分析

卷舌韵母 er 是许多地区应试人学习普通话的难点。应试人经常因为发 er 时没有卷舌或卷舌不自然导致失分。

（2）学习方法

先发一个 e（轻声音节的 de、le 中的 e），然后再加上一个轻巧的卷舌动作，感受舌头由平展到卷起的过程。再通过练习，把卷舌动作做自然。卷舌动作使声音听起来有卷舌色彩就可以了，注意不要过度。

er 不与其他声母相拼，只能自成音节。普通话中音节为 er 的字很少。

（3）单字练习

er	
er	②儿　而　③尔　耳　饵　④二　贰

3. 声调

普通话有四个声调：阴平（一声）、阳平（二声）、上声（三声）、去声（四声）。本节主要讨论单字调。单字调是普通话声调学习的基础。

阴平

（1）常见失分原因分析

普通话阴平是高平调，没有升降变化。有些应试人发阴平时会比较低，忽视了阴平高调的特点。学习时可以先练习"阳平 + 阴平"的词语，前字阳平升到最高，后字阴平要保持住声调的高度。

练习：阳平 + 阴平

明天　长征　农村　曾经　沉积　革新　核心　杰出

毛巾　萌发　人生　神经　腾飞　维修　协商　学科

（2）练习材料*

阴平	
a	哀　安　肮　凹
b	巴　掰　班　帮　包　悲　崩　逼　边　标　憋　宾　兵　波

* 声调练习材料用字均选自《词语表》，按声调分为四张表，表内再按音序排列。有多个同音字的，选用《词语表》中使用频次最高的做例字。因普通话水平测试"读单音节字词"不考查多音字，本表未收《词语表》中的多音字。

续表

阴平	
c	擦　猜　餐　苍　操　匆　粗　蹿　催　村　磋
ch	插　拆　搀　猖　超　抻　撑　吃　充　抽　出　穿　窗　吹　春　戳
d	搭　呆　丹　刀　登　低　颠　雕　跌　丁　丢　东　兜　督　端　堆　蹲　多
e	恩
f	翻　方　飞　纷　风　肤
g	该　甘　刚　高　歌　根　耕　工　沟　孤　瓜　乖　关　光　规　锅
h	憨　夯　黑　轰　呼　花　欢　荒　灰　婚
j	机　家　坚　江　交　接　金　惊　究　居　捐　军
k	开　刊　康　科　坑　抠　枯　夸　宽　筐　亏　昆
l	垃　捞　拎
m	妈　猫　摸
n	囔　妮　拈　捏
o	欧
p	趴　拍　攀　乓　抛　胚　烹　批　偏　飘　瞥　拼　乒　坡　剖　扑
q	期　掐　签　枪　敲　侵　轻　秋　驱　缺
r	扔
s	仨　腮　三　桑　骚　森　僧　思　松　搜　苏　酸　虽　孙　梭
sh	杀　筛　山　商　烧　奢　身　生　失　收　书　摔　拴　双
t	他　胎　滩　涛　梯　天　贴　听　偷　突　湍　推　吞　脱
w	挖　歪　弯　汪　微　温　翁　窝　污
x	息　虾　先　乡　销　些　心　星　胸　修　虚　宣　靴　熏
y	押　烟　秧　腰　椰　一　音　英　拥　优　淤　渊　曰
z	咂　灾　赃　糟　增　资　宗　租　尊
zh	渣　斋　瞻　张　招　遮　真　争　支　终　周　珠　抓　专　装　追　谆　桌

阳平

（1）常见失分原因分析

普通话阳平是高升调，发音时要从中音升到最高。有的应试人出现起点偏高，又升得不够高的情况，可以先练习“去声 + 阳平”的词语，感知阳平起点的高度，再把阳平读好。

练习：去声 + 阳平

部门　复杂　大娘　固然　后来　会员　空白　木材

动词　话题　距离　课题　立即　命题　树林　外形

（2）练习材料

阳平	
a	皑　昂　遨
b	拔　白　雹　鼻　博
c	财　残　曹　层　词　从　存
ch	查　柴　缠　常　潮　沉　成　持　虫　筹　除　船　床　垂　纯
d	达　德　敌　叠　独　夺
e	额　而
f	乏　繁　防　肥　坟　逢　浮
g	格　国
h	孩　寒　航　豪　合　痕　衡　洪　喉　胡　滑　怀　环　黄　回　浑　活
j	及　颊　截　局　决
k	扛　狂　葵
l	来　栏　狼　劳　雷　离　连　粮　疗　林　灵　流　龙　楼　炉　峦　伦　罗　榈
m	麻　霾　蛮　忙　毛　眉　门　盟　迷　棉　苗　民　名　魔　谋
n	拿　南　挠　能　尼　年　娘　您　凝　牛　农　奴　挪
p	爬　排　盘　旁　袍　培　盆　朋　皮　瓢　贫　平　婆　蒲
q	其　前　墙　桥　勤　情　穷　求　渠　权　瘸　群
r	然　瓤　饶　人　仍　容　柔　如
s	俗　随
sh	啥　勺　舌　神　绳　实　赎
t	抬　谈　堂　逃　腾　题　田　条　停　童　头　图　团　颓　豚　驼
w	娃　玩　王　围　文　无

续表

阳平	
x	习　狭　闲　详　淆　协　形　雄　徐　悬　学　寻
y	牙　言　扬　摇　爷　遗　银　营　游　于　原　云
z	杂　咱　凿　责　贼　足　昨
zh	闸　宅　哲　直　逐　卓

上声

（1）常见失分原因分析

普通话上声是曲折调，发音时不仅要有先降后升的变化，还应注意到上声降的时候应该降到最低。应试人常出现以下两种问题：

一是读单字时，只读出声调的前半段下降的部分，没有读后半段升高的部分。读单字时一定要注意把声调读完整。

二是上声的中段没有降到最低点，听不出上声低的本质特征，先降后升的变化也不明显，这种情况可以先练习“去声＋上声”的词语，感知上声需要降到的最低点的高度，再读好上声。

练习：去声＋上声

字母　懊悔　扮演　稻谷　汉语　技巧　扩展　致使

下雨　逮捕　愤慨　购买　立场　冒险　作品　玉米

（2）练习材料

上声	
a	矮　袄
b	把　百　板　榜　保　北　本　比　贬　表　瘪　饼　补
c	采　惨　草　此　璀　忖
ch	产　厂　吵　扯　逞　齿　宠　丑　储　喘　闯　蠢
d	歹　胆　党　导　等　底　点　顶　董　抖　堵　短　盹　朵
e	耳
f	法　反　访　匪　粉　讽　抚
g	改　感　港　稿　埂　拱　狗　古　寡　拐　管　广　轨　滚　果
h	海　喊　郝　狠　吼　虎　缓　谎　毁　火
j	脊　甲　减　讲　脚　姐　紧　景　窘　酒　举

续表

上声	
k	慨 坎 考 渴 肯 恐 口 苦 垮 款 傀 捆
l	喇 览 朗 老 垒 冷 理 脸 两 凛 领 柳 拢 篓 卤 卵 裸 旅
m	马 买 满 莽 卯 美 猛 米 免 渺 敏 某 母
n	奶 脑 馁 拟 捻 鸟 扭 努 暖 女
o	偶
p	捧 匹 瞟 品 普
q	起 遣 巧 且 寝 请 取 犬
r	染 壤 扰 惹 忍 冗 辱 软 蕊
s	洒 伞 嗓 嫂 死 耸 擞 髓 损 所
sh	傻 闪 赏 审 使 手 鼠 耍 甩 爽 水 吮
t	塔 坦 倘 讨 舔 窕 铁 艇 统 土 腿 妥
w	晚 往 委 稳 我 武
x	喜 显 想 小 写 醒 朽 许 选 雪
y	雅 眼 养 咬 野 以 引 影 永 有 语 远 允
z	宰 早 怎 子 总 走 阻 纂 嘴 左
zh	眨 窄 展 掌 找 者 诊 整 止 肿 肘 主 准

去声

（1）常见失分原因分析

普通话去声是全降调，发音时由最高音降到最低音。应试人有时会出现去声起点调值不够高的情况，可以先练习“阴平 + 去声”或“阳平 + 去声”的词语，感知去声起点调值的高度，再练习去声。

练习：阴平 + 去声

吃饭　彪悍　车辆　单调　发电　姿态　推荐　说话

缺陷　偏见　勘探　经贸　音调　喧闹　温带　黑暗

阳平 + 去声

牛肉　图画　材料　成效　达到　繁茂　茁壮　愉快

学校　无限　淘汰　熟练　完善　容量　奇怪　农药

（2）练习材料

去声	
a	爱　案　盎　傲
b	霸　败　办　棒　报　备　笨　泵　必　变　摈　病　不
c	菜　灿　测　蹭　次　凑　促　窜　翠　寸　错
ch	岔　忏　唱　彻　衬　秤　斥　触　踹　串　啜
d	带　淡　荡　道　凳　弟　电　吊　定　动　豆　渡　断　对　顿　跺
e	扼　二
f	饭　放　费　奋　奉　复
g	尬　盖　赣　杠　告　各　亘　共　购　故　挂　怪　灌　逛　贵　棍
h	害　汉　耗　贺　恨　后　护　话　坏　换　汇　货
j	计　价　建　匠　叫　界　进　境　救　剧　卷　俊
k	瞰　抗　靠　客　控　扣　库　跨　快　矿　愧　困　阔
l	辣　赖　烂　浪　烙　类　愣　力　练　亮　料　列　吝　另　六　漏　路　乱　洛　律　略
m	骂　卖　漫　貌　妹　梦　密　面　妙　灭　命　谬　默　木
n	纳　耐　闹　内　嫩　逆　念　酿　尿　聂　泞　弄　怒　诺　虐
p	怕　派　判　配　碰　僻　骗　票　聘　破　瀑
q	气　恰　歉　跄　俏　怯　沁　庆　去　劝　确
r	让　绕　热　认　日　肉　入　锐　润　弱
s	萨　赛　涩　四　送　嗽　速　算　岁
sh	霎　晒　善　尚　哨　设　慎　胜　事　受　述　帅　涮　税　顺　硕
t	榻　态　探　烫　套　特　替　跳　痛　透　兔　退　唾
w	袜　外　万　望　位　问　瓮　握　物
x	细　下　线　向　效　谢　信　性　秀　序　炫　谑　训
y	讶　验　样　药　业　意　印　硬　用　幼　预　院　月　运
z	在　赞　葬　造　仄　赠　自　纵　奏　攥　罪　座
zh	诈　债　战　账　照　蔗　镇　政　制　众　皱　助　拽　撰　壮　坠

4. 重点、难点单音节字词

普通话水平测试中有一些字词失分较多，主要有以下几类：

（1）对字形不熟悉，不认识字，如“舂”“膺”“绺”“豢”等。

（2）受形近字的影响引起的误读，如“掇”和“缀”，“撂”和“摞”等。

（3）受声旁影响引起的误读，如把“畔”读为“bàn”，“炽”读为“zhì”等。

（4）通常不单独使用的字，如“琵琶”“窈窕”“踌躇”等词中的字，以单字呈现时，因缺乏另一个字的提示，造成误读。

（5）长期误读，如把“档”读为“dǎng”，“潜”读为“qiǎn”等。

以下所列单字在测试中失分较多，属于重点、难点字词，应试人应加强练习。

阴平	
b	笆 bā　孢 bāo　膘 biāo　钵 bō
c	蹿 cuān　皴 cūn　磋 cuō
ch	娼 chāng　抻 chēn　嗤 chī　舂 chōng　憧 chōng
d	耷 dā　裆 dāng　貂 diāo　碉 diāo　嘟 dū　掇 duō
f	藩 fān　绯 fēi　氛 fēn　酚 fēn　烽 fēng
g	坩 gān　篙 gāo　龚 gōng　篝 gōu　胱 guāng　皈 guī　埚 guō
h	蚶 hān　鼾 hān　惚 hū　诙 huī
j	姬 jī　羁 jī　枷 jiā　浃 jiā　缄 jiān　矜 jīn　掬 jū　撅 juē
k	龛 kān　柯 kē　稞 kē　瞌 kē　铿 kēng
n	囔 nāng　拈 niān　蔫 niān
o	讴 ōu
p	抨 pēng　瞥 piē
q	沏 qī　扦 qiān　锵 qiāng　邱 qiū　鳅 qiū　祛 qū　蛆 qū
s	仨 sā　鳃 sāi　缫 sāo　厮 sī　稣 sū　蓑 suō
sh	砷 shēn　娠 shēn　虱 shī　倏 shū
t	坍 tān　绦 tāo　剔 tī　湍 tuān
w	剜 wān　蜿 wān
x	兮 xī　汐 xī　唏 xī　奚 xī　皙 xī　蜥 xī　嬉 xī　曦 xī　锨 xiān　逍 xiāo　楔 xiē 暄 xuān　薰 xūn
y	胭 yān　腌 yān　湮 yān　噎 yē　漪 yī　膺 yīng　痈 yōng　壅 yōng　臃 yōng
z	咂 zā　憎 zēng　鬃 zōng
zh	楂 zhā　昭 zhāo　砧 zhēn　臻 zhēn　盅 zhōng　诛 zhū　拙 zhuō

阳平	
a	皑 ái　遨 áo　鳌 áo　翱 áo
b	帛 bó　铂 bó　箔 bó　礴 bó
c	嘈 cáo
ch	潺 chán　蟾 chán　嫦 cháng　丞 chéng　惩 chéng　惆 chóu　踌 chóu　刍 chú 蜍 chú　躇 chú　陲 chuí　槌 chuí
d	嫡 dí　渎 dú　犊 dú
f	氟 fú　匐 fú
g	膈 gé　骼 gé
h	壕 háo　劾 hé　阂 hé　涸 hé　瑚 hú　潢 huáng　洄 huí　蛔 huí
j	汲 jí　瘠 jí　荚 jiá　抉 jué　厥 jué　蕨 jué　獗 jué　攫 jué
k	奎 kuí
l	斓 lán　螂 láng　镭 léi　涟 lián　潦 liáo　嶙 lín　霖 lín　翎 líng　绫 líng 珑 lóng　孪 luán　榈 lǘ
m	霾 mái　鳗 mán　髦 máo　莓 méi　酶 méi　猕 mí　糜 mí　眸 móu
n	倪 ní　霓 ní　黏 nián　咛 níng
p	琶 pá　咆 páo　狍 páo　裴 péi　硼 péng　毗 pí　琵 pí　匍 pú
q	祈 qí　畦 qí　虔 qián　潜 qián　蔷 qiáng　噙 qín　穹 qióng　酋 qiú　裘 qiú 蜷 quán
s	绥 suí
sh	孰 shú　塾 shú
t	搪 táng　螳 táng　啕 táo　滕 téng　恬 tián　佟 tóng　陀 tuó
w	韦 wéi　桅 wéi　毋 wú
x	遐 xiá　涎 xián　娴 xián　舷 xián　偕 xié　邢 xíng　穴 xué　峋 xún
y	蚜 yá　筵 yán　佯 yáng　疡 yáng　徭 yáo　瑶 yáo　垠 yín　龈 yín　萦 yíng 铀 yóu　逾 yú　臾 yú　隅 yú　腴 yú　虞 yú　垣 yuán　纭 yún
z	啧 zé
zh	铡 zhá　辄 zhé　蜇 zhé

上声	
b	苯 běn　匕 bǐ
c	璀 cuǐ　忖 cǔn
ch	骋 chěng　侈 chǐ
d	疸 dǎn　诋 dǐ　笃 dǔ
f	翡 fěi　腑 fǔ
g	擀 gǎn　哽 gěng　犷 guǎng　癸 guǐ
h	郝 hǎo
j	脊 jǐ　戟 jǐ　麂 jǐ　胛 jiǎ　睑 jiǎn　皎 jiǎo　阱 jǐng　憬 jǐng　炯 jiǒng　灸 jiǔ
k	傀 kuǐ
l	儡 lěi　锂 lǐ　绺 liǔ　陇 lǒng　掳 lǔ
m	螨 mǎn　蟒 mǎng　铆 mǎo　镁 měi　蜢 měng　娩 miǎn　抿 mǐn　泯 mǐn
n	氖 nǎi　袅 niǎo
o	呕 ǒu
p	痞 pǐ　癖 pǐ　瞟 piǎo
q	绮 qǐ　顷 qǐng
r	攘 rǎng
s	怂 sǒng　悚 sǒng　擞 sǒu　髓 suǐ
t	獭 tǎ　窕 tiǎo
w	惘 wǎng　侮 wǔ
x	饷 xiǎng
y	俨 yǎn　窈 yǎo　尹 yǐn　甬 yǒng　恿 yǒng　蛹 yǒng　黝 yǒu
z	崽 zǎi　滓 zǐ　诅 zǔ　纂 zuǎn
zh	褶 zhě　冢 zhǒng

去声	
a	盎 àng　坳 ào
b	绊 bàn　钡 bèi　迸 bèng　庇 bì　陛 bì　敝 bì　婢 bì　摈 bìn　摒 bìng　埠 bù
c	璨 càn　萃 cuì　啐 cuì　淬 cuì　瘁 cuì　挫 cuò　锉 cuò
ch	诧 chà　忏 chàn　怅 chàng　掣 chè　炽 chì　啻 chì　搐 chù　踹 chuài　啜 chuò
d	玳 dài　惮 dàn　档 dàng　谛 dì　锭 dìng　窦 dòu　煅 duàn　沌 dùn　炖 dùn　剁 duò
e	厄 è　萼 è　遏 è　腭 è
f	梵 fàn
g	亘 gèn　梏 gù　锢 gù
h	氦 hài　壑 hè　豢 huàn　荟 huì　诲 huì　彗 huì　喙 huì
j	伎 jì　悸 jì　绩 jì　暨 jì　髻 jì　谏 jiàn　毽 jiàn　腱 jiàn　绛 jiàng　犟 jiàng 较 jiào　烬 jìn　靳 jìn　噤 jìn　胫 jìng　厩 jiù　踞 jù　遽 jù　郡 jùn
k	瞰 kàn　恪 kè　脍 kuài　匮 kuì
l	蛎 lì　笠 lì　踉 liàng　撂 liào　廖 liào　冽 liè　赂 lù　戮 lù　麓 lù　摞 luò 掠 lüè
m	谩 màn　幔 màn　袤 mào　瑁 mào　寐 mèi　幂 mì　谧 mì　篾 miè　蓦 mò
n	捺 nà　昵 nì　廿 niàn　啮 niè　镊 niè　镍 niè　蘖 niè　泞 nìng
p	媲 pì　粕 pò
q	跄 qiàng　妾 qiè　惬 qiè　罄 qìng　榷 què
r	绕 rào　任 rèn　妊 rèn
s	卅 sà　啬 sè　俟 sì　嗣 sì　邃 suì
sh	讪 shàn　缮 shàn　膳 shàn　麝 shè　蜃 shèn　仕 shì　舐 shì　噬 shì　螫 shì 狩 shòu　舜 shùn
t	榻 tà　钛 tài　嚏 tì　眺 tiào
w	瓮 wèng　晤 wù
x	隙 xì　霰 xiàn　亵 xiè　眩 xuàn　渲 xuàn　谑 xuè
y	曳 yè　呓 yì　诣 yì　驿 yì　翌 yì　裔 yì　蜴 yì　熠 yì　臆 yì　佣 yòng　柚 yòu 釉 yòu　驭 yù　谕 yù
z	仄 zè　渍 zì　粽 zòng　攥 zuàn
zh	蚱 zhà　湛 zhàn　蘸 zhàn　诏 zhào　朕 zhèn　炙 zhì　峙 zhì　桎 zhì　伫 zhù 篆 zhuàn

二　读多音节词语

“读多音节词语”项，要求读多音节词语（100 个音节），限时 2.5 分钟，共 20 分。除测查应试人的声、韵、调外，还测查变调、轻声、儿化读音的标准程度。从测试目标来看，变调、轻声、儿化均为普通话学习的重点、难点，掌握多音节词语的发音对学好普通话和提高测试成绩至关重要。

本节包括测试要求、常见失分原因分析和应试建议等内容；对失分较为集中的重点和难点语音问题，提供了大量训练材料；此外，还列举了易读错的重点和难点词语。

本书第二部分“普通话语音分析”对变调、轻声、儿化进行了系统的讲解，本节不再重复引用，读者如有需要可在前文查阅。

（一）测试要求

读多音节词语（100 个音节），限时 2.5 分钟，共 20 分。测查应试人声母、韵母、声调和变调、轻声、儿化读音的标准程度。

（二）测试范围

词语的 70% 选自《普通话水平测试用普通话词语表》“表一”，30% 选自“表二”。

声母、韵母、声调出现的次数与读单音节字词的要求相同。100 个音节中，每个声母出现次数一般不少于 3 次，每个韵母出现次数一般不少于 2 次，4 个声调出现次数大致均衡。

上声与上声相连的词语不少于 3 个，上声与非上声相连的词语不少于 4 个，轻声不少于 3 个，儿化不少于 4 个（应为不同的儿化韵母）。

（三）本项评分

（1）语音错误，每个音节扣 0.2 分。

（2）语音缺陷，每个音节扣 0.1 分。

（3）超时 1 分钟以内，扣 0.5 分；超时 1 分钟以上（含 1 分钟），扣 1 分。

（四）常见失分原因分析

除了字的声母、韵母、声调朗读失误导致失分以外，“读多音节词语”项常见的失分原因还有：

1. 变调失误导致失分

部分应试人因受自身方言系统影响，未能掌握普通话变调，如将“一只”“一样”中的“一”都误读作一声；有的应试人上声变调失误，如将“粉笔”误读为三声 + 二声；有的应试人因为后字声调失误导致前字变调失误，如将“一会儿”中的第二个音节误读为三声，导致第一个音节变调为四声。

2. 必读轻声词失误导致失分

部分应试人未能掌握轻声的发音要领，导致轻声音节的音高在朗读时发生失误，如轻声词语“东西”的第二个音节朗读时如果音高过高，听起来像表示方向的非轻声词语；有的应试人将所有轻声音节都读为一声。另一个常见问题是，很多应试人分辨不出哪些词语属于必读轻声词语。

3. 儿化词失误导致失分

部分应试人未能掌握儿化的发音要领，将儿化词语中的“儿”发成一个单独的音节；部分应试人儿化韵的卷舌动作不明显或不自然；部分应试人对不同的儿化韵有混淆。

（五）应试建议

（1）在单音节字词训练的基础上，继续巩固声母、韵母、声调的发音。

（2）掌握变调、轻声、儿化词的发音要领，了解自己语音中存在的问题，有针对性地进行练习。

（3）训练和考试时注意按词连读，不要将词语拆读为单字。

（4）注意朗读的速度和节奏，不要超出限时。

（5）如个别词语读错，可以即时将该词语重新读一遍，评分以第二遍为准（多读不计）。

（6）多音节词语的最后一个音节是第三声的，注意要将第三声读完整。

（六）“多音节词语”项训练

本节以普通话水平测试第二项“读多音节词语”为训练目标，主要以“一”“不”变调、上声变调、轻声词、儿化词训练为主。此外，针对失分较为集中的声母、韵母语音问题，提供大量词语辨正练习。

1. “一”“不”的变调

“一”的变调

（1）“一”在去声音节前面，调值变为 35，同阳平的调值。

“一”+去声

一半 yíbàn	一块儿 yíkuàir	一带一路 yídài-yílù
一并 yíbìng	一律 yílǜ	一技之长 yíjìzhīcháng
一代 yídài	一面 yímiàn	一脉相承 yímài-xiāngchéng
一带 yídài	一气 yíqì	一目了然 yímù-liǎorán
一旦 yídàn	一切 yíqiè	一视同仁 yíshì-tóngrén
一道 yídào	一瞬 yíshùn	一望无际 yíwàng-wújì
一定 yídìng	一向 yíxiàng	一意孤行 yíyì-gūxíng
一度 yídù	一样 yíyàng	清一色 qīngyísè
一概 yígài	一再 yízài	不可一世 bùkě-yíshì
一共 yígòng	一阵 yízhèn	千钧一发 qiānjūn-yífà
一贯 yíguàn	一致 yízhì	有朝一日 yǒuzhāo-yírì
一会儿 yíhuìr	一辈子 yíbèizi	

（2）“一”在阴平、阳平、上声音节前面，调值变为51，同去声的调值。

“一”+阴平

一般 yìbān	一些 yìxiē	一针见血 yìzhēn-jiànxiě
一边 yìbiān	一心 yìxīn	耳目一新 ěrmù-yìxīn
一端 yìduān	一帆风顺 yìfān-fēngshùn	焕然一新 huànrán-yìxīn
一瞥 yìpiē	一丝不苟 yìsī-bùgǒu	万众一心 wànzhòng-yìxīn
一生 yìshēng	一心一意 yìxīn-yíyì	

“一”+阳平

一连 yìlián	一直 yìzhí	一席之地 yìxízhīdì
一旁 yìpáng	一成不变 yìchéng-bùbiàn	一言九鼎 yìyán-jiǔdǐng
一齐 yìqí	一筹莫展 yìchóu-mòzhǎn	别具一格 biéjù-yìgé
一时 yìshí	一模一样 yìmú-yíyàng	不拘一格 bùjū-yìgé
一同 yìtóng	一如既往 yìrú-jìwǎng	

"一"+上声

一点儿 yìdiǎnr
一举 yìjǔ
一起 yìqǐ
一体 yìtǐ
一早 yìzǎo
一揽子 yìlǎnzi
一本正经 yìběn-zhèngjīng

（3）不变调的情况

"一"作为序数表"第一"时，或在复杂数词中做个位数时不变调（见第二部分"普通话语音分析"）。此外，在《词语表》中，以下词语中的"一"不变调：

统一体 tǒngyītǐ
一无所有 yīwúsuǒyǒu
独一无二 dúyī-wú'èr

"不"的变调

"不"字只有一种变调。当"不"在去声音节前时，调值变为35，同阳平的调值。

"不"+去声

不必 búbì
不便 búbiàn
不测 búcè
不啻 búchì
不错 búcuò
不但 búdàn
不当 búdàng
不定 búdìng
不断 búduàn
不对 búduì
不忿 búfèn
不够 búgòu
不顾 búgù
不过 búguò
不快 búkuài
不力 búlì
不利 búlì
不料 búliào
不论 búlùn
不妙 búmiào
不怕 búpà
不配 búpèi
不善 búshàn
不适 búshì
不孝 búxiào
不屑 búxiè
不懈 búxiè
不幸 búxìng
不要 búyào
不用 búyòng
不治 búzhì
不动产 búdòngchǎn
不见得 bújiàn·dé
不像话 búxiànghuà
不锈钢 búxiùgāng
不至于 búzhìyú
不动声色 búdòng-shēngsè
不计其数 bújì-qíshù
不胫而走 bújìng'érzǒu
不速之客 búsùzhīkè
不折不扣 bùzhé-búkòu
出其不意 chūqíbúyì
从容不迫 cóngróng-búpò
格格不入 gégé-búrù
供不应求 gōngbúyìngqiú
满不在乎 mǎnbúzàihu
念念不忘 niànniànbúwàng
情不自禁 qíngbúzìjīn
视而不见 shì'érbújiàn
心不在焉 xīnbúzàiyān
一成不变 yīchéng-búbiàn

“不”在可轻读词语中不读轻声时，仍需按照规则变调。

对不住 duì·búzhù　　靠不住 kào·búzhù

禁不住 jīn·búzhù　　说不定 shuō·búdìng

2. 上声的变调

上声有两种变调。上声在非上声之前，即上声在阴平、阳平、去声音节前，丢掉后半段“14”上升的“尾巴”，调值由 214 变为 21；上声在轻声音节之前的变调也是如此。两个上声相连，前一个上声的调值变为 35，跟阳平的调值一样。

上声 + 非上声

上声在非上声前，调值由 214 变为 21。

上声 + 阴平

摆脱 bǎituō　　广播 guǎngbō　　可惜 kěxī
北方 běifāng　　海关 hǎiguān　　恐慌 kǒnghuāng
本身 běnshēn　　海军 hǎijūn　　口腔 kǒuqiāng
表彰 biǎozhāng　　海区 hǎiqū　　苦衷 kǔzhōng
补充 bǔchōng　　海湾 hǎiwān　　老师 lǎoshī
补贴 bǔtiē　　好多 hǎoduō　　老乡 lǎoxiāng
捕捞 bǔlāo　　好听 hǎotīng　　两边 liǎngbiān
捕捉 bǔzhuō　　火车 huǒchē　　两栖 liǎngqī
产生 chǎnshēng　　火光 huǒguāng　　马鞍 mǎ’ān
阐发 chǎnfā　　火山 huǒshān　　马车 mǎchē
打击 dǎjī　　火星 huǒxīng　　哪些 nǎxiē
打开 dǎkāi　　假说 jiǎshuō　　女工 nǚgōng
顶端 dǐngduān　　减轻 jiǎnqīng　　普通 pǔtōng
短期 duǎnqī　　简称 jiǎnchēng　　启发 qǐfā
法官 fǎguān　　简单 jiǎndān　　起初 qǐchū
法规 fǎguī　　奖金 jiǎngjīn　　起身 qǐshēn
反之 fǎnzhī　　解剖 jiěpōu　　悄声 qiǎoshēng
纺织 fǎngzhī　　解脱 jiětuō　　取消 qǔxiāo
抚摸 fǔmō　　紧张 jǐnzhāng　　闪光 shǎnguāng
改编 gǎibiān　　酒吧 jiǔbā　　始终 shǐzhōng
感知 gǎnzhī　　酒精 jiǔjīng　　手工 shǒugōng
鼓吹 gǔchuī　　凯歌 kǎigē　　手枪 shǒuqiāng

首都 shǒudū
首先 shǒuxiān
曙光 shǔguāng
损伤 sǔnshāng
损失 sǔnshī
体操 tǐcāo
体积 tǐjī
体温 tǐwēn
统一 tǒngyī
晚期 wǎnqī
惋惜 wǎnxī
委托 wěituō
武装 wǔzhuāng
响声 xiǎngshēng
小说儿（小说）xiǎoshuōr（xiǎoshuō）
许多 xǔduō
雪花 xuěhuā
雪茄 xuějiā
眼光 yǎnguāng
演出 yǎnchū
演说 yǎnshuō
冶金 yějīn
野生 yěshēng
有关 yǒuguān
有机 yǒujī
语音 yǔyīn
远方 yuǎnfāng
早期 zǎoqī
展开 zhǎnkāi
崭新 zhǎnxīn
长官 zhǎngguān
指标 zhǐbiāo
指挥 zhǐhuī
主编 zhǔbiān
主观 zhǔguān
主张 zhǔzhāng
转身 zhuǎnshēn
子宫 zǐgōng
子孙 zǐsūn
总之 zǒngzhī
组织 zǔzhī
祖先 zǔxiān

上声＋阳平

饱和 bǎohé
宝石 bǎoshí
保持 bǎochí
保存 bǎocún
保留 bǎoliú
本来 běnlái
本能 běnnéng
本人 běnrén
比如 bǐrú
表层 biǎocéng
表达 biǎodá
表明 biǎomíng
表皮 biǎopí
表情 biǎoqíng
表扬 biǎoyáng
秉承 bǐngchéng
补偿 bǔcháng
捕食 bǔshí
采集 cǎijí
草原 cǎoyuán
产值 chǎnzhí
阐明 chǎnmíng
厂房 chǎngfáng
场合 chǎnghé
处罚 chǔfá
处于 chǔyú
储存 chǔcún
党籍 dǎngjí
党员 dǎngyuán
倒霉 dǎoméi
等级 děngjí
等于 děngyú
底层 dǐcéng
典籍 diǎnjí
典型 diǎnxíng
点燃 diǎnrán
点头 diǎntóu
法人 fǎrén
法庭 fǎtíng
法学 fǎxué
法则 fǎzé
反而 fǎn'ér
返回 fǎnhuí
仿佛 fǎngfú
菲薄 fěibó
否则 fǒuzé
腐蚀 fǔshí
改革 gǎigé

改良 gǎiliáng
赶忙 gǎnmáng
敢于 gǎnyú
感觉 gǎnjué
感情 gǎnqíng
古籍 gǔjí
古人 gǔrén
骨骼 gǔgé
管辖 guǎnxiá
果然 guǒrán
果实 guǒshí
海拔 hǎibá
海棠 hǎitáng
海豚 hǎitún
海洋 hǎiyáng
好人 hǎorén
缓和 huǎnhé
恍然 huǎngrán
火柴 huǒchái
假如 jiǎrú
检查 jiǎnchá
简直 jiǎnzhí
狡猾 jiǎohuá
解除 jiěchú
解答 jiědá
解决 jiějué
紧急 jǐnjí
警察 jǐngchá
咀嚼 jǔjué
举行 jǔxíng
凯旋 kǎixuán
慨然 kǎirán
楷模 kǎimó

考察 kǎochá
考核 kǎohé
可怜 kělián
可能 kěnéng
恳求 kěnqiú
口头 kǒutóu
老年 lǎonián
老人 lǎorén
理由 lǐyóu
两极 liǎngjí
两旁 liǎngpáng
旅行 lǚxíng
旅游 lǚyóu
履行 lǚxíng
卵巢 luǎncháo
满足 mǎnzú
每年 měinián
美学 měixué
美元 měiyuán
缅怀 miǎnhuái
渺茫 miǎománg
敏捷 mǐnjié
女儿 nǚ’ér
女人 nǚrén
偶然 ǒurán
品德 pǐndé
普及 pǔjí
乞求 qǐqiú
企鹅 qǐ’é
企图 qǐtú
启迪 qǐdí
起伏 qǐfú
起源 qǐyuán

悄然 qiǎorán
请求 qǐngqiú
取得 qǔdé
冗长 rǒngcháng
散文 sǎnwén
审查 shěnchá
史籍 shǐjí
史学 shǐxué
守恒 shǒuhéng
属于 shǔyú
水流 shuǐliú
水泥 shuǐní
水平 shuǐpíng
水文 shuǐwén
水银 shuǐyín
水源 shuǐyuán
死亡 sǐwáng
死刑 sǐxíng
坦白 tǎnbái
坦然 tǎnrán
体裁 tǐcái
妥协 tuǒxié
椭圆 tuǒyuán
宛如 wǎnrú
往来 wǎnglái
委员 wěiyuán
武侠 wǔxiá
舞台 wǔtái
洗涤 xǐdí
显然 xiǎnrán
小儿 xiǎo’ér
小时 xiǎoshí
小型 xiǎoxíng

小学 xiǎoxué
选拔 xuǎnbá
选择 xuǎnzé
雪白 xuěbái
眼前 yǎnqián
眼神 yǎnshén
演员 yǎnyuán
养殖 yǎngzhí
野蛮 yěmán
以及 yǐjí
以来 yǐlái
以前 yǐqián
以为 yǐwéi
饮食 yǐnshí
隐藏 yǐncáng
永恒 yǒnghéng

勇于 yǒngyú
友人 yǒurén
有名 yǒumíng
有如 yǒurú
有时 yǒushí
与其 yǔqí
宇航 yǔháng
羽毛 yǔmáo
语文 yǔwén
语言 yǔyán
陨石 yǔnshí
沼泽 zhǎozé
整齐 zhěngqí
只得 zhǐdé
指明 zhǐmíng
指责 zhǐzé

肿瘤 zhǒngliú
种群 zhǒngqún
种族 zhǒngzú
主持 zhǔchí
主权 zhǔquán
主题 zhǔtí
主席 zhǔxí
转移 zhuǎnyí
准则 zhǔnzé
总额 zǒng'é
总和 zǒnghé
总结 zǒngjié
走廊 zǒuláng
组合 zǔhé
祖国 zǔguó
嘴唇 zuǐchún

上声＋去声

摆动 bǎidòng
板凳 bǎndèng
板块 bǎnkuài
板栗 bǎnlì
榜样 bǎngyàng
宝贝 bǎobèi
宝贵 bǎoguì
保护 bǎohù
保健 bǎojiàn
保卫 bǎowèi
保障 bǎozhàng
保证 bǎozhèng
本地 běndì
本事 běnshì
本性 běnxìng

本质 běnzhì
比价 bǐjià
比较 bǐjiào
比例 bǐlì
比赛 bǐsài
比喻 bǐyù
比重 bǐzhòng
笔记 bǐjì
笔迹 bǐjì
表面 biǎomiàn
表示 biǎoshì
表述 biǎoshù
表现 biǎoxiàn
表象 biǎoxiàng
哺育 bǔyù

采购 cǎigòu
采用 cǎiyòng
彩色 cǎisè
草案 cǎo'àn
草地 cǎodì
产地 chǎndì
产量 chǎnliàng
产物 chǎnwù
产业 chǎnyè
阐释 chǎnshì
阐述 chǎnshù
场地 chǎngdì
场面 chǎngmiàn
尺度 chǐdù
处分 chǔfèn

处境 chǔjìng
储备 chǔbèi
储量 chǔliàng
储蓄 chǔxù
此地 cǐdì
此后 cǐhòu
此刻 cǐkè
此外 cǐwài
打败 dǎbài
打架 dǎjià
打破 dǎpò
打仗 dǎzhàng
党性 dǎngxìng
导弹 dǎodàn
导线 dǎoxiàn
导致 dǎozhì
祷告 dǎogào
等待 děngdài
等到 děngdào
等候 děnghòu
抵抗 dǐkàng
抵制 dǐzhì
陡峭 dǒuqiào
短暂 duǎnzàn
饵料 ěrliào
法定 fǎdìng
法令 fǎlìng
法律 fǎlǜ
法院 fǎyuàn
法制 fǎzhì
反动 fǎndòng
反对 fǎnduì

反复 fǎnfù
反抗 fǎnkàng
反馈 fǎnkuì
反面 fǎnmiàn
反射 fǎnshè
反应 fǎnyìng
反映 fǎnyìng
访问 fǎngwèn
诽谤 fěibàng
粉末 fěnmò
粉碎 fěnsuì
讽刺 fěngcì
否定 fǒudìng
否认 fǒurèn
抚慰 fǔwèi
抚恤 fǔxù
辅助 fǔzhù
腐败 fǔbài
改变 gǎibiàn
改进 gǎijìn
改善 gǎishàn
改造 gǎizào
改正 gǎizhèng
赶快 gǎnkuài
感到 gǎndào
感动 gǎndòng
感受 gǎnshòu
感谢 gǎnxiè
感性 gǎnxìng
感应 gǎnyìng
岗位 gǎngwèi
巩固 gǒnggù

古代 gǔdài
古迹 gǔjì
股票 gǔpiào
骨干 gǔgàn
鼓励 gǔlì
管道 guǎndào
广大 guǎngdà
广泛 guǎngfàn
广告 guǎnggào
广阔 guǎngkuò
广漠 guǎngmò
广义 guǎngyì
轨道 guǐdào
轨迹 guǐjì
诡辩 guǐbiàn
诡秘 guǐmì
果断 guǒduàn
果树 guǒshù
海岸 hǎi'àn
海带 hǎidài
海面 hǎimiàn
海外 hǎiwài
海域 hǎiyù
罕见 hǎnjiàn
好看 hǎokàn
好事 hǎoshì
好像 hǎoxiàng
缓慢 huǎnmàn
毁灭 huǐmiè
火箭 huǒjiàn
火炬 huǒjù
火焰 huǒyàn

伙伴 huǒbàn
假定 jiǎdìng
假设 jiǎshè
检验 jiǎnyàn
减弱 jiǎnruò
简化 jiǎnhuà
讲话 jiǎnghuà
讲述 jiǎngshù
奖励 jiǎnglì
角度 jiǎodù
角落 jiǎoluò
侥幸 jiǎoxìng
矫健 jiǎojiàn
脚步 jiǎobù
脚下 jiǎoxià
脚印 jiǎoyìn
解放 jiěfàng
解散 jiěsàn
解释 jiěshì
尽快 jǐnkuài
尽量 jǐnliàng
紧密 jǐnmì
谨慎 jǐnshèn
景色 jǐngsè
景物 jǐngwù
景象 jǐngxiàng
警告 jǐnggào
警惕 jǐngtì
韭菜 jiǔcài
沮丧 jǔsàng
举办 jǔbàn
举动 jǔdòng

慨叹 kǎitàn
考虑 kǎolǜ
考试 kǎoshì
考验 kǎoyàn
可爱 kě'ài
可见 kějiàn
可靠 kěkào
可是 kěshì
可谓 kěwèi
可笑 kěxiào
渴望 kěwàng
肯定 kěndìng
恳切 kěnqiè
孔雀 kǒngquè
孔隙 kǒngxì
恐怖 kǒngbù
恐惧 kǒngjù
恐怕 kǒngpà
口号 kǒuhào
苦难 kǔnàn
懒惰 lǎnduò
朗诵 lǎngsòng
老伴儿 lǎobànr
老大 lǎodà
老汉 lǎohàn
磊落 lěiluò
冷静 lěngjìng
冷漠 lěngmò
冷却 lěngquè
冷笑 lěngxiào
理论 lǐlùn
理性 lǐxìng

理智 lǐzhì
脸色 liǎnsè
两岸 liǎng'àn
领会 lǐnghuì
领事 lǐngshì
领袖 lǐngxiù
领域 lǐngyù
垄断 lǒngduàn
笼罩 lǒngzhào
旅客 lǚkè
马褂儿 mǎguàr
马路 mǎlù
马上 mǎshàng
满意 mǎnyì
美化 měihuà
美丽 měilì
美妙 měimiào
美术 měishù
猛烈 měngliè
免疫 miǎnyì
勉励 miǎnlì
藐视 miǎoshì
敏锐 mǐnruì
牡蛎 mǔlì
乃至 nǎizhì
奶酪 nǎilào
脑际 nǎojì
纽带 niǔdài
纽扣 niǔkòu
女士 nǚshì
女性 nǚxìng
品质 pǐnzhì

普遍 pǔbiàn
乞丐 qǐgài
企业 qǐyè
启示 qǐshì
起义 qǐyì
绮丽 qǐlì
抢救 qiǎngjiù
巧妙 qiǎomiào
请示 qǐngshì
取代 qǔdài
染色 rǎnsè
扰动 rǎodòng
扰乱 rǎoluàn
忍耐 rěnnài
忍受 rěnshòu
散射 sǎnshè
扫荡 sǎodàng
闪电 shǎndiàn
闪烁 shǎnshuò
少量 shǎoliàng
少数 shǎoshù
审判 shěnpàn
使劲 shǐjìn
使命 shǐmìng
使用 shǐyòng
手臂 shǒubì
手段 shǒuduàn
手铐 shǒukào
手势 shǒushì
手术 shǒushù
手续 shǒuxù
首要 shǒuyào

属性 shǔxìng
水稻 shuǐdào
水分 shuǐfèn
水库 shuǐkù
水利 shuǐlì
水面 shuǐmiàn
水汽 shuǐqì
水位 shuǐwèi
损害 sǔnhài
损耗 sǔnhào
所谓 suǒwèi
所在 suǒzài
琐事 suǒshì
琐碎 suǒsuì
坦克 tǎnkè
坦率 tǎnshuài
倘若 tǎngruò
讨论 tǎolùn
讨厌 tǎoyàn
体会 tǐhuì
体力 tǐlì
体系 tǐxì
体现 tǐxiàn
体验 tǐyàn
体育 tǐyù
体制 tǐzhì
体质 tǐzhì
体重 tǐzhòng
挑衅 tiǎoxìn
挑战 tiǎozhàn
铁路 tiělù
统计 tǒngjì

统治 tǒngzhì
土地 tǔdì
瓦砾 wǎlì
晚饭 wǎnfàn
网络 wǎngluò
纬度 wěidù
紊乱 wěnluàn
稳定 wěndìng
稳健 wěnjiàn
武力 wǔlì
武器 wǔqì
舞剧 wǔjù
喜爱 xǐ'ài
喜剧 xǐjù
喜悦 xǐyuè
显露 xiǎnlù
显示 xiǎnshì
显现 xiǎnxiàn
显著 xiǎnzhù
享受 xiǎngshòu
响应 xiǎngyìng
想象 xiǎngxiàng
小褂儿 xiǎoguàr
小麦 xiǎomài
写作 xiězuò
许诺 xǔnuò
选用 xuǎnyòng
掩盖 yǎngài
掩护 yǎnhù
眼镜 yǎnjìng
眼看 yǎnkàn
眼泪 yǎnlèi

演变 yǎnbiàn
演唱 yǎnchàng
演化 yǎnhuà
演技 yǎnjì
演绎 yǎnyì
演奏 yǎnzòu
仰慕 yǎngmù
养分 yǎngfèn
养料 yǎngliào
氧化 yǎnghuà
氧气 yǎngqì
冶炼 yěliàn
野兽 yěshòu
野外 yěwài
以便 yǐbiàn
以后 yǐhòu
以内 yǐnèi
以外 yǐwài
以下 yǐxià
以至 yǐzhì
以致 yǐzhì
引进 yǐnjìn
引力 yǐnlì
引用 yǐnyòng
隐蔽 yǐnbì
影片 yǐngpiàn
勇气 yǒngqì
涌现 yǒngxiàn

踊跃 yǒngyuè
友谊 yǒuyì
有力 yǒulì
有利 yǒulì
有趣 yǒuqù
有限 yǒuxiàn
有效 yǒuxiào
有益 yǒuyì
有意 yǒuyì
宇宙 yǔzhòu
语句 yǔjù
语气 yǔqì
早日 zǎorì
怎样 zěnyàng
展示 zhǎnshì
展现 zhǎnxiàn
掌握 zhǎngwò
沼气 zhǎoqì
诊断 zhěnduàn
整顿 zhěngdùn
整个 zhěnggè
只顾 zhǐgù
只是 zhǐshì
只要 zhǐyào
指定 zhǐdìng
指令 zhǐlìng
指示 zhǐshì
指数 zhǐshù

种类 zhǒnglèi
主动 zhǔdòng
主教 zhǔjiào
主力 zhǔlì
主任 zhǔrèn
主要 zhǔyào
主义 zhǔyì
瞩目 zhǔmù
转变 zhuǎnbiàn
转动 zhuǎndòng
转化 zhuǎnhuà
转换 zhuǎnhuàn
转瞬 zhuǎnshùn
转向 zhuǎnxiàng
准备 zhǔnbèi
准确 zhǔnquè
子弹 zǐdàn
子弟 zǐdì
仔细 zǐxì
姊妹 zǐmèi
总数 zǒngshù
总算 zǒngsuàn
走向 zǒuxiàng
阻碍 zǔ'ài
阻力 zǔlì
祖父 zǔfù
左右 zuǒyòu

上声＋轻声

本事 běnshi
打量 dǎliang
打听 dǎting
打扮 dǎban
打算 dǎsuan
肚子 dǔzi

耳朵 ěrduo
斧子 fǔzi
骨头 gǔtou
鬼子 guǐzi
幌子 huǎngzi
饺子 jiǎozi
口袋 kǒudai
老婆 lǎopo
老实 lǎoshi
老爷 lǎoye
老子 lǎozi
姥姥 lǎolao
里头 lǐtou
码头 mǎtou
买卖 mǎimai
奶奶 nǎinai
脑袋 nǎodai
脑子 nǎozi
你们 nǐmen
女婿 nǚxu
嗓子 sǎngzi
嫂子 sǎozi
毯子 tǎnzi
晚上 wǎnshang
尾巴 wěiba
委屈 wěiqu
我们 wǒmen
喜欢 xǐhuan
小子 xiǎozi
眼睛 yǎnjing
椅子 yǐzi
影子 yǐngzi
早上 zǎoshang
怎么 zěnme
枕头 zhěntou
种子 zhǒngzi
主意 zhǔyi（zhúyi）
祖宗 zǔzong
嘴巴 zuǐba

上声 + 上声

两个上声音节相连时，前一个上声的调值变为 35，与阳平的调值一样。

上声 + 上声

保管 bǎoguǎn
保姆 bǎomǔ
保守 bǎoshǒu
保险 bǎoxiǎn
本领 běnlǐng
本体 běntǐ
匕首 bǐshǒu
彼此 bǐcǐ
笔者 bǐzhě
表演 biǎoyǎn
哺乳 bǔrǔ
采访 cǎifǎng
采取 cǎiqǔ
产品 chǎnpǐn
场所 chǎngsuǒ
耻辱 chǐrǔ
处理 chǔlǐ
打倒 dǎdǎo
打盹儿 dǎdǔnr
党委 dǎngwěi
导管 dǎoguǎn
导体 dǎotǐ
导演 dǎoyǎn
岛屿 dǎoyǔ
顶点 dǐngdiǎn
腐朽 fǔxiǔ
改组 gǎizǔ
赶紧 gǎnjǐn
感慨 gǎnkǎi
感染 gǎnrǎn
橄榄 gǎnlǎn
港口 gǎngkǒu
苟且 gǒuqiě
古典 gǔdiǎn
古老 gǔlǎo
鼓舞 gǔwǔ
管理 guǎnlǐ
广场 guǎngchǎng
好比 hǎobǐ
好歹 hǎodǎi
好转 hǎozhuǎn
济济 jǐjǐ
给予 jǐyǔ
假使 jiǎshǐ
减少 jiǎnshǎo

尽管 jǐnguǎn
坎坷 kǎnkě
考古 kǎogǔ
拷打 kǎodǎ
可耻 kěchǐ
可以 kěyǐ
口语 kǒuyǔ
苦恼 kǔnǎo
老板 lǎobǎn
老虎 lǎohǔ
冷水 lěngshuǐ
理解 lǐjiě
理想 lǐxiǎng
了解 liǎojiě
领导 lǐngdǎo
领土 lǐngtǔ
鲁莽 lǔmǎng
旅馆 lǚguǎn
玛瑙 mǎnǎo
蚂蚁 mǎyǐ
美感 měigǎn
美好 měihǎo
勉强 miǎnqiǎng
敏感 mǐngǎn
母体 mǔtǐ
拇指 mǔzhǐ
扭转 niǔzhuǎn
女子 nǚzǐ
偶尔 ǒu'ěr
品种 pǐnzhǒng
乞讨 qǐtǎo
起点 qǐdiǎn
起码 qǐmǎ
冉冉 rǎnrǎn
审美 shěnměi
手表 shǒubiǎo
手法 shǒufǎ
手脚 shǒujiǎo
手掌 shǒuzhǎng
手指 shǒuzhǐ
首领 shǒulǐng
首长 shǒuzhǎng
爽朗 shuǎnglǎng
水果 shuǐguǒ
水手 shuǐshǒu
所属 suǒshǔ
所以 suǒyǐ
所有 suǒyǒu
倘使 tǎngshǐ
土匪 tǔfěi
土壤 tǔrǎng
婉转 wǎnzhuǎn
往往 wǎngwǎng
委婉 wěiwǎn
侮辱 wǔrǔ
舞蹈 wǔdǎo
洗澡 xǐzǎo
享有 xiǎngyǒu
小组 xiǎozǔ
许可 xǔkě
选举 xuǎnjǔ
选手 xuǎnshǒu
演讲 yǎnjiǎng
也许 yěxǔ
以免 yǐmiǎn
以往 yǐwǎng
引导 yǐndǎo
引起 yǐnqǐ
影响 yǐngxiǎng
永久 yǒngjiǔ
永远 yǒngyuǎn
勇敢 yǒnggǎn
友好 yǒuhǎo
予以 yǔyǐ
雨水 yǔshuǐ
语法 yǔfǎ
允许 yǔnxǔ
早已 zǎoyǐ
展览 zhǎnlǎn
辗转 zhǎnzhuǎn
整理 zhěnglǐ
整体 zhěngtǐ
只好 zhǐhǎo
只有 zhǐyǒu
指导 zhǐdǎo
主导 zhǔdǎo
主管 zhǔguǎn
主体 zhǔtǐ
主语 zhǔyǔ
子女 zǐnǚ
总理 zǒnglǐ
总体 zǒngtǐ
总统 zǒngtǒng
阻止 zǔzhǐ
祖母 zǔmǔ
左手 zuǒshǒu

上声 + 可轻读音节

双音节可轻读词语中，首字上声有两种变调形式。

（1）可轻读词语词尾音节本调为上声读作轻声时，首字上声调值变为35，与阳平相同。

哪里 nǎ·lǐ	想法 xiǎng·fǎ
老鼠 lǎo·shǔ	小姐 xiǎo·jiě

（2）可轻读词语词尾为非上声的，首字上声调值变为21。

底下 dǐ·xià	里边 lǐ·biān	显得 xiǎn·dé
懂得 dǒng·dé	里面 lǐ·miàn	小心 xiǎo·xīn
反正 fǎn·zhèng	母亲 mǔ·qīn	晓得 xiǎo·dé
斧头 fǔ·tóu	牡丹 mǔ·dān	已经 yǐ·jīng
感激 gǎn·jī	起来 qǐ·lái	早晨 zǎo·chén
好处 hǎo·chù	使得 shǐ·dé	主人 zhǔ·rén
恍惚 huǎng·hū	体谅 tǐ·liàng	嘱咐 zhǔ·fù
讲究 jiǎng·jiū	喜鹊 xǐ·què	左边 zuǒ·biān

带有上声的三字词语及四字词语

上上相连的三字、四字词语

老百姓 lǎobǎixìng	小伙子 xiǎohuǒzi
所有制 suǒyǒuzhì	岂有此理 qǐyǒucǐlǐ

上声与非上声相连的三字、四字词语

法西斯 fǎxīsī	马铃薯 mǎlíngshǔ	委员会 wěiyuánhuì
解放军 jiěfàngjūn	偶然性 ǒuránxìng	显微镜 xiǎnwēijìng
锦标赛 jǐnbiāosài	普通话 pǔtōnghuà	想象力 xiǎngxiànglì
老人家 lǎo·rén·jiā	染色体 rǎnsètǐ	小朋友 xiǎopéngyou
老太太 lǎotàitai	舍不得 shěbude	小学生 xiǎoxuéshēng
老天爷 lǎotiānyé	手工业 shǒugōngyè	怎么样 zěnmeyàng
老头子 lǎotóuzi	手榴弹 shǒuliúdàn	主人公 zhǔréngōng
了不起 liǎo·bùqǐ	水蒸气 shuǐzhēngqì	有的放矢 yǒudì-fàngshǐ

3. 轻声

（1）常见失分原因分析

一个音节在某个词或某句话里念得短而轻，失去了原有的声调，就叫作轻声。有的应

试人没有掌握轻声的发音要领，如将轻声音节拖得过长，或把轻声音节一律读作第一声；有的应试人没有掌握哪些词语必须要读轻声，误将轻声音节读为原调。

（2）学习方法

首先要掌握轻声的发音要领，轻声音节不能拖长，需要读得短一些，而且轻声音节的音高依赖于前面音节的声调（详见第二部分“普通话语音分析”）。其次要记住哪些词语属于必读轻声词语，可以借助以下分类帮助记忆。

（3）必读轻声词语分类记忆

“子”尾

案子 ànzi	池子 chízi	缎子 duànzi
把子 bǎzi	尺子 chǐzi	对子 duìzi
把子 bàzi	虫子 chóngzi	蛾子 ézi
班子 bānzi	绸子 chóuzi	儿子 érzi
板子 bǎnzi	窗子 chuāngzi	贩子 fànzi
梆子 bāngzi	锤子 chuízi	房子 fángzi
膀子 bǎngzi	村子 cūnzi	份子 fènzi
棒子 bàngzi	带子 dàizi	疯子 fēngzi
包子 bāozi	袋子 dàizi	斧子 fǔzi
刨子 bàozi	单子 dānzi	盖子 gàizi
豹子 bàozi	胆子 dǎnzi	杆子 gānzi
杯子 bēizi	担子 dànzi	杆子 gǎnzi
被子 bèizi	刀子 dāozi	杠子 gàngzi
本子 běnzi	稻子 dàozi	稿子 gǎozi
鼻子 bízi	凳子 dèngzi	鸽子 gēzi
鞭子 biānzi	笛子 dízi	格子 gézi
辫子 biànzi	底子 dǐzi	个子 gèzi
饼子 bǐngzi	点子 diǎnzi	根子 gēnzi
脖子 bózi	调子 diàozi	弓子 gōngzi
步子 bùzi	碟子 diézi	钩子 gōuzi
肠子 chángzi	钉子 dīngzi	谷子 gǔzi
厂子 chǎngzi	豆子 dòuzi	褂子 guàzi
场子 chǎngzi	肚子 dǔzi	罐子 guànzi
车子 chēzi	肚子 dùzi	鬼子 guǐzi

柜子 guìzi
棍子 gùnzi
果子 guǒzi
孩子 háizi
汉子 hànzi
盒子 hézi
猴子 hóuzi
胡子 húzi
幌子 huǎngzi
夹子 jiāzi
架子 jiàzi
尖子 jiānzi
茧子 jiǎnzi
剪子 jiǎnzi
毽子 jiànzi
饺子 jiǎozi
轿子 jiàozi
金子 jīnzi
镜子 jìngzi
橘子 júzi
句子 jùzi
卷子 juànzi
空子 kòngzi
口子 kǒuzi
扣子 kòuzi
裤子 kùzi
筷子 kuàizi
框子 kuàngzi
篮子 lánzi
老子 lǎozi
例子 lìzi
栗子 lìzi
帘子 liánzi
料子 liàozi
林子 línzi
翎子 língzi
领子 lǐngzi
聋子 lóngzi
笼子 lóngzi
炉子 lúzi
路子 lùzi
轮子 lúnzi
骡子 luózi
麻子 mázi
麦子 màizi
帽子 màozi
面子 miànzi
苗子 miáozi
脑子 nǎozi
镊子 nièzi
拍子 pāizi
牌子 páizi
盘子 pánzi
胖子 pàngzi
狍子 páozi
袍子 páozi
盆子 pénzi
棚子 péngzi
皮子 pízi
痞子 pǐzi
片子 piānzi
骗子 piànzi
票子 piàozi
瓶子 píngzi
旗子 qízi
钳子 qiánzi
茄子 qiézi
曲子 qǔzi
圈子 quānzi
裙子 qúnzi
日子 rìzi
褥子 rùzi
塞子 sāizi
嗓子 sǎngzi
嫂子 sǎozi
沙子 shāzi
傻子 shǎzi
扇子 shànzi
勺子 sháozi
哨子 shàozi
身子 shēnzi
婶子 shěnzi
绳子 shéngzi
虱子 shīzi
狮子 shīzi
柿子 shìzi
梳子 shūzi
孙子 sūnzi
台子 táizi
摊子 tānzi
坛子 tánzi
毯子 tǎnzi
桃子 táozi
梯子 tīzi
蹄子 tízi
挑子 tiāozi
条子 tiáozi
亭子 tíngzi
头子 tóuzi

兔子 tùzi
袜子 wàzi
位子 wèizi
蚊子 wénzi
屋子 wūzi
席子 xízi
瞎子 xiāzi
匣子 xiázi
箱子 xiāngzi
小子 xiǎozi
蝎子 xiēzi
鞋子 xiézi
性子 xìngzi
袖子 xiùzi
靴子 xuēzi
鸭子 yāzi
燕子 yànzi
样子 yàngzi
椰子 yēzi
叶子 yèzi
椅子 yǐzi
银子 yínzi
影子 yǐngzi
柚子 yòuzi
园子 yuánzi
院子 yuànzi
宅子 zháizi
寨子 zhàizi
帐子 zhàngzi
侄子 zhízi
种子 zhǒngzi
珠子 zhūzi
竹子 zhúzi
主子 zhǔzi
柱子 zhùzi
爪子 zhuǎzi
庄子 zhuāngzi
锥子 zhuīzi
桌子 zhuōzi
粽子 zòngzi
老头子 lǎotóuzi
老爷子 lǎoyézi
两口子 liǎngkǒuzi
小伙子 xiǎohuǒzi
一辈子 yībèizi
一揽子 yīlǎnzi

“头”尾

锄头 chútou
对头 duìtou
跟头 gēntou
骨头 gǔtou
罐头 guàntou
后头 hòutou
榔头 lángtou
浪头 làngtou
里头 lǐtou
码头 mǎtou
馒头 mántou
苗头 miáotou
木头 mùtou
念头 niàntou
前头 qiántou
拳头 quántou
上头 shàngtou
舌头 shétou
石头 shítou
甜头 tiántou
外头 wàitou
行头 xíngtou
丫头 yātou
芋头 yùtou
枕头 zhěntou
指头 zhǐtou（zhítou）

“们”尾

你们 nǐmen
人们 rénmen
他们 tāmen
它们 tāmen
她们 tāmen
我们 wǒmen
咱们 zánmen

“气”尾

福气 fúqi
力气 lìqi
小气 xiǎoqi
客气 kèqi
脾气 píqi
秀气 xiùqi
阔气 kuòqi
俗气 súqi
运气 yùnqi

“得”字读为轻声

懒得 lǎnde
怪不得 guàibude
来得及 láidejí
舍得 shěde
恨不得 hènbude
舍不得 shěbude
不由得 bùyóude
靠得住 kàodezhù

叠字轻声词

爸爸 bàba
舅舅 jiùjiu
叔叔 shūshu
弟弟 dìdi
姥姥 lǎolao
太太 tàitai
哥哥 gēge
妈妈 māma
谢谢 xièxie
公公 gōnggong
妹妹 mèimei
星星 xīngxing
姑姑 gūgu
奶奶 nǎinai
猩猩 xīngxing
姐姐 jiějie
婆婆 pópo
爷爷 yéye

其他轻声词

爱人 àiren
补丁 bǔding
刺猬 cìwei
巴结 bājie
部分 bùfen
凑合 còuhe
巴掌 bāzhang
财主 cáizhu
耷拉 dāla
白净 báijing
裁缝 cáifeng
答应 dāying
帮手 bāngshou
苍蝇 cāngying
打扮 dǎban
棒槌 bàngchui
差事 chāishi
打点 dǎdian
包袱 bāofu
柴火 cháihuo
打发 dǎfa
本事 běnshi
称呼 chēnghu
打量 dǎliang
比方 bǐfang
出息 chūxi
打算 dǎsuan
扁担 biǎndan
除了 chúle
打听 dǎting
别扭 bièniu
畜生 chùsheng
大方 dàfang
薄荷 bòhe
窗户 chuānghu
大爷 dàye
簸箕 bòji
伺候 cìhou
大意 dàyi

大夫 dàifu
耽搁 dānge
耽误 dānwu
道士 dàoshi
灯笼 dēnglong
提防 dīfang
滴水 dīshui
嘀咕 dígu
地道 dìdao
地方 dìfang
弟兄 dìxiong
点心 diǎnxin
东家 dōngjia
东西 dōngxi
动静 dòngjing
动弹 dòngtan
豆腐 dòufu
嘟囔 dūnang
端详 duānxiang
队伍 duìwu
对付 duìfu
多么 duōme
哆嗦 duōsuo
耳朵 ěrduo
废物 fèiwu
风筝 fēngzheng
富余 fùyu
甘蔗 gānzhe
干事 gànshi
高粱 gāoliang
膏药 gāoyao
告诉 gàosu
疙瘩 gēda
胳膊 gēbo
工夫 gōngfu
功夫 gōngfu
姑娘 gūniang
故事 gùshi
寡妇 guǎfu
怪物 guàiwu
关系 guānxi
官司 guānsi
棺材 guāncai
规矩 guīju
闺女 guīnü
哈欠 hāqian
蛤蟆 háma
含糊 hánhu
行当 hángdang
合同 hétong
和尚 héshang
核桃 hétao
红火 hónghuo
厚道 hòudao
狐狸 húli
胡琴 húqin
葫芦 húlu
糊涂 hútu
护士 hùshi
皇上 huángshang
活泼 huópo
火候 huǒhou
伙计 huǒji
机灵 jīling
记号 jìhao
记性 jìxing
家伙 jiāhuo
架势 jiàshi
嫁妆 jiàzhuang
见识 jiànshi
将就 jiāngjiu
交情 jiāoqing
叫唤 jiàohuan
结实 jiēshi
街坊 jiēfang
姐夫 jiěfu
戒指 jièzhi
芥末 jièmo
精神 jīngshen
开通 kāitong
咳嗽 késou
口袋 kǒudai
窟窿 kūlong
快活 kuàihuo
拉扯 lāche
喇叭 lǎba
喇嘛 lǎma
唠叨 láodao
老婆 lǎopo
老实 lǎoshi
老爷 lǎoye
累赘 léizhui
篱笆 líba
厉害 lìhai
利落 lìluo
利索 lìsuo
痢疾 lìji
连累 liánlei
凉快 liángkuai

粮食 liángshi
铃铛 língdang
溜达 liūda
啰唆 luōsuo
萝卜 luóbo
骆驼 luòtuo
麻烦 máfan
麻利 máli
马虎 mǎhu
买卖 mǎimai
忙活 mánghuo
冒失 màoshi
眉毛 méimao
媒人 méiren
门道 méndao
眯缝 mīfeng
迷糊 míhu
苗条 miáotiao
名堂 míngtang
名字 míngzi
明白 míngbai
模糊 móhu
蘑菇 mógu
木匠 mùjiang
那么 nàme
难为 nánwei
脑袋 nǎodai
能耐 néngnai
念叨 niàndao
娘家 niángjia
奴才 núcai
暖和 nuǎnhuo
女婿 nǚxu

疟疾 nüèji
牌楼 páilou
盘算 pánsuan
朋友 péngyou
屁股 pìgu
便宜 piányi
漂亮 piàoliang
婆家 pójia
铺盖 pūgai
欺负 qīfu
亲戚 qīnqi
勤快 qínkuai
清楚 qīngchu
亲家 qìngjia
热闹 rènao
人家 rénjia
认识 rènshi
扫帚 sàozhou
商量 shāngliang
晌午 shǎngwu
上司 shàngsi
烧饼 shāobing
少爷 shàoye
什么 shénme
生意 shēngyi
牲口 shēngkou
师父 shīfu
师傅 shīfu
石匠 shíjiang
石榴 shíliu
时辰 shíchen
时候 shíhou
实在 shízai

拾掇 shíduo
使唤 shǐhuan
世故 shìgu
似的 shìde
事情 shìqing
试探 shìtan
收成 shōucheng
收拾 shōushi
首饰 shǒushi
舒服 shūfu
舒坦 shūtan
疏忽 shūhu
爽快 shuǎngkuai
思量 sīliang
算计 suànji
岁数 suìshu
踏实 tāshi
特务 tèwu
挑剔 tiāoti
跳蚤 tiàozao
铁匠 tiějiang
头发 tóufa
妥当 tuǒdang
唾沫 tuòmo
挖苦 wāku
娃娃 wáwa
外甥 wàisheng
晚上 wǎnshang
尾巴 wěiba
委屈 wěiqu
为了 wèile
位置 wèizhi
温和 wēnhuo

稳当 wěndang
窝囊 wōnang
稀罕 xīhan
媳妇 xífu
喜欢 xǐhuan
下巴 xiàba
吓唬 xiàhu
先生 xiānsheng
乡下 xiāngxia
相声 xiàngsheng
消息 xiāoxi
笑话 xiàohua
歇息 xiēxi
心思 xīnsi
行李 xíngli
兄弟 xiōngdi
休息 xiūxi
秀才 xiùcai
学生 xuésheng
学问 xuéwen
衙门 yámen
哑巴 yǎba
胭脂 yānzhi
烟筒 yāntong
眼睛 yǎnjing
秧歌 yāngge
养活 yǎnghuo
吆喝 yāohe
妖精 yāojing
钥匙 yàoshi
衣服 yīfu
衣裳 yīshang
意思 yìsi
应酬 yìngchou
冤家 yuānjia
冤枉 yuānwang
月饼 yuèbing
月亮 yuèliang
云彩 yúncai
在乎 zàihu
早上 zǎoshang
怎么 zěnme
扎实 zhāshi
眨巴 zhǎba
栅栏 zhàlan
张罗 zhāngluo
丈夫 zhàngfu
丈人 zhàngren
帐篷 zhàngpeng
招呼 zhāohu
招牌 zhāopai
折腾 zhēteng
这个 zhège
这么 zhème
芝麻 zhīma
知识 zhīshi
指甲 zhǐjia（zhījia）
主意 zhǔyi（zhúyi）
转悠 zhuànyou
庄稼 zhuāngjia
壮实 zhuàngshi
状元 zhuàngyuan
自在 zìzai
字号 zìhao
祖宗 zǔzong
嘴巴 zuǐba
作坊 zuōfang
琢磨 zuómo
做作 zuòzuo
打招呼 dǎzhāohu
胡萝卜 húluóbo
老太太 lǎotàitai

（4）可轻读词语

除必读轻声词语外，还有一些词语存在一般轻读、间或重读的现象，这类词语称为“可轻读词语”。注音时，一般轻读、间或重读的字标调号，前面加圆点提示。

可轻读词语

白天 bái·tiān
包涵 bāo·hán
褒贬 bāo·biǎn
报酬 bào·chóu
报复 bào·fù
鼻涕 bí·tì
编辑 biān·jí
别人 bié·rén
玻璃 bō·lí
长处 cháng·chù
成分 chéng·fèn
诚实 chéng·shí

抽屉 chōu·tì
出来 chū·lái
出去 chū·qù
刺激 cì·jī
聪明 cōng·míng
错误 cuò·wù
答复 dá·fù
大人 dà·rén
道理 dào·lǐ
底下 dǐ·xià
地下 dì·xià
惦记 diàn·jì
懂得 dǒng·dé
多少 duō·shǎo
翻腾 fān·téng
反正 fǎn·zhèng
费用 fèi·yòng
分量 fèn·liàng
凤凰 fèng·huáng
夫人 fū·rén
斧头 fǔ·tóu
父亲 fù·qīn
干净 gān·jìng
感激 gǎn·jī
跟前 gēn·qián
工人 gōng·rén
公平 gōng·píng
恭维 gōng·wéi
固执 gù·zhí
过来 guò·lái
过去 guò·qù
好处 hǎo·chù
喉咙 hóu·lóng
后边 hòu·biān
后面 hòu·miàn
花费 huā·fèi
滑稽 huá·jī
恍惚 huǎng·hū
回来 huí·lái
回去 huí·qù
晦气 huì·qì
活动 huó·dòng
机会 jī·huì
机器 jī·qì
记得 jì·dé
忌讳 jì·huì
家具 jiā·jù
价钱 jià·qián
讲究 jiǎng·jiū
进来 jìn·lái
进去 jìn·qù
觉得 jué·dé
看见 kàn·jiàn
客人 kè·rén
会计 kuài·jì
魁梧 kuí·wú
困难 kùn·nán
老鼠 lǎo·shǔ
里边 lǐ·biān
里面 lǐ·miàn
力量 lì·liàng
邻居 lín·jū
伶俐 líng·lì
琉璃 liú·lí
逻辑 luó·jí
毛病 máo·bìng
没有 méi·yǒu
玫瑰 méi·guī
棉花 mián·huā
摸索 mō·suǒ
母亲 mǔ·qīn
牡丹 mǔ·dān
哪里 nǎ·lǐ
那里 nà·lǐ
牌坊 pái·fāng
佩服 pèi·fú
破绽 pò·zhàn
菩萨 pú·sà
葡萄 pú·táo
妻子 qī·zǐ
起来 qǐ·lái
气氛 qì·fēn
前边 qián·biān
前面 qián·miàn
情形 qíng·xíng
情绪 qíng·xù
任务 rèn·wù
容易 róng·yì
上边 shàng·biān
上来 shàng·lái
上面 shàng·miàn
上去 shàng·qù
身份 shēn·fèn
神气 shén·qì
使得 shǐ·dé
势力 shì·lì
书记 shū·jì
熟悉 shú·xī
说法 shuō·fǎ

太阳 tài·yáng
态度 tài·dù
体谅 tǐ·liàng
听见 tīng·jiàn
痛快 tòng·kuài
徒弟 tú·dì
外边 wài·biān
外面 wài·miàn
味道 wèi·dào
西瓜 xī·guā
喜鹊 xǐ·què
下边 xià·biān
下来 xià·lái
下面 xià·miàn
下去 xià·qù
显得 xiǎn·dé
想法 xiǎng·fǎ
小姐 xiǎo·jiě
小心 xiǎo·xīn
晓得 xiǎo·dé
心里 xīn·lǐ
新鲜 xīn·xiān
烟囱 yān·cōng
摇晃 yáo·huàng
夜里 yè·lǐ
已经 yǐ·jīng
意见 yì·jiàn
意识 yì·shí
因为 yīn·wèi
樱桃 yīng·táo
应付 yìng·fù
用处 yòng·chù
右边 yòu·biān
遇见 yù·jiàn
鸳鸯 yuān·yāng
愿意 yuàn·yì
糟蹋 zāo·tà
早晨 zǎo·chén
渣滓 zhā·zǐ
照顾 zhào·gù
折磨 zhé·mó
这里 zhè·lǐ
知道 zhī·dào
值得 zhí·dé
主人 zhǔ·rén
嘱咐 zhǔ·fù
左边 zuǒ·biān
座位 zuò·wèi

4. 儿化

（1）常见失分原因分析

由于“读多音节词语”项中的儿化词书面上一律带“儿”，因此不存在儿化词识记方面的失误。失分原因一是由于部分应试人未能掌握儿化的发音要领，将儿化词语中的“儿”发成一个单独的音节，例如将“一会儿”发成“一”+“会”+“儿”三个音节；二是部分应试人虽然将“儿”尾“化”到了前一个音节，但是卷舌动作不明显或不自然；三是部分应试人将不同的儿化韵相混淆，例如将“歌儿”和“根儿”相混，“棍儿”和“褂儿”相混。

（2）学习方法

儿化是普通话学习的难点之一。学习儿化词语，首先要掌握儿化韵音变的基本规则（详见第二部分“普通话语音分析”）；其次，有些不同韵母的儿化韵可以归为一类，学习《普通话水平测试用儿化词语表》时可以分类记忆，减轻学习负担；最后，要多听多模仿，《普通话水平测试用儿化词语表》中的汉语拼音注音只在基本形式上加 r，不要将拼音注音理解为语音上的实际变化。

（3）普通话水平测试用儿化词语表

普通话水平测试用儿化词语表

说明：

1. 本表参照《普通话水平测试用普通话词语表》及《现代汉语词典》（第7版）编制。加★的是以上二者未收，根据测试需要而酌增的条目。

2. 本表仅供普通话水平测试第二项——读多音节词语（100个音节）测试使用。本表儿化音节，在书面上一律加“儿”，但并不表明所列词语在任何语用场合都必须儿化。

3. 本表共收词200条，列出原形韵母和所对应的儿化韵，用符号>表示由哪个原形韵母变为儿化韵。描写儿化韵中的“ :”表示“ :”之前的是主要元音（韵腹），不是介音（韵头）。

4. 本表的汉语拼音注音，只在基本形式后面加r，如“一会儿 yīhuìr”，不标语音上的实际变化。

一

a > ar	板擦儿 bǎncār	打杂儿 dǎzár
	刀把儿 dāobàr	号码儿 hàomǎr
	没法儿 méifǎr	戏法儿 xìfǎr
	找碴儿 zhǎochár	
ai > ar	壶盖儿* húgàir	加塞儿 jiāsāir
	名牌儿 míngpáir	小孩儿 xiǎoháir
	鞋带儿* xiédàir	
an > ar	包干儿 bāogānr	笔杆儿 bǐgǎnr
	快板儿 kuàibǎnr	老伴儿 lǎobànr
	脸蛋儿 liǎndànr	脸盘儿 liǎnpánr
	门槛儿 ménkǎnr	收摊儿 shōutānr
	蒜瓣儿 suànbànr	栅栏儿 zhàlanr

二

ang > ar（鼻化）	赶趟儿 gǎntàngr	瓜瓤儿* guārángr
	香肠儿 xiāngchángr	药方儿 yàofāngr

三

ia > iar	掉价儿 diàojiàr	豆芽儿 dòuyár

	一下儿 yīxiàr	
ian > iar	半点儿 bàndiǎnr	差点儿 chàdiǎnr
	坎肩儿 kǎnjiānr	拉链儿 lāliànr
	聊天儿 liáotiānr	露馅儿 lòuxiànr
	冒尖儿 màojiānr	扇面儿 shànmiànr
	馅儿饼 xiànrbǐng	小辫儿 xiǎobiànr
	心眼儿 xīnyǎnr	牙签儿 yáqiānr
	一点儿 yīdiǎnr	有点儿 yǒudiǎnr
	雨点儿 yǔdiǎnr	照片儿 zhàopiānr

四

iang > iar（鼻化）	鼻梁儿 bíliángr	花样儿 huāyàngr
	透亮儿 tòuliàngr	

五

ua > uar	大褂儿 dàguàr	麻花儿 máhuār
	马褂儿 mǎguàr	脑瓜儿 nǎoguār
	小褂儿 xiǎoguàr	笑话儿 xiàohuar
	牙刷儿 yáshuār	
uai > uar	一块儿 yīkuàir	
uan > uar	茶馆儿 cháguǎnr	打转儿 dǎzhuànr
	大腕儿 dàwànr	饭馆儿 fànguǎnr
	拐弯儿 guǎiwānr	好玩儿 hǎowánr
	火罐儿 huǒguànr	落款儿 luòkuǎnr

六

uang > uar（鼻化）	打晃儿 dǎhuàngr	蛋黄儿 dànhuángr
	天窗儿 tiānchuāngr	

七

üan > üar	包圆儿 bāoyuánr	出圈儿 chūquānr
	绕远儿 ràoyuǎnr	人缘儿 rényuánr
	手绢儿 shǒujuànr	烟卷儿 yānjuǎnr
	杂院儿 záyuànr	

八

ei > er	刀背儿 dāobèir	摸黑儿 mōhēir
en > er	把门儿 bǎménr	别针儿 biézhēnr
	大婶儿 dàshěnr	刀刃儿 dāorènr
	高跟儿鞋* gāogēnrxié	哥们儿 gēmenr
	后跟儿 hòugēnr	花盆儿* huāpénr
	老本儿 lǎoběnr	面人儿 miànrénr
	纳闷儿 nàmènr	嗓门儿 sǎngménr
	小人儿书 xiǎorénrshū	杏仁儿 xìngrénr
	压根儿 yàgēnr	一阵儿 yīzhènr
	走神儿 zǒushénr	

九

eng > er（鼻化）	脖颈儿 bógěngr	钢镚儿 gāngbèngr
	夹缝儿 jiāfèngr	提成儿 tíchéngr

十

ie > ier	半截儿 bànjiér	小鞋儿 xiǎoxiér
üe > üer	旦角儿 dànjuér	主角儿 zhǔjuér

十一

uei > uer	耳垂儿 ěrchuír	墨水儿 mòshuǐr
	跑腿儿 pǎotuǐr	围嘴儿 wéizuǐr
	一会儿 yīhuìr	走味儿 zǒuwèir
uen > uer	冰棍儿 bīnggùnr	打盹儿 dǎdǔnr
	光棍儿 guānggùnr	开春儿 kāichūnr
	没准儿 méizhǔnr	胖墩儿 pàngdūnr
	砂轮儿 shālúnr	
ueng > uer（鼻化）	小瓮儿* xiǎowèngr	

十二

-i（前）> er	瓜子儿 guāzǐr	没词儿 méicír
	石子儿 shízǐr	挑刺儿 tiāocìr

-i（后）> er	记事儿 jìshìr	锯齿儿 jùchǐr
	墨汁儿 mòzhīr	

十三

i > i: er	垫底儿 diàndǐr	肚脐儿 dùqír
	玩意儿 wányìr	针鼻儿 zhēnbír
in > i: er	脚印儿 jiǎoyìnr	送信儿 sòngxìnr
	有劲儿 yǒujìnr	

十四

ing > i: er（鼻化）	打鸣儿 dǎmíngr	蛋清儿 dànqīngr
	花瓶儿 huāpíngr	火星儿 huǒxīngr
	门铃儿 ménlíngr	人影儿 rényǐngr
	图钉儿 túdīngr	眼镜儿 yǎnjìngr

十五

ü > ü: er	毛驴儿 máolǘr	痰盂儿 tányúr
	小曲儿 xiǎoqǔr	
ün > ü: er	合群儿 héqúnr	

十六

e > er	挨个儿 āigèr	唱歌儿 * chànggēr
	打嗝儿 dǎgér	单个儿 dāngèr
	逗乐儿 dòulèr	饭盒儿 fànhér
	模特儿 mótèr	

十七

u > ur	泪珠儿 lèizhūr	梨核儿 * líhúr
	没谱儿 méipǔr	碎步儿 suìbùr
	媳妇儿 xífur	有数儿 yǒushùr

十八

ong > or（鼻化）	抽空儿 chōukòngr	果冻儿 guǒdòngr

	胡同儿 hútòngr	酒盅儿 jiǔzhōngr
	门洞儿 méndòngr	小葱儿 xiǎocōngr
iong > ior（鼻化）	小熊儿 * xiǎoxióngr	

十九

ao > aor	半道儿 bàndàor	灯泡儿 dēngpàor
	红包儿 hóngbāor	叫好儿 jiàohǎor
	绝着儿 juézhāor	口哨儿 kǒushàor
	口罩儿 kǒuzhàor	蜜枣儿 mìzǎor
	手套儿 shǒutàor	跳高儿 tiàogāor

二十

iao > iaor	豆角儿 dòujiǎor	火苗儿 huǒmiáor
	开窍儿 kāiqiàor	面条儿 miàntiáor
	跑调儿 pǎodiàor	鱼漂儿 yúpiāor

二十一

ou > our	个头儿 gètóur	老头儿 lǎotóur
	门口儿 ménkǒur	年头儿 niántóur
	纽扣儿 niǔkòur	线轴儿 xiànzhóur
	小丑儿 xiǎochǒur	小偷儿 xiǎotōur
	衣兜儿 yīdōur	

二十二

iou > iour	顶牛儿 dǐngniúr	加油儿 jiāyóur
	棉球儿 * miánqiúr	抓阄儿 zhuājiūr

二十三

uo > uor	被窝儿 bèiwōr	出活儿 chūhuór
	大伙儿 dàhuǒr	火锅儿 huǒguōr
	绝活儿 juéhuór	小说儿 xiǎoshuōr
	邮戳儿 yóuchuōr	做活儿 zuòhuór
（o）> or	耳膜儿 * ěrmór	粉末儿 fěnmòr

5. 易错三字及四字词语

（1）易错三字词语

易错三字词语	提示
半导体 bàndǎotǐ	上上相连变调
办公室 bàngōngshì	“室”字为第四声
不得了 bùdéliǎo	注意“了”字读音
不由得 bùyóude	轻声词
超导体 chāodǎotǐ	上上相连变调
乘务员 chéngwùyuán	“乘”字为第二声
打火机 dǎhuǒjī	上上相连变调
打招呼 dǎzhāohu	轻声词
胆小鬼 dǎnxiǎoguǐ	三个上声相连变调
地下室 dìxiàshì	“室”字为第四声
动画片 dònghuàpiàn	“片”字为第四声
恶狠狠 èhěnhěn	上上相连变调
分水岭 fēnshuǐlǐng	上上相连变调
怪不得 guàibude	轻声词
管弦乐 guǎnxiányuè	注意“弦”字读音
恨不得 hènbude	轻声词
黄澄澄 huángdēngdēng	注意“澄”字读音
脚手架 jiǎoshǒujià	上上相连变调
金龟子 jīnguīzǐ	“子”字不读轻声
靠得住 kàodezhù	轻声词
来得及 láidejí	轻声词
老百姓 lǎobǎixìng	上上相连变调
老太太 lǎotàitai	轻声词
老头子 lǎotóuzi	轻声词
农产品 nóngchǎnpǐn	上上相连变调
认识论 rènshilùn	轻声词

入场券	rùchǎngquàn	注意“券”字读音
舍不得	shěbude	轻声词
外祖母	wàizǔmǔ	上上相连变调
馅儿饼	xiànrbǐng	儿化词
小伙子	xiǎohuǒzi	上上相连变调、轻声词
亚热带	yàrèdài	“亚”字为第四声
一辈子	yībèizi	“一”的变调、轻声词
一揽子	yīlǎnzi	“一”的变调、轻声词
圆舞曲	yuánwǔqǔ	上上相连变调
怎么样	zěnmeyàng	轻声词
着眼点	zhuóyǎndiǎn	上上相连变调

可轻读的三字词

不见得 bùjiàn·dé	机器人 jī·qìrén	了不得 liǎo·bù·dé
差不多 chà·bùduō	禁不住 jīn·bùzhù	了不起 liǎo·bùqǐ
吃不消 chī·bùxiāo	看不起 kàn·bùqǐ	葡萄酒 pú·táojiǔ
打交道 dǎjiāo·dào	靠不住 kào·bùzhù	葡萄糖 pú·táotáng
大不了 dà·bùliǎo	来不及 lái·bùjí	瞧不起 qiáo·bùqǐ
对不起 duì·bùqǐ	老人家 lǎo·rén·jiā	说不定 shuō·bùdìng
对不住 duì·bùzhù	冷不防 lěng·bùfáng	

（2）易错四字词语

易错四字词语	提示
车水马龙 chēshuǐ-mǎlóng	上上相连变调
此起彼伏 cǐqǐ-bǐfú	三个上声相连变调
错综复杂 cuòzōng-fùzá	“复”字为第四声
独一无二 dúyī-wú'èr	“一”字为第一声
非同小可 fēitóng-xiǎokě	上上相连变调
风生水起 fēngshēng-shuǐqǐ	上上相连变调
高瞻远瞩 gāozhān-yuǎnzhǔ	上上相连变调

供不应求 gōngbùyìngqiú	“应”字为第四声
欢欣鼓舞 huānxīn-gǔwǔ	上上相连变调
了如指掌 liǎorúzhǐzhǎng	上上相连变调
毛骨悚然 máogǔ-sǒngrán	上上相连变调
呕心沥血 ǒuxīn-lìxuè	“呕”字为第三声
排忧解难 páiyōu-jiěnàn	“难”字为第四声
翩翩起舞 piānpiān-qǐwǔ	上上相连变调
岂有此理 qǐyǒucǐlǐ	四个上声相连变调
前仆后继 qiánpū-hòujì	“仆”字为第一声
潜移默化 qiányí-mòhuà	“潜”字为第二声
深恶痛绝 shēnwù-tòngjué	注意“恶”字读音
审时度势 shěnshí-duóshì	注意“度”字读音
无济于事 wújìyúshì	“济”字为第四声
熙熙攘攘 xīxī-rǎngrǎng	上上相连变调
鲜为人知 xiǎnwéirénzhī	“鲜”字为第三声
一无所有 yīwúsuǒyǒu	“一”字为第一声、上上相连变调
有朝一日 yǒuzhāo-yīrì	注意“朝”字读音
载歌载舞 zàigē-zàiwǔ	“载”字为第四声
直截了当 zhíjié-liǎodàng	“截”字为第二声

6. 可儿化词语及两读词语

（1）可儿化词语

一些词语有儿化形式，在“读多音节词语”项中应按照书面形式来读。

茶馆儿（茶馆）cháguǎnr（cháguǎn）	饭馆儿（饭馆）fànguǎnr（fànguǎn）
人影儿（人影）rényǐngr（rényǐng）	胡同儿（胡同）hútòngr（hútòng）
小说儿（小说）xiǎoshuōr（xiǎoshuō）	手绢儿（手绢）shǒujuànr（shǒujuàn）
把门儿（把门）bǎménr（bǎmén）	雨点儿（雨点）yǔdiǎnr（yǔdiǎn）

（2）两读词语

一些词语在口语中的常见读音与其本音不同。测试时可以读其常见口语音，即括号内的音。

指甲 zhǐjia（zhījia）　　指头 zhǐtou（zhítou）　　主意 zhǔyi（zhúyi）

7. 多音节词语声母、韵母辨正练习

zh、ch、sh

（1）zh—zh/ch/sh

zh—zh

辗转 zhǎnzhuǎn	直至 zhízhì	专政 zhuānzhèng
战争 zhànzhēng	植株 zhízhū	专制 zhuānzhì
珍珠 zhēnzhū	制止 zhìzhǐ	装置 zhuāngzhì
真正 zhēnzhèng	种植 zhòngzhí	追逐 zhuīzhú
真挚 zhēnzhì	周转 zhōuzhuǎn	茁壮 zhuózhuàng
政治 zhèngzhì	主张 zhǔzhāng	着重 zhuózhòng
症状 zhèngzhuàng	住宅 zhùzhái	
蜘蛛 zhīzhū	注重 zhùzhòng	

zh—ch

战场 zhànchǎng	真诚 zhēnchéng	支出 zhīchū
章程 zhāngchéng	正常 zhèngcháng	忠诚 zhōngchéng
侦查 zhēnchá	支撑 zhīchēng	主持 zhǔchí
侦察 zhēnchá	支持 zhīchí	

zh—sh

展示 zhǎnshì	证实 zhèngshí	重视 zhòngshì
战胜 zhànshèng	证书 zhèngshū	助手 zhùshǒu
战士 zhànshì	知识 zhīshi	注射 zhùshè
战术 zhànshù	只是 zhǐshì	注视 zhùshì
招生 zhāoshēng	指示 zhǐshì	注释 zhùshì
照射 zhàoshè	指数 zhǐshù	转身 zhuǎnshēn
肇事 zhàoshì	至少 zhìshǎo	转瞬 zhuǎnshùn
折射 zhéshè	致使 zhìshǐ	装饰 zhuāngshì
真实 zhēnshí	中枢 zhōngshū	着手 zhuóshǒu
征收 zhēngshōu	忠实 zhōngshí	
正式 zhèngshì	终身 zhōngshēn	

（2）ch—zh/ch/sh

ch—zh

产值 chǎnzhí
长征 chángzhēng
车站 chēzhàn
沉重 chénzhòng
沉着 chénzhuó
成长 chéngzhǎng
诚挚 chéngzhì
城镇 chéngzhèn
初中 chūzhōng
穿着 chuānzhuó
船长 chuánzhǎng
船只 chuánzhī
垂直 chuízhí

ch—ch

长城 Chángchéng
长处 cháng·chù
超出 chāochū
成虫 chéngchóng
驰骋 chíchěng
出产 chūchǎn

ch—sh

产生 chǎnshēng
阐释 chǎnshì
阐述 chǎnshù
尝试 chángshì
常识 chángshí
常数 chángshù
潮湿 cháoshī
陈述 chénshù
成熟 chéngshú
诚实 chéng·shí
承受 chéngshòu
城市 chéngshì
程式 chéngshì
充实 chōngshí
崇尚 chóngshàng
出身 chūshēn
出生 chūshēng
出售 chūshòu
传授 chuánshòu
传说 chuánshuō
创伤 chuāngshāng

（3）sh—zh/ch/sh

sh—zh

上涨 shàngzhǎng
设置 shèzhì
甚至 shènzhì
慎重 shènzhòng
生长 shēngzhǎng
生殖 shēngzhí
师长 shīzhǎng
实质 shízhì
始终 shǐzhōng
试制 shìzhì
手掌 shǒuzhǎng
手指 shǒuzhǐ
首长 shǒuzhǎng
树种 shùzhǒng
数值 shùzhí

sh—ch

删除 shānchú
擅长 shàncháng
奢侈 shēchǐ
深沉 shēnchén
审查 shěnchá
生产 shēngchǎn

生成 shēngchéng 时常 shícháng 输出 shūchū
牲畜 shēngchù 市场 shìchǎng

sh—sh

霎时 shàshí
山水 shānshuǐ
闪烁 shǎnshuò
上山 shàngshān
上升 shàngshēng
上市 shàngshì
上述 shàngshù
稍稍 shāoshāo
少数 shǎoshù
设施 shèshī
伸手 shēnshǒu
绅士 shēnshì
神圣 shénshèng
实施 shíshī
事实 shìshí
逝世 shìshì
收拾 shōushi
手势 shǒushì
手术 shǒushù
受伤 shòushāng
叔叔 shūshu
舒适 shūshì
水手 shuǐshǒu
税收 shuìshōu
顺手 shùnshǒu
瞬时 shùnshí
硕士 shuòshì

z、c、s

（1）z—z/c/s

z—z

自在 zìzài
自在 zìzai
祖宗 zǔzong

z—c

自从 zìcóng

z—s

子孙 zǐsūn
总算 zǒngsuàn
作祟 zuòsuì

（2）c—z/c/s

c—z

操纵 cāozòng
操作 cāozuò
词组 cízǔ
村子 cūnzi
存在 cúnzài

c—c

层次 céngcì
从此 cóngcǐ
粗糙 cūcāo
摧残 cuīcán

c—s

彩色 cǎisè
沧桑 cāngsāng
厕所 cèsuǒ

（3）s—z/c/s

s—z

丧葬 sāngzàng
嗓子 sǎngzi

s—c

色彩 sècǎi
素材 sùcái

s—s

思索 sīsuǒ
诉讼 sùsòng

嫂子 sǎozi
塑造 sùzào
孙子 sūnzi
所在 suǒzài
琐碎 suǒsuì

j、q、x

（1）j—j/q/x

j—j

积极 jījí
基建 jījiàn
基金 jījīn
即将 jíjiāng
急剧 jíjù
济济 jǐjǐ
季节 jìjié
寂静 jìjìng
加紧 jiājǐn
加剧 jiājù
佳节 jiājié
家具 jiā·jù
家眷 jiājuàn
嘉奖 jiājiǎng
嫁接 jiàjiē
坚决 jiānjué
艰巨 jiānjù
见解 jiànjiě
间接 jiànjiē
健将 jiànjiàng
渐渐 jiànjiàn
渐进 jiànjìn
将近 jiāngjìn
将军 jiāngjūn
讲究 jiǎng·jiū
奖金 jiǎngjīn
交际 jiāojì
焦急 jiāojí
矫健 jiǎojiàn
阶级 jiējí
接近 jiējìn
节俭 jiéjiǎn
结晶 jiéjīng
结局 jiéjú
姐姐 jiějie
解决 jiějué
借鉴 jièjiàn
进军 jìnjūn
京剧 jīngjù
经济 jīngjì
荆棘 jīngjí
竞技 jìngjì
境界 jìngjiè
究竟 jiūjìng
酒精 jiǔjīng
救济 jiùjì
舅舅 jiùjiu
咀嚼 jǔjué
拒绝 jùjué
聚集 jùjí
绝技 juéjì
绝迹 juéjì
军舰 jūnjiàn
兢兢业业 jīngjīngyèyè

j—q

机器 jī·qì
激情 jīqíng
极其 jíqí
技巧 jìqiǎo
加强 jiāqiáng
价钱 jià·qián
坚强 jiānqiáng
减轻 jiǎnqīng
健全 jiànquán
郊区 jiāoqū
金钱 jīnqián
进取 jìnqǔ
进去 jìn·qù
惊奇 jīngqí
精确 jīngquè

崛起 juéqǐ	军区 jūnqū	机器人 jī·qìrén

j—x

讥笑 jīxiào	教学 jiāoxué	精心 jīngxīn
机械 jīxiè	侥幸 jiǎoxìng	景象 jǐngxiàng
畸形 jīxíng	脚下 jiǎoxià	局限 júxiàn
急性 jíxìng	叫嚣 jiàoxiāo	举行 jǔxíng
急需 jíxū	教学 jiàoxué	娟秀 juānxiù
迹象 jìxiàng	教训 jiàoxùn	决心 juéxīn
继续 jìxù	界限 jièxiàn	机械化 jīxièhuà
家乡 jiāxiāng	进行 jìnxíng	积极性 jījíxìng
艰险 jiānxiǎn	惊喜 jīngxǐ	决定性 juédìngxìng
艰辛 jiānxīn	惊醒 jīngxǐng	
间隙 jiànxì	精细 jīngxì	

（2）q—j/q/x

q—j

期间 qījiān	强健 qiángjiàn	情节 qíngjié
其间 qíjiān	抢救 qiǎngjiù	情景 qíngjǐng
奇迹 qíjì	侨眷 qiáojuàn	情境 qíngjìng
前进 qiánjìn	勤俭 qínjiǎn	秋季 qiūjì
前景 qiánjǐng	清洁 qīngjié	全局 quánjú

q—q

崎岖 qíqū	侵权 qīnquán	情趣 qíngqù
乞求 qǐqiú	亲戚 qīnqi	请求 qǐngqiú
前期 qiánqī	亲切 qīnqiè	全球 quánqiú
悄悄 qiāoqiāo	氢气 qīngqì	确切 quèqiè

q—x

栖息 qīxī	气息 qìxī	迁徙 qiānxǐ
期限 qīxiàn	气象 qìxiàng	谦虚 qiānxū

谦逊 qiānxùn
前夕 qiánxī
前线 qiánxiàn
倾向 qīngxiàng
倾斜 qīngxié
清晰 qīngxī
清醒 qīngxǐng
情形 qíng·xíng
情绪 qíng·xù
曲线 qūxiàn
趋向 qūxiàng
取消 qǔxiāo
缺陷 quēxiàn

（3）x—j/q/x

x—j

希冀 xījì
袭击 xíjī
喜剧 xǐjù
戏剧 xìjù
细节 xìjié
细菌 xìjūn
下级 xiàjí
下降 xiàjiàng
夏季 xiàjì
先进 xiānjìn
现今 xiànjīn
现金 xiànjīn
相继 xiāngjì
相交 xiāngjiāo
相近 xiāngjìn
香蕉 xiāngjiāo
橡胶 xiàngjiāo
消极 xiāojí
小姐 xiǎo·jiě
兴建 xīngjiàn
星际 xīngjì
行军 xíngjūn
修建 xiūjiàn
酗酒 xùjiǔ
选举 xuǎnjǔ
雪茄 xuějiā
血迹 xuèjì

x—q

吸取 xīqǔ
喜鹊 xǐ·què
戏曲 xìqǔ
下去 xià·qù
先前 xiānqián
掀起 xiānqǐ
线圈 xiànquān
心情 xīnqíng
辛勤 xīnqín
新奇 xīnqí
兴起 xīngqǐ
星期 xīngqī
星球 xīngqiú
兴趣 xìngqù
性情 xìngqíng
需求 xūqiú
寻求 xúnqiú

x—x

习性 xíxìng
细小 xìxiǎo
细心 xìxīn
下旬 xiàxún
鲜血 xiānxuè
闲暇 xiánxiá
显现 xiǎnxiàn
现象 xiànxiàng
现行 xiànxíng
乡下 xiāngxia
相信 xiāngxìn
详细 xiángxì
想象 xiǎngxiàng
消息 xiāoxi
小心 xiǎo·xīn
小型 xiǎoxíng
小学 xiǎoxué
谢谢 xièxie

心血 xīnxuè
欣喜 xīnxǐ
新鲜 xīn·xiān
新兴 xīnxīng
新型 xīnxíng
信息 xìnxī
信心 xìnxīn
星系 xīngxì
星星 xīngxing
猩猩 xīngxing
行星 xíngxīng
形象 xíngxiàng
休息 xiūxi
喧嚣 xuānxiāo
学习 xuéxí
学校 xuéxiào
想象力 xiǎngxiànglì
熙熙攘攘 xīxī-rǎngrǎng
嘻嘻哈哈 xīxī-hāhā

zh、ch、sh 与 z、c、s，zh、ch、sh 与 j、q、x

（1）zh—z/c/s

zh—z

渣滓 zhā·zǐ
沼泽 zhǎozé
正在 zhèngzài
职责 zhízé
指责 zhǐzé
制造 zhìzào
制作 zhìzuò
质子 zhìzǐ
中子 zhōngzǐ
种子 zhǒngzi
种族 zhǒngzú
著作 zhùzuò
准则 zhǔnzé
桌子 zhuōzi

zh—c

政策 zhèngcè
至此 zhìcǐ
贮藏 zhùcáng
贮存 zhùcún

（2）zh—j/q/x

zh—j

占据 zhànjù
战绩 zhànjì
着急 zháojí
召集 zhàojí
针灸 zhēnjiǔ
真迹 zhēnjì
震惊 zhènjīng
拯救 zhěngjiù
证据 zhèngjù
知觉 zhījué
直角 zhíjiǎo
直接 zhíjiē
直径 zhíjìng
直觉 zhíjué
至今 zhìjīn
中间 zhōngjiān
终究 zhōngjiū
逐渐 zhújiàn
主教 zhǔjiào
抓紧 zhuājǐn
专家 zhuānjiā
庄稼 zhuāngjia
追究 zhuījiū
中世纪 zhōngshìjì
谆谆教导 zhūnzhūn-jiàodǎo

zh—q

沼气 zhǎoqì
争取 zhēngqǔ
征求 zhēngqiú
蒸气 zhēngqì
整齐 zhěngqí
正确 zhèngquè
政权 zhèngquán
之前 zhīqián
职权 zhíquán
中期 zhōngqī
种群 zhǒngqún
周期 zhōuqī
主权 zhǔquán
追求 zhuīqiú
准确 zhǔnquè
自治区 zìzhìqū

zh—x

展现 zhǎnxiàn
崭新 zhǎnxīn
战线 zhànxiàn
照相 zhàoxiàng
哲学 zhéxué
这些 zhèxiē
振兴 zhènxīng
征询 zhēngxún
执行 zhíxíng
直线 zhíxiàn
秩序 zhìxù
窒息 zhìxī
中心 zhōngxīn
中性 zhōngxìng
中学 zhōngxué
中旬 zhōngxún
衷心 zhōngxīn
主席 zhǔxí
转向 zhuǎnxiàng
转向 zhuànxiàng
照相机 zhàoxiàngjī
直辖市 zhíxiáshì
中学生 zhōngxuéshēng

（3）ch—z/c/s

ch—z

车子 chēzi
称赞 chēngzàn
充足 chōngzú
窗子 chuāngzi
创造 chuàngzào
创作 chuàngzuò

ch—c

筹措 chóucuò
储存 chǔcún
纯粹 chúncuì

ch—s

场所 chǎngsuǒ
沉思 chénsī
出色 chūsè

（4）ch—j/q/x

ch—j

差价 chājià
差距 chājù
猖獗 chāngjué
娼妓 chāngjì
长久 chángjiǔ
车间 chējiān
沉积 chénjī
陈迹 chénjì
陈旧 chénjiù

成绩 chéngjì
成就 chéngjiù
乘机 chéngjī
吃惊 chījīng
持久 chíjiǔ
冲击 chōngjī
崇敬 chóngjìng
初级 chūjí
处境 chǔjìng
春季 chūnjì
春节 Chūnjié
纯洁 chúnjié
传教士 chuánjiàoshì

ch—q

长期 chángqī
出去 chū·qù
初期 chūqī
春秋 chūnqiū

ch—x

查询 cháxún
嘲笑 cháoxiào
车厢 chēxiāng
撤销 chèxiāo
成效 chéngxiào
呈现 chéngxiàn
程序 chéngxù
持续 chíxù
重新 chóngxīn
抽象 chōuxiàng
出席 chūxí
出现 chūxiàn
出血 chūxiě
储蓄 chǔxù
创新 chuàngxīn

(5) sh—z/c/s

sh—z

擅自 shànzì
身子 shēnzi
绳子 shéngzi
狮子 shīzi
识字 shízì
实在 shízài
实在 shízai
氏族 shìzú
柿子 shìzi
数字 shùzì

sh—c

生存 shēngcún
蔬菜 shūcài

sh—s

上诉 shàngsù
神色 shénsè
收缩 shōusuō
输送 shūsòng

(6) sh—j/q/x

sh—j

上级 shàngjí
设计 shèjì
射击 shèjī
涉及 shèjí
神经 shénjīng
圣经 Shèngjīng

时机 shíjī
时间 shíjiān
时节 shíjié
实际 shíjì
实践 shíjiàn
史籍 shǐjí
使劲 shǐjìn
世纪 shìjì
世界 shìjiè
事迹 shìjì
事件 shìjiàn
视觉 shìjué
收集 shōují
手脚 shǒujiǎo
受精 shòujīng
书籍 shūjí
书记 shū·jì
数据 shùjù
睡觉 shuìjiào
瞬间 shùnjiān
世界观 shìjièguān

sh—q

沙丘 shāqiū
山区 shānqū
上去 shàng·qù
申请 shēnqǐng
身躯 shēnqū
深情 shēnqíng
神奇 shénqí
神气 shén·qì
神情 shénqíng
生气 shēngqì
生前 shēngqián
失去 shīqù
时期 shíqī
事情 shìqing
手枪 shǒuqiāng
抒情 shūqíng
水汽 shuǐqì

sh—x

伤心 shāngxīn
上下 shàngxià
上学 shàngxué
设想 shèxiǎng
射线 shèxiàn
身心 shēnxīn
神学 shénxué
声响 shēngxiǎng
盛行 shèngxíng
施行 shīxíng
实现 shíxiàn
实行 shíxíng
史学 shǐxué
事先 shìxiān
视线 shìxiàn
手续 shǒuxù
首先 shǒuxiān
书写 shūxiě
熟悉 shú·xī
属性 shǔxìng
数学 shùxué
顺序 shùnxù
社会学 shèhuìxué

z、c、s 与 zh、ch、sh，z、c、s 与 j、q、x

（1）z—zh/ch/sh

z—zh

杂志 zázhì
杂质 zázhì
增长 zēngzhǎng
增殖 zēngzhí
自治 zìzhì
自主 zìzhǔ
自转 zìzhuàn
宗旨 zōngzhǐ
总之 zǒngzhī
阻止 zǔzhǐ
组织 zǔzhī
最终 zuìzhōng
尊重 zūnzhòng
作战 zuòzhàn
作者 zuòzhě

z—ch		
在场 zàichǎng	增产 zēngchǎn	嘴唇 zuǐchún
赞成 zànchéng	资产 zīchǎn	最初 zuìchū
早晨 zǎo·chén	自称 zìchēng	

z—sh		
暂时 zànshí	姿势 zī·shì	总数 zǒngshù
遭受 zāoshòu	自杀 zìshā	遵守 zūnshǒu
早上 zǎoshang	自身 zìshēn	左手 zuǒshǒu

（2）z—j/q/x

z—j		
杂技 zájì	资金 zījīn	租界 zūjiè
杂交 zájiāo	自己 zìjǐ	足迹 zújì
再见 zàijiàn	自觉 zìjué	最近 zuìjìn
在家 zàijiā	字迹 zìjì	尊敬 zūnjìng
造就 zàojiù	宗教 zōngjiào	作家 zuòjiā
增加 zēngjiā	踪迹 zōngjì	
增进 zēngjìn	总结 zǒngjié	

z—q		
早期 zǎoqī	增强 zēngqiáng	足球 zúqiú

z—x		
再现 zàixiàn	自信 zìxìn	罪行 zuìxíng
造型 zàoxíng	自行 zìxíng	遵循 zūnxún
咨询 zīxún	走向 zǒuxiàng	自行车 zìxíngchē
仔细 zǐxì	祖先 zǔxiān	

（3）c—zh/ch/sh

c—zh	c—ch	c—sh
财政 cáizhèng	财产 cáichǎn	菜蔬 càishū

参照 cānzhào	磁场 cíchǎng	参数 cānshù
侧重 cèzhòng	促成 cùchéng	次数 cìshù
辞职 cízhí		从事 cóngshì
从中 cóngzhōng		促使 cùshǐ
村庄 cūnzhuāng		措施 cuòshī
挫折 cuòzhé		

（4）c—j/q/x

c—j	c—q	c—x
采集 cǎijí	采取 cǎiqǔ	次序 cìxù
参加 cānjiā	从前 cóngqián	从小 cóngxiǎo
曾经 céngjīng		
刺激 cì·jī		
促进 cùjìn		

（5）s—zh/ch/sh

s—zh	s—ch	s—sh
扫帚 sàozhou	思潮 sīcháo	散射 sǎnshè
四肢 sìzhī	四处 sìchù	丧事 sāngshì
四周 sìzhōu	松弛 sōngchí	丧失 sàngshī
素质 sùzhì	俗称 súchēng	宿舍 sùshè
		虽说 suīshuō
		随时 suíshí
		损伤 sǔnshāng
		损失 sǔnshī
		唆使 suōshǐ
		所属 suǒshǔ
		琐事 suǒshì

（6）s—j/q/x

s—j	s—q	s—x
三角 sānjiǎo	丧气 sàngqì	思想 sīxiǎng

司机 sījī
伺机 sìjī
搜集 sōují
随即 suíjí
三角形 sānjiǎoxíng
肃清 sùqīng
死刑 sǐxíng
松懈 sōngxiè
缩小 suōxiǎo
思想家 sīxiǎngjiā

j、q、x 与 zh、ch、sh，j、q、x 与 z、c、s

（1）j—zh/ch/sh

j—zh

机制 jīzhì
集中 jízhōng
记者 jìzhě
寄主 jìzhǔ
加重 jiāzhòng
家长 jiāzhǎng
价值 jiàzhí
简直 jiǎnzhí
建筑 jiànzhù
健壮 jiànzhuàng
交织 jiāozhī
介质 jièzhì
借助 jièzhù
紧张 jǐnzhāng
进展 jìnzhǎn
禁止 jìnzhǐ
竞争 jìngzhēng
静止 jìngzhǐ
纠正 jiūzhèng
居住 jūzhù
剧种 jùzhǒng
君主 jūnzhǔ

j—ch

机场 jīchǎng
机车 jīchē
基础 jīchǔ
疾驰 jíchí
继承 jìchéng
家畜 jiāchù
坚持 jiānchí
检查 jiǎnchá
简称 jiǎnchēng
交叉 jiāochā
接触 jiēchù
杰出 jiéchū
解除 jiěchú
进程 jìnchéng
经常 jīngcháng
警察 jǐngchá
臼齿 jiùchǐ
剧场 jùchǎng
觉察 juéchá
继承人 jìchéngrén

j—sh

及时 jíshí
即使 jíshǐ
棘手 jíshǒu
技师 jìshī
技术 jìshù
既是 jìshì
寄生 jìshēng
加深 jiāshēn
家属 jiāshǔ
假设 jiǎshè
假使 jiǎshǐ
假说 jiǎshuō

驾驶 jiàshǐ
坚实 jiānshí
监视 jiānshì
减少 jiǎnshǎo
建设 jiànshè
健身 jiànshēn
鉴赏 jiànshǎng
讲述 jiǎngshù
降水 jiàngshuǐ
教师 jiàoshī
教室 jiàoshì
教授 jiàoshòu
结实 jiēshi
接收 jiēshōu
接受 jiēshòu
揭示 jiēshì
节省 jiéshěng
结束 jiéshù
解释 jiěshì
介绍 jièshào
金属 jīnshǔ
谨慎 jǐnshèn
经受 jīngshòu
精神 jīngshén
精神 jīngshen
就是 jiùshì
局势 júshì
据说 jùshuō
军事 jūnshì
技术员 jìshùyuán
寄生虫 jìshēngchóng
金刚石 jīngāngshí

（2）j—z/c/s

j—z

集资 jízī
记载 jìzǎi
佳作 jiāzuò
家族 jiāzú
架子 jiàzi
建造 jiànzào
饺子 jiǎozi
叫作 jiàozuò
节奏 jiézòu
杰作 jiézuò
精子 jīngzǐ
镜子 jìngzi
橘子 júzi
句子 jùzi

j—c

基层 jīcéng
渐次 jiàncì
交错 jiāocuò
教材 jiàocái
阶层 jiēcéng
韭菜 jiǔcài
决策 juécè
鞠躬尽瘁 jūgōng-jìncuì

j—s

激素 jīsù
计算 jìsuàn
祭祀 jìsì
加速 jiāsù
结算 jiésuàn
解散 jiěsàn
近似 jìnsì
景色 jǐngsè
竞赛 jìngsài
就算 jiùsuàn
沮丧 jǔsàng
角色 juésè
计算机 jìsuànjī
加速度 jiāsùdù
金丝猴 jīnsīhóu

（3）q—zh/ch/sh

q—zh		
其中 qízhōng	侵占 qīnzhàn	酋长 qiúzhǎng
旗帜 qízhì	轻重 qīngzhòng	曲折 qūzhé
气质 qìzhì	庆祝 qìngzhù	驱逐 qūzhú
强制 qiángzhì	求证 qiúzhèng	群众 qúnzhòng

q—ch		
凄楚 qīchǔ	钦差 qīnchāi	清除 qīngchú
起初 qǐchū	青春 qīngchūn	清楚 qīngchu
汽车 qìchē	清晨 qīngchén	

q—sh		
其实 qíshí	侵蚀 qīnshí	去世 qùshì
歧视 qíshì	亲属 qīnshǔ	全身 quánshēn
启示 qǐshì	轻声 qīngshēng	缺少 quēshǎo
起身 qǐshēn	轻视 qīngshì	确实 quèshí
悄声 qiǎoshēng	请示 qǐngshì	
切实 qièshí	趋势 qūshì	

（4）q—z/c/s

q—z	q—c	q—s
妻子 qī·zǐ	凄惨 qīcǎn	轻松 qīngsōng
钳子 qiánzi	其次 qícì	
潜在 qiánzài	器材 qìcái	
谴责 qiǎnzé	憔悴 qiáocuì	
茄子 qiézi	芹菜 qíncài	
亲自 qīnzì	情操 qíngcāo	

（5）x—zh/ch/sh

x—zh		
细致 xìzhì	显著 xiǎnzhù	限制 xiànzhì
狭窄 xiázhǎi	现状 xiànzhuàng	宪章 xiànzhāng

宪政 xiànzhèng
象征 xiàngzhēng
嚣张 xiāozhāng
校长 xiàozhǎng
协助 xiézhù
刑侦 xíngzhēn
行政 xíngzhèng
形状 xíngzhuàng
性质 xìngzhì
性状 xìngzhuàng
修正 xiūzhèng
旋转 xuánzhuǎn
学者 xuézhě
勋章 xūnzhāng
寻找 xúnzhǎo

x—ch

析出 xīchū
县城 xiànchéng
现场 xiànchǎng
香椿 xiāngchūn
消除 xiāochú
哮喘 xiàochuǎn
形成 xíngchéng
羞耻 xiūchǐ
宣传 xuānchuán
新陈代谢 xīnchén-dàixiè

x—sh

吸收 xīshōu
牺牲 xīshēng
稀少 xīshǎo
稀释 xīshì
蟋蟀 xīshuài
系数 xìshù
下属 xiàshǔ
先生 xiānsheng
显示 xiǎnshì
现实 xiànshí
献身 xiànshēn
享受 xiǎngshòu
响声 xiǎngshēng
向上 xiàngshàng
消失 xiāoshī
销售 xiāoshòu
小时 xiǎoshí
协商 xiéshāng
心事 xīnshì
欣赏 xīnshǎng
新式 xīnshì
刑事 xíngshì
行使 xíngshǐ
行驶 xíngshǐ
形式 xíngshì
形势 xíngshì
叙述 xùshù
悬殊 xuánshū
选手 xuǎnshǒu
学生 xuésheng
学术 xuéshù
学说 xuéshuō
小说儿（小说）xiǎoshuōr（xiǎoshuō）
小学生 xiǎoxuéshēng

（6）x—z/c/s

x—z

洗澡 xǐzǎo
现在 xiànzài
箱子 xiāngzi
小子 xiǎozi
小组 xiǎozǔ

x—c

下层 xiàcéng
现存 xiàncún
乡村 xiāngcūn
修辞 xiūcí

x—s

习俗 xísú
线索 xiànsuǒ
相似 xiāngsì
硝酸 xiāosuān
心思 xīnsi

蝎子 xiēzi
协作 xiézuò
写作 xiězuò
心脏 xīnzàng
行走 xíngzǒu
选择 xuǎnzé
迅速 xùnsù

n 和 l

n—n

奶奶 nǎinai
男女 nánnǚ
泥泞 nínìng

l—l

来临 láilín
劳力 láolì
姥姥 lǎolao
磊落 lěiluò
理论 lǐlùn
力量 lì·liàng
历来 lìlái
利率 lìlǜ
联络 liánluò
寥寥 liáoliáo
嘹亮 liáoliàng
淋漓 línlí
凛冽 lǐnliè
伶俐 líng·lì
玲珑 línglóng
浏览 liúlǎn
流露 liúlù
琉璃 liú·lí
伦理 lúnlǐ
轮流 lúnliú
淋漓尽致 línlí-jìnzhì
琳琅满目 línláng-mǎnmù

n—l

哪里 nǎ·lǐ
那里 nà·lǐ
奶酪 nǎilào
能力 nénglì
能量 néngliàng
年龄 niánlíng
奴隶 núlì
努力 nǔlì

l—n

老年 lǎonián

f 和 h

f—f

反复 fǎnfù
方法 fāngfǎ
芳菲 fāngfēi
仿佛 fǎngfú
非法 fēifǎ
芬芳 fēnfāng

吩咐 fēnfù
纷繁 fēnfán
纷飞 fēnfēi
奋发 fènfā
丰富 fēngfù
夫妇 fūfù
方法论 fāngfǎlùn

h—h

航海 hánghǎi
合乎 héhū
后悔 hòuhuǐ
呼喊 hūhǎn
呼号 hūháo
呼唤 hūhuàn
花卉 huāhuì
化合 huàhé
欢呼 huānhū
缓和 huǎnhé
黄昏 huánghūn
惶惑 huánghuò
恍惚 huǎng·hū
辉煌 huīhuáng
绘画 huìhuà
混合 hùnhé

f—h

发挥 fāhuī
返回 fǎnhuí
妨害 fánghài
分化 fēnhuà
凤凰 fèng·huáng
孵化 fūhuà
符号 fúhào
符合 fúhé
复合 fùhé

h—f

耗费 hàofèi
合法 héfǎ
后方 hòufāng
花费 huā·fèi
花粉 huāfěn
化肥 huàféi
划分 huàfēn
焕发 huànfā
恢复 huīfù

r 声母

带 r 的易错词语

老人 lǎorén
利润 lìrùn
例如 lìrú
缭绕 liáorào
纳入 nàrù
男人 nánrén
内容 nèiróng
呢绒 níróng
女人 nǚrén
懦弱 nuòruò
燃料 ránliào
冉冉 rǎnrǎn
扰乱 rǎoluàn
热量 rèliàng
热烈 rèliè
热闹 rènao
热能 rènéng
人类 rénlèi
人力 rénlì
人伦 rénlún
人员 rényuán
忍耐 rěnnài
任意 rènyì
仍然 réngrán
日夜 rìyè
日益 rìyì
日子 rìzi

荣誉 róngyù
容量 róngliàng
容纳 róngnà
容易 róng·yì
溶液 róngyè
柔软 róuruǎn
蹂躏 róulìn
依然 yīrán
毅然 yìrán
悠然 yōurán
犹如 yóurú
友人 yǒurén
劳动日 láodòngrì
老人家 lǎo·rén·jiā
人影儿（人影）rényǐngr（rényǐng）
认识论 rènshilùn
熙熙攘攘 xīxī-rǎngrǎng

in 和 ing

in—in

濒临 bīnlín
邻近 línjìn
辛勤 xīnqín
信心 xìnxīn
引进 yǐnjìn

ing—ing

病情 bìngqíng
定型 dìngxíng
经营 jīngyíng
惊醒 jīngxǐng
晶莹 jīngyíng
聆听 língtīng
菱形 língxíng
命令 mìnglìng
命名 mìngmíng
宁静 níngjìng
平静 píngjìng
平行 píngxíng
倾听 qīngtīng
清醒 qīngxǐng
蜻蜓 qīngtíng
情景 qíngjǐng
情境 qíngjìng
情形 qíng·xíng
星星 xīngxing
猩猩 xīngxing
行星 xíngxīng
性情 xìngqíng
姓名 xìngmíng
荧屏 yíngpíng
决定性 juédìngxìng
大相径庭 dàxiāng-jìngtíng
兢兢业业 jīngjīngyèyè

in—ing

进行 jìnxíng
民兵 mínbīng
拼命 pīnmìng
心灵 xīnlíng
心情 xīnqíng
新兴 xīnxīng
新型 xīnxíng
新颖 xīnyǐng
阴影 yīnyǐng
银杏 yínxìng

ing—in

精心 jīngxīn
灵敏 língmǐn
平民 píngmín

en 和 eng

en—en

本人 běnrén
人们 rénmen
身份 shēn·fèn
本身 běnshēn
人身 rénshēn
深沉 shēnchén
根本 gēnběn
认真 rènzhēn
振奋 zhènfèn

eng—eng

风筝 fēngzheng
升腾 shēngténg
蒸腾 zhēngténg
吭声 kēngshēng
生成 shēngchéng
自力更生 zìlì-gēngshēng

en—eng

奔腾 bēnténg
纷争 fēnzhēng
真诚 zhēnchéng
本能 běnnéng
人生 rénshēng
真正 zhēnzhèng
分成 fēnchéng
神圣 shénshèng

eng—en

成本 chéngběn
诚恳 chéngkěn
缝纫 féngrèn
成分 chéng·fèn
承认 chéngrèn
烹饪 pēngrèn
成人 chéngrén
城镇 chéngzhèn

an 和 ang

an—an

灿烂 cànlàn
悍然 hànrán
谈判 tánpàn
干旱 gānhàn
勘探 kāntàn
坦然 tǎnrán
感染 gǎnrǎn
冉冉 rǎnrǎn
赞叹 zàntàn
橄榄 gǎnlǎn
贪婪 tānlán
展览 zhǎnlǎn

ang—ang

肮脏 āngzāng
沧桑 cāngsāng
丧葬 sāngzàng
帮忙 bāngmáng
厂房 chǎngfáng
上涨 shàngzhǎng
苍茫 cāngmáng
当场 dāngchǎng

an—ang		
反抗 fǎnkàng	漫长 màncháng	战场 zhànchǎng
肝脏 gānzàng	南方 nánfāng	
赶忙 gǎnmáng	擅长 shàncháng	

ang—an		
当然 dāngrán	抗战 kàngzhàn	上山 shàngshān
档案 dàng'àn	茫然 mángrán	
方案 fāng'àn	上班 shàngbān	

撮口呼韵母

撮口呼易错词语		
居于 jūyú	旋律 xuánlǜ	语句 yǔjù
咀嚼 jǔjué	选举 xuǎnjǔ	预约 yùyuē
拒绝 jùjué	选用 xuǎnyòng	源泉 yuánquán
军区 jūnqū	学员 xuéyuán	乐曲 yuèqǔ
均匀 jūnyún	学院 xuéyuàn	允许 yǔnxǔ
女婿 nǚxu	永远 yǒngyuǎn	运用 yùnyòng
区域 qūyù	勇于 yǒngyú	科学院 kēxuéyuàn
全局 quánjú	踊跃 yǒngyuè	运动员 yùndòngyuán
痊愈 quányù	愉悦 yúyuè	

卷舌韵母 er

带 er 的词语		
从而 cóng'ér	反而 fǎn'ér	胎儿 tāi'ér
儿女 érnǚ	忽而 hū'ér	小儿 xiǎo'ér
儿童 értóng	健儿 jiàn'ér	因而 yīn'ér
儿子 érzi	进而 jìn'ér	婴儿 yīng'ér
而后 érhòu	女儿 nǚ'ér	幼儿 yòu'ér
而且 érqiě	偶尔 ǒu'ěr	背道而驰 bèidào'érchí
耳朵 ěrduo	然而 rán'ér	
饵料 ěrliào	时而 shí'ér	

三　选择判断

“选择判断”项，包括“词语判断”“量词、名词搭配”“语序或表达形式判断”三个部分，限时 3 分钟，共计 10 分。“词语判断”测查应试人掌握普通话词语的规范程度，“量词、名词搭配”测查应试人掌握普通话量词和名词搭配的规范程度，“语序或表达形式判断”测查应试人掌握普通话语法的规范程度。

部分省份根据本地实际情况，在测试中免测“选择判断”这一项，但是这并不意味着词汇和语法在普通话学习中不重要。掌握普通话的词汇和语法并规范使用，是学好普通话、提高测试成绩、提升普通话交际水平的关键。实际上，在“命题说话”项中常有应试人因为使用了方言词语、方言语法导致失分的情况。

本节包括测试要求、常见失分原因分析和应试建议等内容，并针对三项测试内容提供了相应的训练材料。训练材料基于《普通话水平测试实施纲要》，大家还可以将自己的方言与普通话对照，归纳一些容易失分的词汇语法问题，有意识地针对练习，这对于有效提高普通话水平，有效提高普通话水平测试的分数很有益处。

（一）测试要求

（1）词语判断：列举 10 组普通话与方言意义相对应但说法不同的词语，应试人判断并读出普通话的词语。

（2）量词、名词搭配：列举 10 个名词和若干量词，应试人搭配并读出符合普通话规范的 10 组名量短语。

（3）语序或表达形式判断：列举 5 组普通话和方言意义相对应，但语序或表达习惯不同的短语或短句，由应试人判断并读出符合普通话语法规范的表达形式。

（二）测试范围

（1）词语判断：所有词语都来自《普通话水平测试用普通话与方言词语对照表》。

（2）量词、名词搭配：所有词语都来自《普通话水平测试用普通话与方言常见语法差异对照表》后附的《普通话水平测试用普通话常见量词名词搭配》。

（3）语序或表达形式判断：所有短语或短句都来自《普通话水平测试用普通话与方言常见语法差异对照表》。

（三）本项评分

（1）判断搭配错误，词语判断每组扣 0.25 分，量词、名词搭配每组扣 0.5 分，语序或表达形式判断每组扣0.5分。

（2）语音错误，每个错误音节扣0.1分，语音缺陷不扣分；如判断错误已扣分，不重复扣分。

（3）超时1分钟以内，扣0.5分；超时1分钟以上（含1分钟），扣1分。

（四）常见失分原因分析

1. 语音错误导致失分

参见“读单音节字词”项和“读多音节词语”项。

2. 判断搭配错误导致失分

（1）词语判断常见错误：没有正确判断并读出普通话的词语，误选方言词语；漏题。

（2）量词、名词搭配常见错误：量词和名词搭配不符合普通话规范，搭配有误；没有用试题给出的量词搭配（即使符合普通话规范也算作错误）；漏题。

（3）语序或表达形式判断错误：没有正确判断并读出符合普通话语法规范的表达形式，选择了方言语法表达形式；漏题。

3. 超时导致失分

绝大部分应试人都能够在3分钟时限内完成选择判断，个别应试人由于以下原因导致超时：

（1）判断搭配遇到困难，无法做出选择或反复更改已做出的选择。

（2）不熟悉测试流程，三项小题间隔停顿时间过长。

（五）应试建议

（1）掌握普通话词汇和语法并规范使用，打好普通话基础。了解自己在普通话使用中存在的方言词汇语法问题，有的放矢地练习；掌握本地方言和普通话在词汇语法方面的主要差异，提高学习针对性和学习效率；勤于练习，多听多说，反复纠正与巩固，以达到在交际中熟练使用的目的，也为提高测试“命题说话”项成绩打好基础。

（2）提前准备，认真学习掌握《普通话水平测试用普通话与方言词语对照表》《普通话水平测试用普通话常见量词名词搭配》《普通话水平测试用普通话与方言常见语法差异对照表》中普通话词汇语法的规范表达。

（3）测试备考时，提前完成各项的判断搭配，做好标记。对自己容易读错的字音、重点词语（如轻声、儿化、“一”“不”变调）等，做出标记提示。

（4）测试时，量词、名词搭配一题，应按照名词顺序进行，10个名词均需搭配。

（5）掌握好时间和速度，避免超时。

（6）每个选项读一遍，如读错需要更正，可以读第二遍，评分以第二遍读音为准（多读不计）。

（六）“选择判断”项训练

本节以普通话水平测试第三项“选择判断”项为训练目标，分为“词语判断”“量词、名词搭配”和“语序或表达形式判断”三个部分。

1．“词语判断”训练题

请判断并读出下列各组中的普通话词语。（训练材料中普通话词语均位于选项首位，用阴影标出，实际试题中普通话与方言词语顺序随机。）

（1）爸爸　阿伯　阿爸　爷　爷老子

（2）白天　日里向　日时　日头　日上　日里　日辰头

（3）大拇指　大节头　大缚母　手指公　大指拇

（4）发火　光火　起毛　发气

（5）温暖　暖热　烧啰　热沸　热和　烧暖

（6）方才　刚刚再　头先　啱先　将脚　才刚

（7）通红　血血红　红贡贡　掀红　啾红

（8）玉米　珍珠米　苞粟　金豆　苞谷　包粟

（9）上边　高头　顶面　上便　上背

（10）不合　勿符合　无合　唔啱　唔合

（11）媳妇　新妇　心抱　媳妇妹子　心舅

（12）起初　开始辰光　初头　初时　初头子

（13）冰棍儿　棒冰　霜条　雪条　冰棒　雪枝

（14）吹牛　吹牛三　吹大炮　车大炮　戮口

（15）翠绿　滴滴绿　吉绿　浸青

（16）缓缓　慢慢叫　慢慢仔　缓缓子　慢慢子　闹闹欸

（17）马铃薯　洋山芋　番仔番薯　薯仔　洋芋头　荷兰薯

（18）脑袋　头壳　脑壳　头拿

（19）旁边　边浪　边仔　侧边　边头　侧角

（20）不满　勿满意　唔愿　唔满　唔满意

（21）弟弟　阿弟　小弟仔　细佬　老弟欸

（22）小时候　小辰光　细汉时　细个时　细大子　细时候

（23）灯泡儿　电珠　灯泡子　泡子　电灯胆

（24）丢人　坍招势　丢架　跌脸　丢格　出六

（25）糟糕　推扳　露灾　弊家伙　拐场　坏欸

（26）多亏　亏煞　该哉　搭帮　好得

（27）梨　生梨　梨仔　梨里　梨子　梨欸

（28）嘴唇　嘴唇皮　喙唇　嘴舷子　嘴唇子

（29）这边　个面　即爿　呢便　个边　咯边　嗰片爿

（30）不像话　勿像闲话　无亲像款　唔似样　不庄相　唔像话

2.“量词、名词搭配”训练题

请搭配并读出下列符合普通话规范的数量名短语（例如：一条鱼）。

演出　账　钥匙　手机　菜　杂志　闪电　椅子　考试　电视剧

把　本　部　场　道　片

（答案：一场演出、一本账、一把钥匙、一部手机、一道菜、一本杂志、一道闪电、一把椅子、一场考试、一部电视剧）

水　文件　帽子　夫妻　帐篷　云　翅膀　礼物　花　眼泪

滴　顶　对　朵　份　块

（答案：一滴水、一份文件、一顶帽子、一对夫妻、一顶帐篷、一朵云、一对翅膀、一份礼物、一朵花、一滴眼泪）

医院　摄像机　图画　亲戚　对联　葱　相片　飞机　球拍　头发

幅　副　根　家　架　面

（答案：一家医院、一架摄像机、一幅图画、一家亲戚、一副对联、一根葱、一幅相片、一架飞机、一副球拍、一根头发）

行李　炸弹　卧室　课　衣服　树　星星　白菜　仓库　车厢

间　件　节　棵　颗　道

（答案：一件行李、一颗炸弹、一间卧室、一节课、一件衣服、一棵树、一颗星星、一棵白菜、一间仓库、一节车厢）

自行车　井　种子　婚姻　大锅　石头　橡皮　珍珠　课程　汽车

口　块　粒　辆　门　根

（答案：一辆自行车、一口井、一粒种子、一门婚姻、一口大锅、一块石头、一块橡皮、一粒珍珠、一门课程、一辆汽车）

教师　彩旗　录像带　马　树叶　阴凉　绸缎　学生　墙　棋

面　名　盘　匹　片　项

（答案：一名教师、一面彩旗、一盘录像带、一匹马、一片树叶、一片阴凉、一匹绸缎、一名学生、一面墙、一盘棋）

话剧　窗户　学校　袜子　钢琴　试题　屏风　家具　筷子　银行

扇　双　所　台　套　条

（答案：一台话剧、一扇窗户、一所学校、一双袜子、一台钢琴、一套试题、一扇屏风、一套家具、一双筷子、一所银行）

医生　骆驼　运动　鱼　相片　朋友　裤子　工作　蒜　桌子

条　头　位　项　张　部

（答案：一位医生、一头骆驼、一项运动、一条鱼、一张相片、一位朋友、一条裤子、一项工作、一头蒜、一张桌子）

桥　歌　孩子　老虎　山　笔　雨　太阳　病　手

只　支　座　场　个　份

（答案：一座桥、一支歌、一个孩子、一只老虎、一座山、一支笔、一场雨、一个太阳、一场病、一只手）

3.“语序或表达形式判断”训练题

请判断并读出下列各组中的普通话语句。（训练材料中普通话语句均位于选项首位，用阴影标出，实际试题中普通话与方言语句顺序随机。）

（1）A. 我买了一顶帽子、一条裤子。
　　B. 我买了一顶帽的、一条裤的。
　　C. 我买了一顶帽儿、一条裤儿。

（2）A. 这朵花真好看。
　　B. 朵花真好看。

（3）A. 我们写作业用了一个半小时。
　　B. 我们写作业用了一点半钟。
　　C. 我们写作业用了点半钟。

（4）A. 我家住在二层。
　　B. 我家住在两层。

（5）A. 把书给他。
　　B. 把书把给他。
　　C. 把书把他。

（6）A．我连炒菜也不会。

B．我连炒菜也不懂。

（7）A．妈妈很不会干活。

B．妈妈很不能干活。

（8）A．这凳子能坐三个人。

B．这凳子坐得三个人。

C．这凳子会坐得三个人。

D．这凳子会坐三个人。

（9）A．我们一起去看电影好吗？

B．我们一起来去看电影好吗？

（10）A．下起雨来了。

B．下雨开了。

（11）A．雪白雪白的

B．雪雪白的

C．雪白白的

（12）A．我太紧张了。

B．我过紧张了。

C．我忒紧张了。

（13）A．都收起来。

B．收收起来。

（14）A．这菜不咸。

B．这菜没有咸。

（15）A．我们被他骂了一顿。

B．我们遭他骂了一顿。

C．我们招他骂了一顿。

（16）A．面包掉在地上了。

B．面包掉咧地上了。

C．面包掉搿地上了。

（17）A．他吃着饭呢。

B．他吃饭着呢。

C．他吃着饭在。

（18）A．我们慢慢地走。

B．我们慢慢子走。

（19）A. 姐姐看书呢。

B. 姐姐看书的嘞。

C. 姐姐看书的哩。

（20）A. 他可会哄人呢。

B. 他可会日哄人哩。

（21）A. 那东西重不重？

B. 那东西重咧不？

C. 那东西重啊不？

D. 那东西重咧不咧？

（22）A. 他不吃辣椒。

B. 他吃不来辣椒。

（23）A. 这件事我不知道。

B. 这件事我知不道。

C. 这件事我晓不得。

（24）A. 我说得过他。

B. 我说他得过。

C. 我说得他过。

（25）A. 给我一支笔。

B. 给一支笔我。

C. 给一支笔给我。

（26）A. 你再吃一碗。

B. 你吃一碗添。

C. 你吃添一碗。

D. 你再吃一碗添。

（27）A. 多用一点时间来陪孩子。

B. 用多一点时间来陪孩子。

（28）A. 他累得满头大汗。

B. 他累得汗流。

C. 他累得汗滴滴声。

（29）A. 菜够咸了。

B. 菜有咸。

（30）A. 快把你的东西弄走。

B. 快把你的东西弄起走。

（31）A. 我不如他。
B. 我不值他。
C. 我没有他有料。

（32）A. 我们把他抓起来。
B. 我们抓他起来。
C. 我们抓起他来。

（33）A. 咱们一边吃饭，一边说话。
B. 咱赶着吃饭，赶着说话。
C. 咱们一抹儿吃饭，一抹儿说话。

（34）A. 宁可我去，也不能叫你去。
B. 能我去，也不能叫你去。

（35）A. 如果不是因为你，妈妈就不来了。
B. 不着你，妈妈就不来了。

四　朗读短文

“朗读短文”项测查应试人使用普通话朗读书面作品的水平，限时 4 分钟，共计 30 分。在测查应试人声母、韵母、声调读音标准程度的同时，重点测查连读音变、停连、语调以及流畅程度。

（一）测试要求

朗读短文。评分以朗读作品的前 400 个音节（不含标点符号和括注的音节）为限，但应试人应将作品第 400 个音节所在的句子读完整。

（二）测试范围

短文从《普通话水平测试用朗读作品》中选取。

（三）本项评分

（1）每错 1 个音节，扣 0.1 分；漏读或增读都按错误计算，每个音节扣 0.1 分。
（2）声母或韵母的系统性语音缺陷，视程度扣 0.5 分、1 分。
（3）语调偏误，视程度扣 0.5 分、1 分、2 分。
（4）停连不当，视程度扣 0.5 分、1 分、2 分。
（5）朗读不流畅（包括回读），视程度扣 0.5 分、1 分、2 分。

（6）限时 4 分钟，超时扣 1 分。

“朗读短文”项是对应试人普通话语音水平的综合考查，其分值占测试总分值的 30%，对测试的成绩影响很大。应试人必须提前投入精力，认真准备 50 篇朗读作品。

（四）应试建议

1. 发音准确清晰，避免漏字、添字、错字

应试人在朗读时，不忠于原作，自行添字、漏字、错读，都会导致失分。

2. 注意流畅，避免回读

在测试时，尽量避免因某个语音错误或心理过于紧张重复朗读短文中的字、词、句。回读会造成朗读不连贯，导致在流畅程度方面失分。

3. 重视停连，避免停连不当

停连是指朗读语流中声音的中断和延续。词语之间、句子之间、段落或层次之间都可能出现声音的中断或延续，中断处是停顿，延续处是连接。例如，作品 22 号中“我赶紧唤住∧惊慌失措的狗，然后∧我怀着崇敬的心情，走开了”一句应在标“∧”的位置有所停顿。

部分应试人忽视了朗读的停连，为把字音读准，将文章割裂为不连续的字或词，朗读时有“字化”或“词化”现象。这种朗读方式破坏了文章的整体性，应试人会因“停连不当”而失分。一些句子如果在朗读时停连不当还会产生歧义。

4. 重视语调问题

（1）语调应自然流畅。朗读并非朗诵。“朗读短文”项主要考查语音的规范和标准程度，并不考查对作品的艺术处理。因此，过分夸张、不自然的“朗诵腔”“播音腔”反而会弄巧成拙。

（2）注意方言语调的修正。方言语调是指有方言背景的人在说普通话时受到方言语音的影响，在语句中表现出一些方言语音的特征。方言语调主要表现在字调、句调、轻重音、节奏等方面。要想在测试中取得更好的成绩，必须在语调上下大功夫。

5. 语速要适中，不能过慢或过快

朗读短文时，语速过慢和过快都容易导致失分。当应试人普通话水平较差或对短文不熟悉时，语速通常会过慢，造成流畅程度或停连方面的失分；当应试人心情紧张时，则常会出现语速过快的情况，引起漏字、添字和吃字等问题。因此应试人在参加测试前要多熟悉作品篇目，测试时注意保持适中的语速，不要紧张。

6. 注意“儿”的处理

分清朗读作品中“儿”属于儿化韵还是“儿”尾。例如，“孩子们喜欢吃这些零七八碎儿”（作品 1 号）和“鸟儿将巢安在繁花绿叶当中”（作品 2 号），前一句是较为明显的

口语化语境，“儿”与“碎”结合成为儿化韵；后一句庄重典雅的书面语环境下，“儿”处理为一个“儿尾”更为合适。

7. 注意变调

朗读作品时，要注意“一”“不”变调、上上变调以及“啊”的变调。ABB式叠字形容词，有些只能读本调，如“金灿灿”“亮闪闪”等；有些读本调或变调都可以，如“软绵绵”“沉甸甸”等；只有少数词语必须读变调，如“骨碌碌”“文绉绉”等。

8. 将“//”所在的句子读完整

作品中的“//”是400个音节结束的标志。虽然朗读作品的评分以前400个音节为范围，但在朗读时应将“//”所在的句子（或分句）读完整。“//”后面的部分，即便有语音错误，也不会被扣分。

（五）“朗读短文”项训练

本节以普通话水平测试“朗读短文”项为训练目标，针对50篇朗读作品中容易出现语音失误的字词附以“读音提示”，并在原文中对停连易失误的句子标记了停顿提示，以便应试人进行针对性训练。

“读音提示”中收录的字词主要为易读错的生僻字词（《通用规范汉字表》二级、三级字或其所在词语）、声韵母难点音（如平翘舌音、前后鼻韵尾音、边鼻音、z-zh-j等）、变调（如上上相连变调、“一”“不”变调等）、轻声、儿化、异读词等。对于一些成分较复杂的句子，在朗读中容易出现断句不当的问题，应试人在朗读时应注意在有“∧”标记的位置停顿。

作品 1 号

照北京的老规矩[1]，春节差不多在腊月的初旬就开始了。“腊七腊八，冻死寒鸦”，这是一年里最冷的时候。在腊八这天，家家都熬腊八粥。粥是用各种米，各种豆，与各种干果熬成的。这不是粥，而是小型的农业展览会。

除此之外，这一天还要泡腊八蒜。把蒜瓣[2]放进[3]醋里，封起来，为过年吃饺子用。到年底，蒜泡得色如翡翠，醋也有了些辣味[4]，色味双美，使人忍不住要多吃几个饺子。在北京，过年时，家家吃饺子。

孩子们准备过年，第一件大事就是买杂拌儿[5]。这是用花生、胶枣、榛子[6]、栗子等干果与蜜饯[7]掺和[8]成的。孩子们喜欢吃这些零七八碎儿[9]。第二件大事是买爆竹[10]，特别是男孩子们。恐怕第三件事才是买各种玩意儿[11]——风筝[12]、空竹、口琴等。

孩子们欢喜，大人们也忙乱。他们必须预备过年吃的、喝的、穿的、用的，好在新年时显出万象更新的气象。

腊月二十三过小年，差不多就是过春节的“彩排”。天一擦黑儿[13]，鞭炮响起来，便有了过年的味道。这一天，是要吃糖的，街上早有好多∧卖∧麦芽糖与江米糖的，糖形∧或为长方块[14]或为瓜形，又甜又黏[15]，小孩子们最喜欢。

过了二十三，大家更忙。必须大扫除一次，还要把肉、鸡、鱼、青菜、年糕什么的都预备充足——店 // 铺多数正月初一到初五关门，到正月初六才开张。

节选自老舍《北京的春节》

读音提示

1. 规矩　guīju
2. 蒜瓣　suànbànr
3. 放进　fàngjìn
4. 辣味　làwèir
5. 杂拌儿　zábànr
6. 榛子　zhēnzi
7. 蜜饯　mìjiàn
8. 掺和　chānhuo
9. 零七八碎儿　língqī-bāsuìr
10. 爆竹　bàozhú
11. 玩意儿　wányìr
12. 风筝　fēngzheng
13. 擦黑儿　cāhēir
14. 长方块　chángfāngkuàir
15. 又甜又黏　yòu tián yòu nián

作品 2 号

盼望[1]着，盼望着，东风来了，春天的脚步近了。

一切都像刚睡醒的样子，欣欣然张开了眼。山朗润起来了，水涨起来了，太阳的脸红起来了。

小草偷偷地从土里钻出来，嫩嫩的，绿绿的。园子里，田野里，瞧去，一大片一大片满是的。坐着，躺着，打两个滚[2]，踢几脚球[3]，赛几趟跑，捉几回迷藏。风轻悄悄的，草软绵绵的。

……

“吹面不寒杨柳风”，不错的，像母亲的手抚摸着你。风里带来些新翻的泥土的气息，混着青草味儿[4]，还有各种花的香，都在微微湿润的空气里酝酿[5]。鸟儿[6]∧将巢∧安在繁花绿叶[7]当中，高兴起来了，呼朋引伴地∧卖弄清脆的喉咙，唱出∧宛转[8]的曲子，跟∧轻风流水∧应和着。牛背上牧童的短笛，这时候也成天嘹亮地响着。

雨是最寻常的，一下就是三两天。可别恼。看，像牛毛，像花针，像细丝，密密地斜织着，人家屋顶上全笼着一层薄烟[9]。树叶儿却绿得发亮，小草儿也青得逼你的眼。傍晚时候，上灯了，一点点黄晕[10]的光，烘托出一片安静而和平的夜。在乡下[11]，小路上，石桥边，有∧撑起伞∧慢慢走着的人，地里∧还有工作的农民，披着蓑∧戴着笠。他们的房屋，稀稀疏疏的，在雨里静默着。

天上风筝[12]渐渐多了，地上孩子也多了。城里乡下，家家户户，老老小小，// 也赶趟儿似的，一个个都出来了。……

节选自朱自清《春》

读音提示

❶ 盼望　pànwàng
❷ 打两个滚　dǎ liǎng gè gǔnr
❸ 踢几脚球　tī jǐ jiǎo qiúr
❹ 青草味儿　qīngcǎo wèir
❺ 酝酿　yùnniàng
❻ 鸟儿　niǎo’ér
❼ 繁花绿叶　fánhuā-lǜyè
❽ 宛转　wǎnzhuǎn
❾ 薄烟　bóyān
❿ 黄晕　huángyùn
⓫ 乡下　xiāngxia
⓬ 风筝　fēngzheng

作品 3 号

燕子去了，有再来的时候；杨柳枯了，有再青的时候；桃花谢了，有再开的时候。但是，聪明的，你告诉我，我们的日子为什么一去不复返呢？——是有人偷了他们罢：那是谁？又藏在何处呢？是他们自己逃走了罢：现在又到了哪里呢？

去的尽管[①]去了，来的尽管来着；去来的中间，又怎样地匆匆呢？早上我起来的时候，小屋里射进两三方斜斜的太阳。太阳他有脚啊，轻轻悄悄[②]地挪移[③]了；我也茫茫然[④]跟着旋转[⑤]。于是——洗手的时候，日子从水盆里过去；吃饭的时候，日子从饭碗里过去；默默时，便从凝然[⑥]的双眼前过去。我觉察∧他去的匆匆了，伸出手遮挽[⑦]时，他又从遮挽着的手边过去；天黑时，我躺在床上，他便∧伶伶俐俐[⑧]地从我身上跨过，从我脚边飞去了。等我睁开眼和太阳再见，这算又溜走了一日。我掩着面叹息，但是新来的日子的影儿[⑨]又开始在叹息里闪过了。

在逃去如飞的日子里，在千门万户的世界里的我能做些什么呢？只有徘徊[⑩]罢了，只有匆匆罢了；在八千多日的匆匆里，除徘徊外，又剩些什么呢？过去的日子如轻烟，被微风吹散了，如薄雾[⑪]，被初阳蒸融[⑫]了；我留着些什么痕迹[⑬]呢？我何曾留着像游丝样的痕迹呢？我赤裸裸[⑭]// 来到这世界，转眼间也将赤裸裸的回去罢？……

节选自朱自清《匆匆》

读音提示

1. 尽管 jǐnguǎn
2. 轻轻悄悄 qīngqīngqiāoqiāo
3. 挪移 nuóyí
4. 茫茫然 mángmángrán
5. 旋转 xuánzhuǎn
6. 凝然 níngrán
7. 遮挽 zhēwǎn
8. 伶伶俐俐 línglínglìlì
9. 影儿 yǐng'ér
10. 徘徊 páihuái
11. 薄雾 bówù
12. 蒸融 zhēngróng
13. 痕迹 hénjì
14. 赤裸裸 chìluǒluǒ

作品 4 号

有的人在工作、学习中缺乏耐性和韧性[1]，他们一旦碰了钉子，走了弯路，就开始怀疑自己是否有研究才能。其实，我可以告诉大家，许多有名的科学家和作家，都是经过很多次失败，走过很多弯路才成功的。有人∧看见一个作家∧写出一本好小说，或者∧看见一个科学家∧发表几篇有分量[2]的论文，便仰慕不已，很想自己∧能够信手拈来[3]，妙手成章[4]，一觉醒来，誉满天下。其实，成功的作品和论文只不过是作家、学者们整个创作[5]和研究中的极小部分，甚至数量上还不及失败作品的十分之一。大家看到的只是他们成功的作品，而失败的作品是不会公开发表出来的。

要知道，一个科学家∧在攻克科学堡垒[6]的长征[7]中，失败的次数[8]和经验，远比∧成功的经验∧要丰富[9]、深刻得多。失败∧虽然不是什么令人快乐的事情，但也决不应该∧因此气馁[10]。在进行[11]研究时，研究方向不正确，走了些岔路[12]，白费了许多精力，这也是常有的事。但不要紧，可以再调换[13]方向进行研究。更重要的是要善于吸取失败的教训，总结已有的经验，再继续前进[14]。

根据我自己的体会，所谓天才，就是坚持不断的努力[15]。有些人也许觉得我在数学方面有什么天分[16]，// 其实从我身上是找不到这种天分的。……

节选自华罗庚《聪明在于学习，天才在于积累》

读音提示

1. 韧性 rènxìng
2. 分量 fèn·liàng
3. 信手拈来 xìnshǒu-niānlái
4. 妙手成章 miàoshǒu-chéngzhāng
5. 创作 chuàngzuò
6. 堡垒 bǎolěi
7. 长征 chángzhēng
8. 次数 cìshù
9. 丰富 fēngfù
10. 气馁 qìněi
11. 进行 jìnxíng
12. 岔路 chàlù
13. 调换 diàohuàn
14. 前进 qiánjìn
15. 努力 nǔlì
16. 天分 tiānfèn

作品 5 号

去过故宫大修现场的人，就会发现∧这里和外面工地的劳作景象∧有个明显的区别：这里∧没有起重机，建筑材料∧都是以手推车的形式∧送往工地，遇到人力无法运送的木料时，工人们会使用∧百年不变的工具——滑轮组。故宫修缮[1]，尊重着“四原”原则，即原材料、原工艺、原结构、原型制。在不影响体现传统工艺技术手法特点的地方[2]，工匠可以用电动工具，比如开荒料、截头[3]。大多数时候工匠都用传统工具：木匠[4]画线用的是墨斗[5]、画签、毛笔、方尺、杖竿[6]、五尺；加工制作木构件使用的工具有锛[7]、凿、斧、锯、刨[8]等等。

最能体现大修难度的便是瓦作中“苫背[9]”的环节。“苫背”是指在房顶做灰背的过程，它相当于为木建筑添上防水层。有句口诀是三浆三压[10]，也就是上三遍石灰浆，然后再压上三遍。但这是个虚数。今天是晴天，干得快，三浆三压硬度就能符合[11]要求，要是赶上阴天，说不定就要六浆六压。任何一个环节的疏漏都可能导致漏雨，而这对建筑的损坏是致命的。

“工”字早在殷墟[12]甲骨卜辞[13]中就已经出现过。《周官》与《春秋左传[14]》记载[15]周王朝与诸侯都设有掌管营造的机构。无数的名工巧匠为我们留下了那么多宏伟的建筑，但却//很少被列入史籍，扬名于后世。

……

节选自单霁翔《大匠无名》

读音提示

1. 修缮　xiūshàn
2. 地方　dìfang
3. 截头　jié tóu
4. 木匠　mùjiang
5. 墨斗　mòdǒu
6. 杖竿　zhànggān
7. 锛　bēn
8. 刨　bào
9. 苫背　shànbèi
10. 三浆三压　sānjiāng-sānyā
11. 符合　fúhé
12. 殷墟　Yīnxū
13. 卜辞　bǔcí
14. 左传　Zuǒzhuàn
15. 记载　jìzǎi

作品 6 号

立春过后，大地渐渐从沉睡中苏醒过来。冰雪融化，草木萌发，各种花次第开放。再过两个月，燕子翩然[1]归来。不久，布谷鸟也来了。于是转入[2]炎热的夏季，这是植物孕育[3]果实的时期。到了秋天，果实成熟[4]，植物的叶子渐渐变黄，在秋风中簌簌[5]地落下来。北雁南飞[6]，活跃在田间草际的昆虫也都销声匿迹[7]。到处呈现[8]一片衰草连天[9]的景象，准备迎接风雪载途[10]的寒冬。在地球上温带和亚热带[11]区域里，年年如是，周而复始[12]。

几千年来，劳动人民注意了∧草木荣枯、候鸟去来等∧自然现象∧同气候的关系，据以安排农事。杏花开了，就好像大自然在传语[13]要赶快耕地；桃花开了，又好像在暗示要赶快种谷子。布谷鸟开始唱歌，劳动人民懂得它在唱什么："阿公阿婆，割麦插禾。"这样看来，花香鸟语，草长莺飞[14]，都是大自然的语言。

这些自然现象，我国古代劳动人民称它为物候[15]。物候知识在我国起源很早。古代流传下来的许多农谚[16]∧就包含了丰富的物候知识。到了近代，利用物候知识来研究农业生产，已经发展为一门科学，就是物候学。物候学∧记录植物的生长荣枯，动物的养育往来，如桃花开、燕子来等∧自然现象，从而了解∧随着时节 // 推移的气候变化∧和这种变化对动植物的影响。

节选自竺可桢《大自然的语言》

读音提示

1. 翩然 piānrán
2. 转入 zhuǎnrù
3. 孕育 yùnyù
4. 成熟 chéngshú
5. 簌簌 sùsù
6. 北雁南飞 běiyàn-nánfēi
7. 销声匿迹 xiāoshēng-nìjì
8. 呈现 chéngxiàn
9. 衰草连天 shuāicǎo-liántiān
10. 风雪载途 fēngxuě-zàitú
11. 亚热带 yàrèdài
12. 周而复始 zhōu'érfùshǐ
13. 传语 chuányǔ
14. 草长莺飞 cǎozhǎng-yīngfēi
15. 物候 wùhòu
16. 农谚 nóngyàn

作品 7 号

当高速列车从眼前呼啸而过时，那种转瞬即逝[1]的感觉让人们不得不发问：高速列车跑得那么快，司机能看清路吗？

高速列车的速度非常快，最低时速标准是二百公里。且不说能见度低的雾霾[2]天，就是晴空万里的大白天，即使是视力好的司机，也不能保证正确识别地面的信号。当肉眼看到前面有障碍时，已经来不及反应。

专家告诉我，目前，我国时速三百公里以上的高铁线路∧不设置[3]信号机，高速列车∧不用看信号行车，而是通过∧列控系统∧自动识别前进方向。其工作流程为，由铁路专用的∧全球数字[4]移动通信系统∧来实现数据传输[5]，控制中心∧实时[6]接收∧无线电波信号，由计算机[7]∧自动排列出∧每趟列车的最佳运行速度∧和最小∧行车间隔[8]距离，实现∧实时追踪[9]控制，确保∧高速列车∧间隔合理地安全运行。当然，时速二百至二百五十公里的高铁线路，仍然[10]设置信号灯控制装置[11]，由传统的轨道电路进行信号传输。

中国自古就有“千里眼”的传说[12]，今日高铁让古人的传说成为现实。

所谓“千里眼”，即高铁沿线[13]的摄像头，几毫米见方的石子儿[14]也逃不过它的法眼。通过摄像头实时采集沿线高速列车运行的信息，一旦 // 出现故障或者异物侵限，高铁调度指挥中心监控终端的界面上就会出现一个红色的框将目标锁定，同时，监控系统马上报警显示。……

节选自王雄《当今“千里眼”》

读音提示

1. 转瞬即逝　zhuǎnshùn-jíshì
2. 雾霾　wùmái
3. 设置　shèzhì
4. 数字　shùzì
5. 传输　chuánshū
6. 实时　shíshí
7. 计算机　jìsuànjī
8. 间隔　jiàngé
9. 追踪　zhuīzōng
10. 仍然　réngrán
11. 装置　zhuāngzhì
12. 传说　chuánshuō
13. 沿线　yánxiàn
14. 石子儿　shízǐr

作品 8 号

从肇庆[1]市驱车半小时左右，便到了东郊风景名胜鼎湖山。下了几天的小雨∧刚停，满山笼罩着∧轻纱似的[2]薄雾[3]。

过了寒翠桥，就听到淙淙[4]的泉声。进山一看，草丛石缝，到处都涌流着清亮的泉水。草丰林茂，一路上泉水时隐时现，泉声不绝于耳。有时∧几股泉水交错流泻[5]，遮断路面，我们得寻找着∧垫脚的石块[6]∧跳跃着前进。愈往上走树愈密，绿阴愈浓。湿漉漉[7]的绿叶，犹如大海的波浪，一层一层涌向山顶。泉水隐到了浓阴的深处，而泉声却更加清纯悦耳。忽然，云中传来钟声，顿时山鸣谷应，悠悠扬扬。安详厚重的钟声和欢快活泼[8]的泉声，在雨后宁静的暮色中，汇成一片美妙的音响。

我们循着钟声，来到了半山腰的庆云寺[9]。这是一座建于明代、规模宏大的岭南[10]著名古刹[11]。庭院里繁花似锦，古树参天。有一株∧与古刹同龄的茶花，还有两株∧从斯里兰卡[12]引种[13]的、有二百多年树龄的∧菩提树[14]。我们决定就在这座寺院里借宿。

入夜，山中万籁俱寂，只有泉声一直传送到枕边。一路上听到的各种泉声，这时候躺在床上，可以用心细细地聆听[15]、辨识、品味。那像小提琴一样轻柔的，是草丛中流淌的小溪的声音；那像琵琶[16]一样清脆的，// 是在石缝间跌落的涧水的声音；那像大提琴一样厚重回响的，是无数道细流汇聚于空谷的声音；那像铜管齐鸣一样雄浑磅礴的，是飞瀑急流跌入深潭的声音。……

节选自谢大光《鼎湖山听泉》

读音提示

1. 肇庆 Zhàoqìng
2. 似的 shìde
3. 薄雾 bówù
4. 淙淙 cóngcóng
5. 交错流泻 jiāocuò liúxiè
6. 石块 shíkuàir
7. 湿漉漉 shīlùlù
8. 活泼 huópo
9. 庆云寺 Qìngyún Sì
10. 岭南 Lǐngnán
11. 古刹 gǔchà
12. 斯里兰卡 Sīlǐlánkǎ
13. 引种 yǐnzhòng
14. 菩提树 pútíshù
15. 聆听 língtīng
16. 琵琶 pí·pá

作品 9 号

我常想读书人是世间幸福人，因为[①]他除了拥有现实的世界之外，还拥有另一个更为浩瀚[②]也更为丰富的世界。现实的世界是人人都有的，而后一个世界却为读书人所独有。由此我想，那些失去或不能阅读的人是多么的不幸，他们的丧失[③]是不可补偿的。世间有诸多[④]的不平等，财富的不平等，权力的不平等，而阅读能力[⑤]的拥有或丧失却体现为精神[⑥]的不平等。

一个人的一生，只能经历自己拥有的那一份欣悦，那一份苦难[⑦]，也许再加上他亲自闻知的那一些关于自身以外的经历和经验。然而，人们通过阅读，却能进入不同时空的诸多他人的世界。这样，具有阅读能力的人，无形间获得了超越有限生命的无限可能性。阅读不仅使他多识了草木虫鱼之名，而且可以上溯[⑧]远古下及未来，饱览存在的与非存在的奇风异俗。

更为重要的是，读书加惠于人们的不仅是知识的增广[⑨]，而且还在于精神的感化与陶冶[⑩]。人们从读书学做人，从那些往哲先贤[⑪]以及当代才俊[⑫]的著述[⑬]中学得他们的人格。人们从《论语[⑭]》中∧学得智慧的思考，从《史记》中∧学得严肃的历史精神，从《正气歌》中∧学得人格的刚烈，从马克思∧学得人世 // 的激情，从鲁迅∧学得批判精神，从托尔斯泰∧学得道德的执着。……

节选自谢冕《读书人是幸福人》

读音提示

❶ 因为　yīn·wèi
❷ 浩瀚　hàohàn
❸ 丧失　sàngshī
❹ 诸多　zhūduō
❺ 能力　nénglì
❻ 精神　jīngshén
❼ 苦难　kǔnàn
❽ 上溯　shàngsù
❾ 增广　zēngguǎng
❿ 陶冶　táoyě
⓫ 先贤　xiānxián
⓬ 才俊　cáijùn
⓭ 著述　zhùshù
⓮ 论语　Lúnyǔ

作品 10 号

我爱月夜，但我也爱星天。从前∧在家乡七八月的夜晚∧在庭院里纳凉[①]的时候，我最爱看∧天上∧密密麻麻的繁星[②]。望着星天，我就会忘记一切，仿佛[③]回到了母亲的怀里似的[④]。

三年前在南京我住的地方[⑤]有一道后门，每晚我打开后门，便看见一个静寂[⑥]的夜。下面是一片菜园，上面是星群密布的蓝天。星光∧在我们的肉眼里虽然微小，然而∧它使我们觉得∧光明∧无处不在。那时候我正在读一些天文学的书，也认得一些星星，好像它们就是我的朋友，它们常常在和我谈话一样。

如今在海上，每晚和繁星相对，我把它们认得很熟了。我躺在舱面上，仰望[⑦]天空。深蓝色的天空里悬着无数半明半昧[⑧]的星。船在动，星也在动，它们是这样低，真是摇摇欲坠呢！渐渐地我的眼睛[⑨]模糊[⑩]了，我好像看见无数萤火虫[⑪]在我的周围飞舞。海上的夜是柔和的，是静寂的，是梦幻[⑫]的。我望着许多认识的星，我仿佛看见它们在对我眨眼，我仿佛听见它们在小声说话。这时我忘记了一切。在星的怀抱中我微笑着，我沉睡[⑬]着。我觉得自己是一个小孩子，现在睡在母亲的怀里了。

有一夜，那个在哥伦波[⑭]上船的英国人∧指给我看天上的巨人。他用手指着：// 那四颗明亮的星是头，下面的几颗是身子，这几颗是手，那几颗是腿和脚，还有三颗星算是腰带。……

节选自巴金《繁星》

读音提示

❶ 纳凉 nàliáng
❷ 繁星 fánxīng
❸ 仿佛 fǎngfú
❹ 似的 shìde
❺ 地方 dìfang
❻ 静寂 jìngjì
❼ 仰望 yǎngwàng
❽ 半明半昧 bànmíng-bànmèi
❾ 眼睛 yǎnjing
❿ 模糊 móhu
⓫ 萤火虫 yínghuǒchóng
⓬ 梦幻 mènghuàn
⓭ 沉睡 chénshuì
⓮ 哥伦波 Gēlúnbō

作品 11 号

钱塘江[1]大潮，自古以来被称为天下奇观。

农历[2]八月十八是一年一度的观潮日。这一天早上，我们来到了海宁市的盐官镇[3]，据说这里是观潮最好的地方[4]。我们随着观潮的人群，登上了海塘大堤[5]。宽阔的钱塘江横卧在眼前。江面很平静，越往东越宽，在雨后的阳光下，笼罩着一层蒙蒙的薄雾[6]。镇海古塔、中山亭和观潮台屹立[7]在江边。远处，几座小山在云雾中若隐若现。江潮还没有来，海塘大堤上早已人山人海。大家昂首东望，等着，盼着。

午后一点左右，从远处传来隆隆[8]的响声，好像闷雷滚动[9]。顿时人声鼎沸[10]，有人告诉我们，潮来了！我们踮[11]着脚往东望去，江面还是风平浪静，看不出有什么变化。过了一会儿[12]，响声越来越大，只见东边水天相接的地方出现了一条白线，人群又沸腾起来。

那条白线很快地向我们移来，逐渐拉长，变粗，横贯江面。再近些，只见白浪翻滚，形成一堵两丈多高的水墙。浪潮∧越来越近，犹如千万匹白色战马∧齐头并进，浩浩荡荡地飞奔而来；那声音∧如同山崩地裂[13]，好像大地∧都被震得颤动起来。

霎时[14]，潮头奔腾西去，可是余波还在漫天卷地[15]般涌来，江面上依旧风号浪吼[16]。过了好久，钱塘江才恢复了 // 平静。……

节选自赵宗成、朱明元《观潮》

读音提示

1. 钱塘江　Qiántáng Jiāng
2. 农历　nónglì
3. 盐官镇　Yánguān Zhèn
4. 地方　dìfang
5. 大堤　dàdī
6. 薄雾　bówù
7. 屹立　yìlì
8. 隆隆　lónglóng
9. 闷雷滚动　mènléi gǔndòng
10. 人声鼎沸　rénshēng-dǐngfèi
11. 踮　diǎn
12. 一会儿　yíhuìr
13. 山崩地裂　shānbēng-dìliè
14. 霎时　shàshí
15. 漫天卷地　màntiān-juǎndì
16. 风号浪吼　fēngháo-lànghǒu

作品 12 号

我和几个孩子站在一片园子里，感受秋天的风。园子里长着几棵高大的梧桐树[①]，我们的脚底下，铺了一层厚厚的梧桐叶。叶枯黄，脚踩在上面，嘎吱嘎吱[②]脆响[③]。风还在一个劲儿[④]地刮，吹打着树上可怜的几片叶子，那上面，就快成光秃秃的了。

我给孩子们上写作课，让孩子们描摹[⑤]这秋天的风。以为他们一定会说寒冷、残酷和荒凉之类的，结果却出乎我的意料。

一个孩子说，秋天的风，像把大剪刀，它剪呀剪的，就把树上的叶子全剪光了。

我赞许了这个比喻。有二月春风似剪刀之说，秋天的风，何尝不是一把剪刀呢？只不过，它剪出来的不是花红叶绿[⑥]，而是败柳残荷。

剪完了，它让阳光来住，这个孩子突然接着说一句。他仰向[⑦]我的小脸[⑧]，被风吹着，像只通红[⑨]的小苹果。我怔住[⑩]，抬头看树，那上面，果真的，爬满阳光啊，每根枝条上都是。失与得，从来都是如此均衡[⑪]，树在失去叶子的同时，却承接了满树的阳光。

一个孩子说，秋天的风，像个魔术师，它会变出好多好吃的，菱角[⑫]呀，花生呀，苹果呀，葡萄呀。还有桂花，可以做桂花糕。我昨天吃了桂花糕，妈妈说，是风变出来的。

我笑了。小可爱，经你这么一说，秋天的风，还真是香的。我和孩 // 子们一起嗅，似乎就闻见了风的味道，像块蒸得热气腾腾的桂花糕。

节选自丁立梅《孩子和秋风》

读音提示

❶ 梧桐树 wútóngshù
❷ 嘎吱嘎吱 gāzhī gāzhī
❸ 脆响 cuìxiǎng
❹ 一个劲儿 yígèjìnr
❺ 描摹 miáomó
❻ 花红叶绿 huāhóng-yèlǜ
❼ 仰向 yǎng xiàng
❽ 小脸 xiǎoliǎnr
❾ 通红 tōnghóng
❿ 怔住 zhèngzhù
⓫ 均衡 jūnhéng
⓬ 菱角 língjiao

作品 13 号

夕阳落山不久，西方的天空，还燃烧[1]着一片橘红色的晚霞。大海，也被这霞光染成了红色，而且[2]比天空的景色更要壮观[3]。因为[4]∧它是活动的，每当一排排波浪∧涌起的时候，那映照在浪峰上的霞光，又红又亮，简直∧就像一片片霍霍燃烧着的火焰，闪烁[5]着，消失了。而后面的一排，又闪烁着，滚动着，涌了过来。

天空的霞光渐渐地淡下去了，深红的颜色变成了绯红[6]，绯红又变为浅红。最后，当这一切红光都消失了的时候，那突然显得高而远了的天空，则呈现出一片肃穆[7]的神色[8]。最早出现的启明星，在这蓝色的天幕上闪烁起来了。它是那么大，那么亮，整个广漠[9]的天幕上只有它在那里放射着令人注目的光辉，活像一盏悬挂在高空的明灯。

夜色加浓，苍空中的“明灯”越来越多了。而城市各处的真的灯火∧也次第[10]∧亮了起来，尤其是∧围绕[11]在海港周围山坡上的∧那一片灯光，从半空∧倒映[12]在乌蓝的海面上，随着波浪，晃动[13]着，闪烁着，像一串流动着的珍珠，和那一片片∧密布在苍穹[14]里的星斗[15]∧互相辉映，煞是好看。

在这幽美的夜色中，我踏着软绵绵的沙滩，沿着海边，慢慢地向前走去。海水，轻轻地抚摸着细软[16]的沙滩，发出温柔的 // 唰唰声。……

节选自峻青《海滨仲夏夜》

读音提示

1. 燃烧　ránshāo
2. 而且　érqiě
3. 壮观　zhuàngguān
4. 因为　yīn·wèi
5. 闪烁　shǎnshuò
6. 绯红　fēihóng
7. 肃穆　sùmù
8. 神色　shénsè
9. 广漠　guǎngmò
10. 次第　cìdì
11. 围绕　wéirào
12. 倒映　dàoyìng
13. 晃动　huàngdòng
14. 苍穹　cāngqióng
15. 星斗　xīngdǒu
16. 细软　xìruǎn

作品 14 号

生命在海洋里诞生绝不是偶然的，海洋的物理和化学性质，使它成为孕育[①]原始生命的摇篮。

我们知道，水∧是生物的重要组成部分，许多动物组织的含水量∧在百分之八十以上，而一些海洋生物的含水量∧高达百分之九十五。水是新陈代谢的重要媒介，没有它，体内的一系列生理和生物化学反应就无法进行[②]，生命也就停止。因此，在短时期内动物缺水要比缺少食物更加危险。水对今天的生命是如此重要，它对脆弱的原始生命，更是举足轻重[③]了。生命在海洋里诞生，就不会有缺水之忧。

水是一种良好的溶剂。海洋中∧含有许多生命所必需的无机盐，如∧氯化钠[④]、氯化钾、碳酸盐[⑤]、磷酸盐[⑥]，还有溶解氧[⑦]，原始生命∧可以毫不费力地∧从中吸取∧它所需要的元素。

水具有很高的热容量[⑧]，加之海洋浩大，任凭夏季烈日曝晒[⑨]，冬季寒风扫荡，它的温度变化却比较[⑩]小。因此，巨大的海洋就像是天然的“温箱”，是孕育原始生命的温床[⑪]。

阳光虽然为生命所必需，但是阳光中的紫外线却有扼杀[⑫]原始生命的危险。水能有效地吸收紫外线，因而又为原始生命提供[⑬]了天然的“屏障[⑭]”。

这一切都是原始生命得以产生和发展的必要条件。//

节选自童裳亮《海洋与生命》

读音提示

❶ 孕育 yùnyù
❷ 进行 jìnxíng
❸ 举足轻重 jǔzú-qīngzhòng
❹ 氯化钠 lǜhuànà
❺ 碳酸盐 tànsuānyán
❻ 磷酸盐 línsuānyán
❼ 溶解氧 róngjiěyǎng
❽ 热容量 rè róngliàng
❾ 曝晒 pùshài
❿ 比较 bǐjiào
⓫ 温床 wēnchuáng
⓬ 扼杀 èshā
⓭ 提供 tígōng
⓮ 屏障 píngzhàng

作品 15 号

在我国历史地理中，有三大都城[①]密集区[②]，它们是：关中盆地、洛阳盆地、北京小平原。其中每一个地区都曾诞生过四个以上大型王朝的都城。而关中盆地、洛阳盆地∧是前朝历史的∧两个都城密集区，正是它们∧构成了早期文明核心地带中∧最重要的内容。

为什么这个地带会成为华夏文明最先进的地区？这主要是由两个方面的条件促成[③]的，一个是自然环境方面的，一个是人文环境方面的。

在自然环境方面，这里是我国∧温带季风气候带的南部，降雨、气温、土壤等条件∧都可以满足∧旱作农业的需求[④]。中国北方的古代农作物，主要是一年生的粟[⑤]和黍[⑥]。黄河中下游的自然环境为粟黍作物的种植[⑦]和高产提供[⑧]了得天独厚的条件。农业生产的发达，会促进整个社会经济的发展，从而推动社会的进步。

在人文环境方面，这里是南北方、东西方大交流的轴心[⑨]地区。在最早的∧六大新石器文化分布形势图中可以看到，中原∧处于[⑩]这些文化分布的中央地带。无论是考古发现还是历史传说[⑪]，都有南北文化长距离交流、东西文化相互碰撞的证据[⑫]。中原地区在空间上恰恰[⑬]位居中心，成为信息最发达、眼界最宽广[⑭]、活动最 // 繁忙、竞争最激烈的地方。……

节选自唐晓峰《华夏文明的发展与融合》

读音提示

1. 都城　dūchéng
2. 密集区　mìjíqū
3. 促成　cùchéng
4. 需求　xūqiú
5. 粟　sù
6. 黍　shǔ
7. 种植　zhòngzhí
8. 提供　tígōng
9. 轴心　zhóuxīn
10. 处于　chǔyú
11. 传说　chuánshuō
12. 证据　zhèngjù
13. 恰恰　qiàqià
14. 宽广　kuānguǎng

作品 16 号

于很多中国人而言，火车就是故乡。在中国人的心中，故乡的地位尤为重要，老家的意义非同寻常[①]，所以，即便[②]是坐过无数次火车，但印象最深刻的，或许还是返乡那一趟车。那一列列返乡的火车所停靠的站台边，熙攘[③]的人流中，匆忙的脚步里，张望[④]的目光下，涌动[⑤]着的都是思乡[⑥]的情绪[⑦]。每一次看见返乡那趟火车，总觉得是那样可爱与亲切，仿佛[⑧]看见了千里之外的故乡。上火车后，车启动的一刹那[⑨]，在车轮与铁轨碰撞[⑩]的“况且”声中，思乡的情绪便陡然[⑪]在车厢里弥漫[⑫]开来。你知道，它将驶向的，是你最熟悉[⑬]也最温暖的故乡。再过几个或者十几个小时，你就会回到故乡的怀抱。这般感受，相信在很多人的身上都曾发生过。尤其在春节、中秋等传统节日到来之际，亲人团聚的时刻，更为强烈。

火车是故乡，火车也是远方[⑭]。速度的提升，铁路的延伸，让人们通过火车实现了向远方自由流动的梦想。今天的中国老百姓，坐着火车，可以去往∧九百六十多万平方公里土地上的天南地北，来到∧祖国东部的平原，到达∧祖国南方[⑮]的海边，走进∧祖国西部的沙漠，踏上∧祖国北方的草原，去观∧三山五岳[⑯]，去看∧大江大河……

火车与空 // 间有着密切的联系，与时间的关系也让人觉得颇有意思。……

节选自舒翼《记忆像铁轨一样长》

读音提示

1. 非同寻常 fēitóng-xúncháng
2. 即便 jíbiàn
3. 熙攘 xīrǎng
4. 张望 zhāngwàng
5. 涌动 yǒngdòng
6. 思乡 sīxiāng
7. 情绪 qíngxù
8. 仿佛 fǎngfú
9. 一刹那 yíchànà
10. 碰撞 pèngzhuàng
11. 陡然 dǒurán
12. 弥漫 mímàn
13. 熟悉 shú·xī
14. 远方 yuǎnfāng
15. 南方 nánfāng
16. 三山五岳 sānshān-wǔyuè

作品 17 号

奶奶给我讲过这样一件事：有一次她去商店，走在她前面的一位阿姨推开沉重[1]的大门，一直等到她跟上来才松开手。当奶奶向她道谢的时候，那位阿姨轻轻地说："我的妈妈和您的年龄[2]差不多，我希望她遇到这种时候，也有人为她开门。"听了这件事，我的心温暖[3]了许久[4]。

一天，我陪患病[5]的母亲∧去医院输液，年轻的护士[6]∧为母亲扎了两针∧也没有扎进血管[7]里，眼见针眼[8]处∧鼓起青包。我正要抱怨几句，一抬头∧看见了母亲平静的眼神——她∧正在[9]注视[10]着护士∧额头上密密的汗珠，我不禁[11]收住了∧涌到嘴边的话。只见母亲轻轻地对护士说："不要紧，再来一次！"第三针果然成功了。那位护士终于长出了一口气，她连声[12]说："阿姨，真对不起。我是来实习的，这是我第一次给病人扎针[13]，太紧张[14]了。要不是您的鼓励，我真不敢给您扎了。"母亲用另一只手拉着我，平静地对护士说："这是我的女儿，和你差不多大小，正在医科大学读书，她也将面对自己的第一个患者。我真希望她第一次扎针的时候，也能得到患者的宽容和鼓励。"听了母亲的话，我的心里充满了温暖与幸福。

是啊，如果我们在生活中能将心比心[15]，就会对老人生出[16]一份 // 尊重，对孩子增加一份关爱，就会使人与人之间多一些宽容和理解。

节选自姜桂华《将心比心》

读音提示

1. 沉重　chénzhòng
2. 年龄　niánlíng
3. 温暖　wēnnuǎn
4. 许久　xǔjiǔ
5. 患病　huànbìng
6. 护士　hùshi
7. 血管　xuèguǎn
8. 针眼　zhēnyǎnr
9. 正在　zhèngzài
10. 注视　zhùshì
11. 不禁　bùjīn
12. 连声　liánshēng
13. 扎针　zhā zhēn
14. 紧张　jǐnzhāng
15. 将心比心　jiāngxīn-bǐxīn
16. 生出　shēngchū

作品 18 号

晋祠[1]之美，在山，在树，在水。

这里的山，巍巍的，有如一道屏障；长长的，又如伸开的两臂，将晋祠拥在怀中。春日黄花满山，径幽香远[2]；秋来草木萧疏，天高水清。无论什么时候拾级[3]登山都会心旷神怡。

这里的树，以古老苍劲[4]见长。有两棵老树：一棵是周柏[5]，另一棵是唐槐。那周柏，树干劲直[6]，树皮皱裂[7]，顶上挑着几根青青的疏枝，偃卧[8]于石阶旁。那唐槐，老干粗大，虬枝盘屈[9]，一簇簇柔条，绿叶如盖。还有水边殿外的松柏槐柳[10]，无不显出苍劲的风骨。以造型奇特见长的，有的偃如[11]老妪负水[12]，有的挺如壮士托天，不一而足。圣母殿前的∧左扭柏，拔地而起，直冲云霄，它的树皮上的纹理∧一齐向左边拧去，一圈∧一圈，丝纹不乱，像地下∧旋起了一股烟，又似天上∧垂下了一根绳。晋祠在古木的荫护[13]下，显得分外幽静、典雅。

这里的水，多、清、静、柔。在园里信步，但见这里一泓深潭[14]，那里一条小渠。桥下有河，亭中有井，路边有溪。石间∧细流脉脉[15]，如线∧如缕[16]；林中∧碧波闪闪，如锦∧如缎。这些水都来自"难老泉[17]"。泉上有亭，亭上悬挂着清代著名学者傅山写的"难老泉"三个字。这么多的水长流不息，日日夜夜发出叮叮咚咚的响声。水的清澈[18]真令人叫绝，无论 // 多深的水，只要光线好，游鱼碎石，历历可见。……

节选自梁衡《晋祠》

读音提示

1. 晋祠 Jìncí
2. 径幽香远 jìngyōu-xiāngyuǎn
3. 拾级 shèjí
4. 苍劲 cāngjìng
5. 周柏 zhōubǎi
6. 劲直 jìngzhí
7. 皱裂 zhòuliè
8. 偃卧 yǎnwò
9. 虬枝盘屈 qiúzhī pánqū
10. 槐柳 huái liǔ
11. 偃如 yǎn rú
12. 老妪负水 lǎoyù fù shuǐ
13. 荫护 yìnhù
14. 一泓深潭 yì hóng shēntán
15. 细流脉脉 xìliú mòmò
16. 如线如缕 rú xiàn rú lǚ
17. 难老泉 Nánlǎoquán
18. 清澈 qīngchè

作品 19 号

人们常常把人与自然对立起来，宣称[①]要征服自然。殊不知[②]∧在大自然面前，人类永远只是一个天真幼稚的孩童，只是大自然机体上∧普通的一部分，正像一株小草∧只是她的普通一部分∧一样。如果说∧自然的智慧是大海，那么，人类的智慧∧就只是大海中的∧一个小水滴，虽然这个水滴∧也能映照大海，但毕竟∧不是大海，可是，人们∧竟然不自量力[③]地宣称∧要用这滴水∧来代替大海。

看着人类这种狂妄[④]的表现，大自然一定会窃笑[⑤]——就像母亲面对无知的孩子那样的笑。人类的作品飞上了太空，打开了一个个微观世界，于是人类沾沾自喜[⑥]，以为揭开了大自然的秘密。可是，在自然看来，人类上下翻飞[⑦]的这片巨大空间，不过是咫尺之间[⑧]而已，就如同鲲鹏[⑨]看待斥鷃[⑩]一般，只是蓬蒿[⑪]之间罢了。即使[⑫]从人类自身智慧发展史的角度看，人类∧也没有理由过分自傲：人类的知识∧与其祖先[⑬]相比诚然[⑭]有了极大的进步，似乎∧有嘲笑古人的资本；可是，殊不知∧对于后人而言∧我们也是古人，一万年以后的人们∧也同样∧会嘲笑今天的我们，也许∧在他们看来，我们的科学观念[⑮]∧还幼稚得很，我们的航天器[⑯]∧在他们眼中∧不过是个非常简单的 // 儿童玩具。

节选自严春友《敬畏自然》

读音提示

❶ 宣称　xuānchēng
❷ 殊不知　shūbùzhī
❸ 不自量力　búzìliànglì
❹ 狂妄　kuángwàng
❺ 窃笑　qièxiào
❻ 沾沾自喜　zhānzhān-zìxǐ
❼ 上下翻飞　shàngxià fānfēi
❽ 咫尺之间　zhǐchǐ zhījiān
❾ 鲲鹏　kūnpéng
❿ 斥鷃　chìyàn
⓫ 蓬蒿　pénghāo
⓬ 即使　jíshǐ
⓭ 祖先　zǔxiān
⓮ 诚然　chéngrán
⓯ 观念　guānniàn
⓰ 航天器　hángtiānqì

作品 20 号

舞台上的幕布拉开了，音乐奏起来了。演员们踩着音乐的拍子，以庄重[①]而有节奏的步法走到灯光前面来了。灯光射在他们五颜六色的服装和头饰上，一片金碧辉煌[②]的彩霞[③]。

当女主角[④]穆桂英∧以轻盈[⑤]而矫健的步子∧出场的时候，这个平静的海面∧陡然[⑥]动荡起来了，它上面∧卷起了一阵暴风雨：观众∧像触了电似的[⑦]∧迅即[⑧]对这位女英雄[⑨]∧报以雷鸣般的掌声。她开始唱了。她圆润[⑩]的歌喉∧在夜空中颤动，听起来∧辽远而又切近[⑪]，柔和∧而又铿锵[⑫]。戏词∧像珠子似的∧从她的一笑一颦[⑬]中，从她优雅的“水袖”中，从她婀娜[⑭]的身段中，一粒一粒地滚下来，滴在地上，溅到空中，落进∧每一个人的心里，引起一片∧深远的回音。这回音听不见，却淹没[⑮]了刚才涌起的那一阵热烈的掌声。

观众像着了魔一样，忽然变得鸦雀无声。他们看得入了神。他们的感情和舞台上女主角的感情融在了一起。女主角的歌舞渐渐进入高潮。观众的情感也渐渐进入高潮。潮在涨[⑯]。没有谁能控制住它。这个一度平静下来的人海忽然又动荡起来了。戏就在这时候要到达顶点。我们的女主角在这时候就像一朵盛开的鲜花，观众想把这朵鲜花捧在手里，不让 // 它消逝。……

节选自叶君健《看戏》

读音提示

❶ 庄重　zhuāngzhòng
❷ 金碧辉煌　jīnbì-huīhuáng
❸ 彩霞　cǎixiá
❹ 女主角　nǚzhǔjué
❺ 轻盈　qīngyíng
❻ 陡然　dǒurán
❼ 似的　shìde
❽ 迅即　xùnjí
❾ 女英雄　nǚyīngxióng
❿ 圆润　yuánrùn
⓫ 切近　qièjìn
⓬ 铿锵　kēngqiāng
⓭ 一笑一颦　yí xiào yì pín
⓮ 婀娜　ēnuó
⓯ 淹没　yānmò
⓰ 涨　zhǎng

作品 21 号

十年，在历史上不过是一瞬间[1]。只要稍加注意，人们就会发现：在这一瞬间里，各种事物都悄悄经历了自己的千变万化。

这次重新访日，我处处感到亲切和熟悉[2]，也在许多方面发觉了日本的变化。就拿奈良[3]的一个角落来说吧，我重游了∧为[4]之感受很深的∧唐∧招提寺[5]，在寺内各处∧匆匆走了一遍，庭院依旧，但意想不到∧还看到了一些新的东西[6]。其中之一，就是近几年从中国移植来的“友谊[7]之莲”。

在存放鉴真[8]遗像的那个院子里，几株中国莲昂然[9]挺立，翠绿的宽大荷叶正迎风而舞，显得十分愉快。开花的季节已过，荷花朵朵已变为莲蓬累累[10]。莲子[11]的颜色正在由青转紫，看来已经成熟[12]了。

我禁不住想：“因”已转化为“果”。

中国的莲花开在日本，日本的樱花开在中国，这不是偶然。我希望这样一种盛况延续不衰。

在这些日子里，我看到了不少多年不见的老朋友，又结识了一些新朋友。大家喜欢涉及的话题之一，就是古长安和古奈良。那还用得着问吗，朋友们缅怀[13]过去，正是瞩望[14]未来。瞩目于未来的人们必将获得未来。

我不例外，也希望一个美好的未来。

为了中日人民之间的友谊，我将不会浪费今后生命的每一瞬间。//

节选自严文井《莲花和樱花》

读音提示

1. 瞬间　shùnjiān
2. 熟悉　shú·xī
3. 奈良　Nàiliáng
4. 为　wèi
5. 唐招提寺　Táng Zhāotí Sì
6. 东西　dōngxi
7. 友谊　yǒuyì
8. 鉴真　Jiànzhēn
9. 昂然　ángrán
10. 莲蓬累累　liánpeng léiléi
11. 莲子　liánzǐ
12. 成熟　chéngshú
13. 缅怀　miǎnhuái
14. 瞩望　zhǔwàng

作品 22 号

我打猎归来，沿着花园的林阴路走着。狗跑在我前边。

突然，狗放慢脚步，蹑足潜行[①]，好像嗅到了前边有什么野物。

我顺着林阴路望去，看见了一只∧嘴边还带黄色、头上∧生着柔毛的小麻雀。风∧猛烈地吹打着林阴路上的白桦树[②]，麻雀∧从巢里跌落[③]下来，呆呆地伏在地上，孤立无援地∧张开两只∧羽毛还未丰满的小翅膀[④]。

我的狗慢慢向它靠近。忽然，从附近[⑤]一棵树上飞下一只黑胸脯[⑥]的老麻雀，像一颗石子似的[⑦]落到狗的跟前。老麻雀全身倒竖[⑧]着羽毛，惊恐万状，发出绝望、凄惨的叫声，接着向露出[⑨]牙齿、大张着的狗嘴扑去。

老麻雀是猛扑下来救护幼雀的。它用身体掩护着自己的幼儿……但它整个小小的身体因恐怖而战栗[⑩]着，它小小的声音也变得粗暴嘶哑[⑪]，它在牺牲[⑫]自己！

在它看来，狗该是多么庞大的怪物[⑬]啊！然而，它还是不能站在自己高高的、安全的树枝上……一种比它的理智更强烈的力量，使它从那儿扑下身来。

我的狗站住了，向后退了退……看来，它也感到了这种力量。

我赶紧唤住∧惊慌失措[⑭]的狗，然后∧我怀着崇敬的心情，走开了。

是啊，请不要见笑。我崇敬那只小小的、英勇的鸟儿[⑮]，我崇敬它那种爱的冲动[⑯]和力量。

爱，我 // 想，比死和死的恐惧更强大。……

节选自［俄］屠格涅夫《麻雀》，巴金译

读音提示

1. 蹑足潜行 nièzú-qiánxíng
2. 白桦树 báihuàshù
3. 跌落 diēluò
4. 翅膀 chìbǎng
5. 附近 fùjìn
6. 胸脯 xiōngpú
7. 似的 shìde
8. 倒竖 dàoshù
9. 露出 lòuchū
10. 战栗 zhànlì
11. 嘶哑 sīyǎ
12. 牺牲 xīshēng
13. 怪物 guàiwu
14. 惊慌失措 jīnghuāng-shīcuò
15. 鸟儿 niǎo'ér
16. 冲动 chōngdòng

作品 23 号

在浩瀚无垠[①]的沙漠里，有一片美丽的绿洲，绿洲里藏着一颗闪光的珍珠。这颗珍珠就是敦煌莫高窟[②]。它坐落在我国甘肃省敦煌市三危山和鸣沙山[③]的怀抱中。

鸣沙山东麓[④]是平均高度为十七米的崖壁。在一千六百多米长的崖壁上，凿有大小洞窟七百余个，形成了规模宏伟的石窟群。其中四百九十二个洞窟中，共有彩色塑像[⑤]两千一百余尊，各种壁画共四万五千多平方米。莫高窟是我国古代无数艺术匠师留给人类的珍贵文化遗产。

莫高窟的彩塑，每一尊都是一件精美的艺术品。最大的有九层楼那么高，最小的还不如一个手掌大。这些彩塑个性鲜明，神态各异。有慈眉善目的菩萨[⑥]，有威风凛凛[⑦]的天王，还有强壮勇猛的力士……

莫高窟壁画的内容丰富多彩，有的是描绘古代劳动人民打猎、捕鱼、耕田、收割的情景，有的是描绘人们∧奏乐、舞蹈、演杂技的场面，还有的∧是描绘大自然的美丽风光。其中最引人注目的是飞天。壁画上的飞天，有的臂挎[⑧]花篮，采摘鲜花；有的反弹琵琶[⑨]，轻拨银弦[⑩]；有的倒悬身子[⑪]，自天而降；有的彩带飘拂[⑫]，漫天遨游[⑬]；有的舒展着双臂，翩翩起舞[⑭]。看着这些精美动人的壁画，就像走进了 // 灿烂辉煌的艺术殿堂。

……

节选自《莫高窟》

读音提示

1. 浩瀚无垠　hàohàn wúyín
2. 敦煌莫高窟　Dūnhuáng Mògāokū
3. 鸣沙山　Míngshā Shān
4. 东麓　dōnglù
5. 彩色塑像　cǎisè sùxiàng
6. 菩萨　pú·sà
7. 威风凛凛　wēifēng-lǐnlǐn
8. 挎　kuà
9. 琵琶　pí·pá
10. 轻拨银弦　qīng bō yínxián
11. 倒悬身子　dào xuán shēnzi
12. 飘拂　piāofú
13. 漫天遨游　màntiān áoyóu
14. 翩翩起舞　piānpiān-qǐwǔ

作品 24 号

森林涵养[①]水源，保持水土，防止水旱灾害的作用非常大。据专家测算，一片十万亩面积的森林，相当于一个两百万立方米的水库，这正如农谚[②]所说的："山上多栽树，等于修水库。雨多它能吞，雨少它能吐。"

说起森林的功劳，那还多得很。它除了为人类∧提供[③]木材及许多种∧生产、生活的原料之外，在维护生态环境方面∧也是功劳卓著，它用另一种∧"能吞能吐[④]"的特殊功能∧孕育[⑤]了人类。因为[⑥]地球在形成之初，大气中的二氧化碳∧含量很高，氧气很少，气温也高，生物∧是难以生存的。大约在四亿年之前，陆地才产生了森林。森林慢慢将大气中的二氧化碳吸收，同时吐出新鲜氧气，调节气温：这才具备了人类生存的条件，地球上才最终有了人类。

森林，是地球生态系统的主体，是大自然的总调度室[⑦]，是地球的绿色之肺。森林维护地球生态环境的这种"能吞能吐"的特殊功能是其他任何物体都不能取代的。然而，由于地球上的燃烧物增多，二氧化碳的排放量[⑧]急剧增加[⑨]，使得地球生态环境急剧恶化，主要表现为∧全球气候变暖，水分蒸发加快，改变了气流的循环[⑩]，使气候变化加剧[⑪]，从而引发∧热浪、飓风[⑫]、暴雨、洪涝[⑬]∧及干旱[⑭]。

为了 // 使地球的这个"能吞能吐"的绿色之肺恢复健壮，以改善生态环境，抑制全球变暖，减少水旱等自然灾害，我们应该大力造林、护林，使每一座荒山都绿起来。

节选自《"能吞能吐"的森林》

读音提示

1. 涵养 hányǎng
2. 农谚 nóngyàn
3. 提供 tígōng
4. 能吞能吐 néngtūn-néngtǔ
5. 孕育 yùnyù
6. 因为 yīn·wèi
7. 调度室 diàodùshì
8. 排放量 páifàngliàng
9. 增加 zēngjiā
10. 循环 xúnhuán
11. 加剧 jiājù
12. 飓风 jùfēng
13. 洪涝 hónglào
14. 干旱 gānhàn

作品 25 号

中国没有人不爱荷花的。可我们楼前池塘中独独缺少荷花。每次看到或想到，总觉得是一块心病。有人从湖北来，带来了洪湖[1]的几颗莲子[2]，外壳呈黑色，极硬。据说，如果埋在淤泥[3]中，能够千年不烂。我用铁锤在莲子上砸开了一条缝[4]，让莲芽[5]能够破壳而出，不至永远埋在泥中。把五六颗敲破的莲子投入池塘中，下面就是听天由命了。

这样一来，我每天就多了一件工作：到池塘边上去看上几次。心里总是希望，忽然有一天，“小荷才露尖尖角”，有翠绿[6]的莲叶长出水面。可是，事与愿违[7]，投下去的第一年，一直到秋凉落叶，水面上也没有出现什么东西[8]。但是到了第三年，却忽然出了奇迹。有一天，我忽然发现，在我投莲子的地方[9]∧长出了几个圆圆的绿叶，虽然颜色极惹人喜爱，但是∧却细弱单薄[10]，可怜兮兮[11]地∧平卧在水面上，像∧水浮莲[12]的叶子一样。

真正的奇迹出现在第四年上。到了一般荷花长叶的时候，在去年飘浮[13]着五六个叶片的地方，一夜之间，突然长出了一大片绿叶，叶片扩张的速度，范围的扩大，都是惊人地快。几天之内，池塘内不小一部分[14]，已经全为绿叶所覆盖。而且原来平卧在水面上的像是水浮莲一样的 // 叶片，不知道是从哪里聚集来了力量，有一些竟然跃出了水面，长成了亭亭的荷叶。……

节选自季羡林《清塘荷韵》

读音提示

1. 洪湖　Hóng Hú
2. 莲子　liánzǐ
3. 淤泥　yūní
4. 一条缝　yì tiáo fèngr
5. 莲芽　liányár
6. 翠绿　cuìlǜ
7. 事与愿违　shìyǔyuànwéi
8. 东西　dōngxi
9. 地方　dìfang
10. 单薄　dānbó
11. 可怜兮兮　kěliánxīxī
12. 水浮莲　shuǐfúlián
13. 飘浮　piāofú
14. 部分　bùfen

作品 26 号

在原始社会里，文字还没有创造出来，却先有了歌谣[1]一类的东西。这也就是文艺。

文字创造出来以后，人就用它把所见所闻所想所感的一切记录下来。一首歌谣，不但口头唱，还要刻呀，漆呀，把它保留在什么东西上。这样，文艺和文字就并了家。

后来纸和笔普遍地使用了，而且发明了印刷术[2]。凡是需要记录下来的东西，要多少份就可以有多少份。于是所谓文艺，从外表说，就是一篇稿子，一部书，就是许多文字的集合体[3]。

文字是一道桥梁[4]，通过了这一道桥梁，读者才和作者会面。不但会面，并且了解作者的心情，和作者的心情相契合[5]。

就作者的方面说，文艺的创作决不是随便取许多文字来集合在一起。作者着手[6]创作，必然对于人生先有所见，先有所感。他把这些∧所见所感∧写出来，不作∧抽象的分析，而作∧具体的描写，不作∧刻板的记载[7]，而作∧想象的安排。他准备写的不是普通的论说文、记叙文；他准备写的是文艺。他∧动手写，不但选择那些∧最适当[8]的文字，让它们∧集合起来，还要审查∧那些写下来的文字，看∧有没有应当修改∧或是增减[9]的。总之，作者想做到的是：写下来的文字正好传达出他的所见所感。

就读者的 // 方面说，读者看到的是写在纸面或者印在纸面的文字，但是看到文字并不是他们的目的。……

节选自叶圣陶《驱遣我们的想象》

读音提示

1. 歌谣 gēyáo
2. 印刷术 yìnshuāshù
3. 集合体 jíhétǐ
4. 桥梁 qiáoliáng
5. 契合 qìhé
6. 着手 zhuóshǒu
7. 记载 jìzǎi
8. 适当 shìdàng
9. 增减 zēngjiǎn

作品 27 号

语言，也就是说话，好像是极其稀松平常[1]的事儿。可是仔细想想，实在是一件了不起的大事。正是因为[2]说话跟吃饭、走路一样的平常，人们才不去想它究竟是怎么回事儿。其实这三件事儿都是极不平常的，都是使人类不同于别的动物的特征[3]。

记得在小学里读书的时候，班上有一位“能文”的大师兄，在一篇作文的开头写下这么两句：“鹦鹉[4]能言，不离于禽[5]；猩猩[6]能言，不离于兽[7]。”我们看了都非常佩服[8]。后来知道这两句是有来历的，只是字句有些出入。又过了若干年，才知道这两句话都有问题。鹦鹉能学人说话，可只是作为现成的公式来说，不会加以变化。只有人们说话是从具体情况出发，情况一变，话也跟着变。

西方学者拿黑猩猩做实验，它们能学会极其有限的一点儿符号[9]语言，可是学不会把它变成有声语言。人类语言∧之所以能够“随机应变[10]”，在于∧一方面∧能把语音∧分析成若干音素[11]，又把这些音素∧组合成音节，再把音节∧连缀[12]起来。另一方面，又能分析∧外界事物∧及其变化，形成∧无数的“意念[13]”，一一配以语音，然后∧综合运用，表达各种复杂的意思[14]。一句话，人类语言的特点就在于能用变化无穷的语音，表达变化无穷的 // 意义。……

节选自吕叔湘《人类的语言》

读音提示

1. 稀松平常　xīsōng píngcháng
2. 因为　yīn·wèi
3. 特征　tèzhēng
4. 鹦鹉　yīngwǔ
5. 不离于禽　bù lí yú qín
6. 猩猩　xīngxing
7. 不离于兽　bù lí yú shòu
8. 佩服　pèi·fú
9. 符号　fúhào
10. 随机应变　suíjī-yìngbiàn
11. 音素　yīnsù
12. 连缀　liánzhuì
13. 意念　yìniàn
14. 意思　yìsi

作品 28 号

父亲喜欢下象棋。那一年，我大学回家度假，父亲教我下棋。

我们俩摆好棋，父亲让我先走三步，可不到三分钟，三下五除二，我的兵将损失大半，棋盘上空荡荡的，只剩下老帅、士和一车两卒[①]在孤军奋战。我还不肯罢休，可是已无力回天，眼睁睁[②]看着父亲“将军[③]”，我输了。

我不服气，摆棋再下。几次交锋，基本上都是不到十分钟我就败下阵来。我不禁[④]有些泄气。父亲对我说：“你初学下棋，输是正常[⑤]的。但是你要知道输在什么地方[⑥]；否则，你就是再下上十年，也还是输。”

“我知道，输在棋艺上。我技术上不如你，没经验。”

“这只是次要因素，不是最重要的。”

“那最重要的是什么？”我奇怪地问。

“最重要的是你的心态不对。你不珍惜你的棋子[⑦]。”

“怎么不珍惜呀？我每走一步，都想半天。”我不服气地说。

“那是后来，开始你是这样吗？我给你计算过，你三分之二的棋子是在前三分之一的时间内丢失的。这期间你走棋不假思索[⑧]，拿起来就走，失了也不觉得可惜。因为[⑨]你觉得棋子很多，失一两个不算什么。”

我看看父亲，不好意思[⑩]地低下头。“后三分之二的时间，你又犯了相反的错误：对棋子过于珍惜，每走一步，都思前想后，患得患失，一个棋也不想失，// 结果一个一个都失去了。”

节选自林夕《人生如下棋》

读音提示

❶ 一车两卒　yì jū liǎng zú
❷ 眼睁睁　yǎnzhēngzhēng
❸ 将军　jiāng jūn
❹ 不禁　bùjīn
❺ 正常　zhèngcháng
❻ 地方　dìfang
❼ 棋子　qízǐ
❽ 不假思索　bùjiǎ-sīsuǒ
❾ 因为　yīn·wèi
❿ 不好意思　bù hǎoyìsi

作品 29 号

仲夏，朋友相邀游十渡。在城里住久了，一旦进入山水之间，竟有一种生命复苏的快感。

下车后，我们舍弃了大路，挑选了一条半隐半现在庄稼地[1]里的小径，弯弯绕绕地来到了十渡渡口。夕阳下的拒马河慷慨地撒出一片散金碎玉[2]，对我们表示欢迎。

岸边山崖上∧刀斧痕[3]犹存的崎岖[4]小道，高低凸凹[5]，虽没有∧“难于上青天”的险恶，却也有∧踏空了∧滚到拒马河洗澡的风险。狭窄处[6]只能手扶岩石贴壁而行。当“东坡草堂”几个红漆大字赫然[7]出现在前方岩壁时，一座镶嵌[8]在岩崖间[9]的石砌茅草屋同时跃进眼底。草屋被几级石梯托得高高的，屋下俯瞰[10]着一湾河水，屋前顺山势辟出[11]了一片空地，算是院落吧！右侧有一小小的蘑菇形[12]的凉亭，内设石桌石凳，亭顶褐黄色[13]的茅草像流苏般向下垂泻，把现实和童话串成[14]了一体。草屋的构思者最精彩的一笔，是设在院落边沿的柴门和篱笆[15]，走近这儿，便有了“花径不曾缘客扫，蓬门今始为君开”的意思。

当我们重登凉亭时，远处的蝙蝠山[16]已在夜色下化为剪影，好像就要展翅扑来。拒马河趁人们看不清它的容貌时豁开[17]了嗓门儿[18]韵味十足地唱呢！偶有不安分的小鱼儿和青蛙蹦跳 // 成声，像是为了强化这夜曲的节奏。……

节选自刘延《十渡游趣》

读音提示

1. 庄稼地　zhuāngjiadì
2. 散金碎玉　sǎnjīn-suìyù
3. 刀斧痕　dāofǔhén
4. 崎岖　qíqū
5. 凸凹　tū'āo
6. 狭窄处　xiázhǎichù
7. 赫然　hèrán
8. 镶嵌　xiāngqiàn
9. 岩崖间　yányá jiān
10. 俯瞰　fǔkàn
11. 辟出　pìchū
12. 蘑菇形　móguxíng
13. 褐黄色　hèhuángsè
14. 串成　chuànchéng
15. 篱笆　líba
16. 蝙蝠山　Biānfú Shān
17. 豁开　huōkāi
18. 嗓门儿　sǎngménr

作品 30 号

在∧闽西南[1]和粤东北的∧崇山峻岭[2]中，点缀[3]着∧数以千计的圆形围屋∧或土楼，这就是∧被誉为“世界民居奇葩[4]”的∧客家民居。

客家人是古代从中原繁盛的地区迁到南方的。他们的居住地∧大多在偏僻[5]、边远的山区，为了防备盗匪的骚扰[6]∧和当地人的排挤，便建造了∧营垒式住宅，在土中∧掺[7]石灰，用糯米饭、鸡蛋清作黏合剂[8]，以竹片、木条作筋骨，夯筑[9]起∧墙厚一米，高十五米以上的土楼。它们大多为三至六层楼，一百至二百多间房屋如橘瓣状[10]排列，布局均匀，宏伟壮观。大部分土楼有两三百年甚至五六百年的历史，经受无数次地震撼动、风雨侵蚀[11]以及炮火攻击而安然无恙[12]，显示了传统建筑文化的魅力。

客家先民崇尚圆形，认为圆是吉祥、幸福和安宁的象征。土楼围成圆形的房屋均按八卦布局排列，卦与卦之间设有防火墙[13]，整齐划一。

客家人在治家、处事[14]、待人、立身等方面，无不体现出明显的文化特征。比如，许多房屋大门上刻着这样的正楷对联：“承前祖德勤和俭，启后子孙读与耕”，表现了先辈希望子孙和睦相处[15]、勤俭持家的愿望。楼内房间大小一模一样[16]，他们不分贫富、贵贱，每户人家平等地分到底层至高层各 // 一间房。……

节选自张宇生《世界民居奇葩》

读音提示

1. 闽西南　Mǐnxīnán
2. 崇山峻岭　chóngshān-jùnlǐng
3. 点缀　diǎnzhuì
4. 奇葩　qípā
5. 偏僻　piānpì
6. 骚扰　sāorǎo
7. 掺　chān
8. 黏合剂　niánhéjì
9. 夯筑　hāngzhù
10. 橘瓣状　júbànzhuàng
11. 侵蚀　qīnshí
12. 安然无恙　ānrán-wúyàng
13. 防火墙　fánghuǒqiáng
14. 处事　chǔshì
15. 和睦相处　hémù xiāngchǔ
16. 一模一样　yìmú-yíyàng

作品 31 号

我国的建筑，从古代的宫殿到近代的一般住房，绝大部分是对称①的，左边怎么样，右边也怎么样。苏州园林可绝不讲究对称，好像故意避免似的。东边有了一个亭子或者一道回廊，西边决不会来一个同样的亭子或者一道同样的回廊。这是为什么？我想，用图画来比方②，对称的建筑是图案画，不是美术画，而园林是美术画，美术画要求自然之趣，是不讲究对称的。

苏州园林里都有假山和池沼③。

假山的堆叠，可以说是一项艺术而不仅是技术。或者是∧重峦叠嶂④，或者是∧几座小山∧配合着竹子∧花木，全在乎∧设计者和匠师们∧生平多阅历，胸中有丘壑⑤，才能使∧游览者攀登的时候∧忘却苏州城市，只觉得∧身在山间。

至于池沼，大多引用活水。有些园林池沼宽敞，就把池沼作为全园的中心，其他景物配合着布置。水面假如成河道模样⑥，往往安排桥梁。假如安排两座以上的桥梁，那就一座一个样，决不雷同。

池沼∧或河道的边沿⑦∧很少砌∧齐整的石岸，总是∧高低屈曲⑧任其自然。还在那儿布置几块玲珑⑨的石头⑩，或者种些花草。这也是为了取得从各个角度看都成一幅画⑪的效果。池沼里养着金鱼或各色鲤鱼，夏秋季节荷花或睡莲 // 开放，游览者看“鱼戏莲叶间”，又是入画的一景。

节选自叶圣陶《苏州园林》

读音提示

1. 对称　duìchèn
2. 比方　bǐfang
3. 池沼　chízhǎo
4. 重峦叠嶂　chóngluán-diézhàng
5. 丘壑　qiūhè
6. 模样　múyàng
7. 边沿　biānyán
8. 屈曲　qūqū
9. 玲珑　línglóng
10. 石头　shítou
11. 一幅画　yì fú huà

作品 32 号

泰山极顶看日出，历来被描绘成十分壮观的奇景。有人说：登泰山而看不到日出，就像一出大戏没有戏眼，味儿[①]终究有点[②]寡淡。

我去爬山那天，正赶上个难得的好天，万里长空，云彩丝儿[③]都不见。素常烟雾腾腾的山头，显得眉目分明。同伴们都欣喜地说："明天早晨准可以看见日出了。"我也是抱着这种想头[④]，爬上山去。

一路从山脚往上爬，细看山景，我觉得挂在眼前的不是五岳独尊的泰山，却像一幅[⑤]规模惊人的青绿山水画，从下面倒展开来。在画卷中∧最先露出[⑥]的∧是山根[⑦]底那座明朝建筑∧岱宗坊[⑧]，慢慢地便现出∧王母池、斗母宫[⑨]、经石峪[⑩]。山∧是一层比一层深，一叠∧比一叠奇，层层叠叠，不知∧还会有多深多奇。万山丛中，时而点染着∧极其工细的人物。王母池旁的吕祖殿[⑪]里∧有不少尊明塑，塑着∧吕洞宾等一些人，姿态神情∧是那样有生气，你看了，不禁[⑫]会脱口赞叹说："活啦。"

画卷继续展开，绿阴森森[⑬]的柏洞[⑭]露面[⑮]不太久，便来到对松山。两面奇峰对峙[⑯]着，满山峰都是奇形怪状的老松，年纪怕都有上千岁了，颜色竟那么浓，浓得好像要流下来似的。来到这儿，你不妨权当[⑰]一次画里的写意人物，坐在路旁的对松亭里，看看山色，听听流 // 水和松涛。

……

节选自杨朔《泰山极顶》

读音提示

❶ 味儿 wèir
❷ 有点 yǒudiǎnr
❸ 云彩丝儿 yúncaisīr
❹ 想头 xiǎngtou
❺ 一幅 yì fú
❻ 露出 lòuchū
❼ 山根 shāngēnr
❽ 岱宗坊 Dàizōngfāng
❾ 斗母宫 Dǒumǔgōng
❿ 经石峪 Jīngshíyù
⓫ 吕祖殿 Lǚzǔdiàn
⓬ 不禁 bùjīn
⓭ 绿阴森森 lǜyīn sēnsēn
⓮ 柏洞 Bǎidòng
⓯ 露面 lòumiàn
⓰ 对峙 duìzhì
⓱ 权当 quán dàng

作品 33 号

在太空的黑幕上，地球∧就像∧站在宇宙舞台中央∧那位∧最美的大明星，浑身散发出∧夺人心魄的、彩色的、明亮的光芒，她披着浅蓝色的纱裙∧和白色的飘带，如同∧天上的仙女∧缓缓飞行。

地理知识告诉我，地球上大部分地区覆盖着海洋，我果然看到了大片蔚蓝色的海水，浩瀚[1]的海洋骄傲地披露[2]着广阔壮观的全貌，我还看到了黄绿相间[3]的陆地，连绵[4]的山脉纵横其间[5]；我看到我们平时所说的天空，大气层中飘浮[6]着片片雪白的云彩[7]，那么轻柔，那么曼妙，在阳光普照下，仿佛[8]贴在地面上一样。海洋、陆地、白云，它们呈现在飞船下面，缓缓驶来，又缓缓离去。

我知道自己还是在轨道上飞行，并没有完全脱离地球的怀抱，冲向宇宙的深处[9]，然而这也足以让我震撼了，我并不能看清宇宙中众多的星球[10]，因为[11]实际上它们离我们的距离非常遥远，很多都是以光年[12]计算。正因为如此，我觉得∧宇宙的广袤[13]∧真实地摆在我的眼前，即便[14]∧作为中华民族第一个飞天的人∧我已经跑到∧离地球表面四百公里的空间，可以称为太空人了，但是实际上∧在浩瀚的宇宙面前，我∧仅像∧一粒尘埃。

虽然独自在太空飞行，但我想到了此刻千万 // 中国人翘首以待，我不是一个人在飞，我是代表所有中国人，甚至人类来到了太空。……

节选自杨利伟《天地九重》

读音提示

1. 浩瀚　hàohàn
2. 披露　pīlù
3. 黄绿相间　huáng-lǜ xiāngjiàn
4. 连绵　liánmián
5. 纵横其间　zònghéng qíjiān
6. 飘浮　piāofú
7. 云彩　yúncai
8. 仿佛　fǎngfú
9. 深处　shēnchù
10. 星球　xīngqiú
11. 因为　yīn·wèi
12. 光年　guāngnián
13. 广袤　guǎngmào
14. 即便　jíbiàn

作品 34 号

最使我难忘的，是我小学时候的女教师蔡芸芝[①]先生[②]。

现在回想起来，她那时有十八九岁。右嘴角边有榆钱大小一块[③]黑痣[④]。在我的记忆里，她是一个温柔和美丽的人。

她从来不打骂我们。仅仅有一次，她的教鞭好像要落下来，我用石板一迎，教鞭轻轻地敲在石板边上，大伙[⑤]笑了，她也笑了。我用儿童的狡猾的眼光察觉，她爱我们，并没有存心要打的意思。孩子们是多么善于观察这一点啊。

在课外的时候，她教我们跳舞，我现在还记得她把我扮成女孩子表演跳舞的情景。

在假日里，她把我们带到她的家里和女朋友的家里。在她的女朋友的园子里，她还让我们观察蜜蜂；也是在那时候，我认识了蜂王，并且平生第一次吃了蜂蜜。

她爱诗，并且爱用歌唱的音调教我们读诗。直到现在我还记得她读诗的音调，还能背诵她教我们的诗：

圆天盖着大海，
黑水托着孤舟，
远看不见山，
那天边只有云头，
也看不见树，
那水上只有海鸥……

今天想来，她对我的接近文学和爱好文学，是有着多么有益的影响！

像这样的教师，我们怎么会不喜欢她，怎么会不愿意和她亲近呢？我们见了她不由得就围上去。即使[⑥]她写字的时候，我//们也默默地看着她，连她握铅笔的姿势都急于模仿。

节选自魏巍《我的老师》

读音提示

❶ 蔡芸芝　Cài Yúnzhī
❷ 先生　xiānsheng
❸ 一块　yí kuàir
❹ 黑痣　hēizhì
❺ 大伙　dàhuǒr
❻ 即使　jíshǐ

作品 35 号

我喜欢出发。

凡是到达了的地方，都属于昨天。哪怕那山再青，那水再秀，那风再温柔。太深的流连[1]便成了一种羁绊[2]，绊住的不仅有双脚，还有未来。

怎么能不喜欢出发呢？没见过大山的巍峨[3]，真是遗憾；见了大山的巍峨∧没见过大海的浩瀚[4]，仍然[5]遗憾；见了大海的浩瀚∧没见过大漠的广袤[6]，依旧遗憾；见了大漠的广袤∧没见过森林的神秘，还是遗憾。世界上有不绝的风景，我有不老的心情。

我自然知道，大山有坎坷[7]，大海有浪涛，大漠有风沙，森林有猛兽。即便[8]这样，我依然喜欢。

打破生活的平静便是另一番景致，一种属于年轻的景致。真庆幸[9]，我还没有老。即便真老了又怎么样，不是有句话叫老当益壮吗？

于是，我还想从大山那里学习深刻，我还想从大海那里学习勇敢，我还想从大漠那里学习沉着[10]，我还想从森林那里学习机敏。我想学着品味一种缤纷[11]的人生。

人能走多远？这话不是要问两脚而是要问志向。人能攀多高？这事不是要问双手而是要问意志。于是，我想用青春的热血[12]给自己树起一个高远的目标。不仅是为了争取一种光荣，更是为了追求一种境界。目标实现了，便是光荣；目标实现不了，人生也会因 // 这一路风雨跋涉变得丰富而充实；在我看来，这就是不虚此生。

……

节选自汪国真《我喜欢出发》

读音提示

❶ 流连　liúlián
❷ 羁绊　jībàn
❸ 巍峨　wēi'é
❹ 浩瀚　hàohàn
❺ 仍然　réngrán
❻ 广袤　guǎngmào
❼ 坎坷　kǎnkě
❽ 即便　jíbiàn
❾ 庆幸　qìngxìng
❿ 沉着　chénzhuó
⓫ 缤纷　bīnfēn
⓬ 热血　rèxuè

作品 36 号

乡下人家[1]总爱在屋前搭一瓜架，或种南瓜，或种丝瓜，让那些瓜藤[2]攀上棚架[3]，爬上屋檐[4]。当花儿落了的时候，藤上便结出了青的、红的瓜，它们一个个挂在房前，衬着那长长的藤，绿绿的叶。青、红的瓜，碧绿的藤∧和叶，构成了一道∧别有风趣的装饰[5]，比那∧高楼门前∧蹲着一对石狮子∧或是∧竖着两根大旗杆，可爱多了。

有些人家，还在门前的场地上种几株花，芍药[6]，凤仙，鸡冠花，大丽菊，它们依着时令，顺序开放，朴素中带着几分华丽，显出一派独特的农家风光。还有些人家，在屋后种几十枝竹，绿的叶，青的竿，投下一片浓浓的绿荫[7]。几场春雨过后，到那里走走，你常常会看见许多鲜嫩[8]的笋，成群地从土里探出头来。

鸡，乡下人家照例总要养几只的。从他们的房前屋后走过，你肯定会瞧见一只母鸡，率领一群小鸡，在竹林中觅食[9]；或是瞧见耸着尾巴[10]的雄鸡[11]，在场地上大踏步地走来走去。

他们的屋后∧倘若[12]有一条小河，那么∧在石桥旁边，在∧绿树荫下，你会见到∧一群鸭子∧游戏水中，不时地∧把头∧扎到水下去∧觅食。即使附近的石头上有妇女在捣衣[13]，它们也从不吃惊。

若是在夏天的傍晚出去散步，你常常会瞧见乡下人家吃晚饭 // 的情景。……

节选自陈醉云《乡下人家》

读音提示

❶ 人家 rénjiā
❷ 瓜藤 guāténg
❸ 棚架 péngjià
❹ 屋檐 wūyán
❺ 装饰 zhuāngshì
❻ 芍药 sháoyao
❼ 绿荫 lǜyīn
❽ 鲜嫩 xiānnèn
❾ 觅食 mìshí
❿ 尾巴 wěiba
⓫ 雄鸡 xióngjī
⓬ 倘若 tǎngruò
⓭ 捣衣 dǎoyī

作品 37 号

我们的船渐渐地逼近[1]榕树了。我有机会看清它的真面目：是一棵大树，有数不清的丫枝[2]，枝上又生根，有许多根一直垂到地上，伸进泥土里。一部分树枝垂到水面，从远处看，就像一棵大树斜躺在水面上一样。

现在正是枝繁叶茂的时节。这棵榕树好像在把它的全部生命力展示给我们看。那么多的绿叶，一簇堆在另一簇的上面，不留一点儿缝隙[3]。翠绿[4]的颜色∧明亮地∧在我们的眼前闪耀[5]，似乎每一片树叶上∧都有一个新的生命∧在颤动[6]，这美丽的∧南国的树！

船在树下泊[7]了片刻，岸上很湿，我们没有上去。朋友说这里是“鸟的天堂”，有许多鸟在这棵树上做窝，农民不许人去捉它们。我仿佛听见∧几只鸟∧扑翅[8]的声音，但是∧等到我的眼睛[9]注意地∧看那里时，我却看不见∧一只鸟的影子。只有无数的树根立在地上，像许多根木桩。地是湿的，大概涨潮[10]时河水常常冲上岸去。“鸟的天堂”里没有一只鸟，我这样想到。船开了，一个朋友拨着船[11]，缓缓地流到河中间去。

第二天，我们划着船到一个朋友的家乡去，就是那个有山有塔的地方。从学校出发，我们又经过那“鸟的天堂”。

这一次是在早晨，阳光照在水面上，也照在树梢[12]上。一切都 // 显得非常光明。……

节选自巴金《鸟的天堂》

读音提示

❶ 逼近 bījìn
❷ 丫枝 yāzhī
❸ 缝隙 fèngxì
❹ 翠绿 cuìlǜ
❺ 闪耀 shǎnyào
❻ 颤动 chàndòng
❼ 泊 bó
❽ 扑翅 pū chì
❾ 眼睛 yǎnjing
❿ 涨潮 zhǎngcháo
⓫ 拨着船 bōzhe chuán
⓬ 树梢 shùshāo

作品 38 号

两百多年前，科学家做了一次实验。他们在一间屋子里∧横七竖八[1]地∧拉了许多绳子[2]，绳子上∧系着许多铃铛[3]，然后∧把蝙蝠[4]的眼睛[5]∧蒙上[6]，让它∧在屋子里飞。蝙蝠飞了几个钟头，铃铛一个也没响，那么多的绳子，它一根也没碰着。

科学家又做了两次实验：一次把蝙蝠的耳朵塞上[7]，一次把蝙蝠的嘴封住，让它在屋子里飞。蝙蝠就像没头苍蝇[8]似的到处乱撞，挂在绳子上的铃铛响个不停。

三次实验的结果证明，蝙蝠夜里飞行，靠的不是眼睛，而是靠嘴和耳朵配合起来探路的。

后来，科学家经过反复研究，终于揭开了蝙蝠能在夜里飞行的秘密[9]。它一边飞，一边从嘴里发出超声波[10]。而这种声音，人的耳朵是听不见的，蝙蝠的耳朵却能听见。超声波向前传播[11]时，遇到障碍物[12]就反射回来，传到蝙蝠的耳朵里，它就立刻改变飞行的方向。

知道蝙蝠在夜里如何飞行，你猜到飞机夜间飞行的秘密了吗？现代飞机上安装了雷达[13]，雷达的工作原理与蝙蝠探路类似。雷达通过天线∧发出无线电波，无线电波∧遇到障碍物∧就反射回来，被雷达∧接收到，显示在∧荧光屏[14]上。从雷达的荧光屏上，驾驶员能够清楚地看到前方有没有障碍物，所 // 以飞机飞行就更安全了。

节选自《夜间飞行的秘密》

读音提示

1. 横七竖八 héngqī-shùbā
2. 绳子 shéngzi
3. 铃铛 língdang
4. 蝙蝠 biānfú
5. 眼睛 yǎnjing
6. 蒙上 méng·shàng
7. 塞上 sāi·shàng
8. 苍蝇 cāngying
9. 秘密 mìmì
10. 超声波 chāoshēngbō
11. 传播 chuánbō
12. 障碍物 zhàng'àiwù
13. 雷达 léidá
14. 荧光屏 yíngguāngpíng

作品 39 号

北宋时候，有位画家叫张择端。他画了一幅[1]名扬中外的画《清明上河图》。这幅画长五百二十八厘米，高二十四点八厘米，画的是北宋都城汴梁[2]热闹[3]的场面。这幅画已经有八百多年的历史了，现在还完整地保存在北京的故宫博物院里。

张择端画这幅画的时候，下了很大的功夫[4]。光是画上的人物，就有五百多个：有从乡下[5]来的农民，有撑船的船工，有做各种买卖[6]的生意人，有留着长胡子的道士[7]，有走江湖的医生，有摆小摊[8]的摊贩，有官吏[9]和读书人，三百六十行，哪一行的人都画在上面了。

画上的街市可热闹了。街上有挂着各种招牌[10]的店铺、作坊[11]、酒楼、茶馆[12]，走在街上的，是来来往往、形态各异的人：有的骑着马，有的挑着担，有的赶着毛驴，有的推着独轮车，有的悠闲地在街上溜达[13]。画面上的这些人，有的不到一寸，有的甚至只有黄豆那么大。别看画上的人小，每个人在干什么，都能看得清清楚楚。

最有意思的是桥北头[14]的情景：一个人骑着马，正往桥下走。因为[15]人太多，眼看就要碰上对面来的一乘轿子[16]。就在这个紧急时刻，那个牧马人一下子拽住[17]了马笼头[18]，这才没碰上那乘轿子。不过，这么一来，倒把马右边的 // 两头小毛驴吓得又踢又跳。……

节选自滕明道《一幅名扬中外的画》

读音提示

1. 一幅　yì fú
2. 汴梁　Biànliáng
3. 热闹　rènao
4. 功夫　gōngfu
5. 乡下　xiāngxia
6. 买卖　mǎimai
7. 道士　dàoshi
8. 小摊　xiǎotānr
9. 官吏　guānlì
10. 招牌　zhāopai
11. 作坊　zuōfang
12. 茶馆　cháguǎnr
13. 溜达　liūda
14. 桥北头　qiáo běitou
15. 因为　yīn·wèi
16. 一乘轿子　yí shèng jiàozi
17. 拽住　zhuàizhù
18. 马笼头　mǎlóngtou

作品 40 号

二〇〇〇年，中国第一个以科学家名字命名的股票“隆平[1]高科”上市。八年后，名誉董事长袁隆平所持有的股份以市值计算已经过亿。从此，袁隆平又多了个“首富科学家”的名号。而他身边的学生和工作人员，却很难把这位老人和“富翁”联系起来。

“他哪里有富人的样子。”袁隆平的学生们笑着议论。在学生们的印象里，袁老师永远黑黑瘦瘦，穿一件软塌塌的衬衣。在一次会议上，袁隆平坦言[2]：“不错，我身价二〇〇八年就一千零八亿了，可我真的有那么多钱吗？没有。我现在就是靠每个月六千多元的工资生活，已经很满足了。我今天穿的衣服就五十块钱，但我喜欢的还是昨天穿的那件十五块钱的衬衫，穿着很精神[3]。”袁隆平认为，“一个人的时间和精力是有限的，如果老想着享受，哪有心思[4]搞科研？搞科学研究就是要淡泊[5]名利，踏实[6]做人”。

在工作人员眼中，袁隆平其实就是一位身板[7]硬朗[8]的“人民农学家”，“老人下田从不要人搀扶[9]，拿起套鞋，脚一蹬就走”。袁隆平说：“我有八十岁的年龄[10]，五十多岁的身体，三十多岁的心态，二十多岁的肌肉弹性。”袁隆平的业余生活非常丰富，钓鱼、打排球、听音乐……他说，就是喜欢这些 // 不花钱的平民项目。

……

节选自刘畅《一粒种子造福世界》

读音提示

❶ 隆平 Lóngpíng
❷ 坦言 tǎnyán
❸ 精神 jīngshen
❹ 心思 xīnsi
❺ 淡泊 dànbó
❻ 踏实 tāshi
❼ 身板 shēnbǎnr
❽ 硬朗 yìnglang
❾ 搀扶 chānfú
❿ 年龄 niánlíng

作品 41 号

北京的颐和园[①]是个美丽的大公园。

进了颐和园的大门，绕过大殿，就来到有名的长廊[②]。绿漆的柱子，红漆的栏杆，一眼望不到头。这条长廊有七百多米长，分成二百七十三间。每一间的横槛[③]上都有五彩的画，画着人物、花草、风景，几千幅画没有哪两幅[④]是相同的。长廊两旁栽满了花木，这一种花还没谢，那一种花又开了。微风从左边的昆明湖上吹来，使人神清气爽。

走完长廊，就来到了万寿山脚下。抬头一看，一座∧八角宝塔形的三层建筑∧耸立[⑤]在∧半山腰上，黄色的琉璃瓦∧闪闪发光。那就是佛香阁[⑥]。下面的一排排金碧辉煌[⑦]的宫殿[⑧]，就是排云殿[⑨]。

登上∧万寿山，站在佛香阁的前面∧向下望，颐和园的景色∧大半∧收在眼底。葱郁的树丛，掩映[⑩]着黄的绿的琉璃瓦[⑪]屋顶和朱红的宫墙。正前面，昆明湖静得像一面镜子，绿得像一块碧玉。游船、画舫[⑫]在湖面慢慢地滑过，几乎不留一点儿痕迹[⑬]。向东远眺，隐隐约约可以望见几座古老的城楼和城里的白塔。

从万寿山下来，就是昆明湖。昆明湖围着长长的堤岸[⑭]，堤上有好几座式样不同的石桥，两岸栽着数不清的垂柳。湖中心有个小岛，远远望去，岛上一片葱绿，树丛中露出[⑮]宫殿的一角。//……

节选自袁鹰《颐和园》

读音提示

❶ 颐和园　Yíhéyuán
❷ 长廊　chángláng
❸ 横槛　héngjiàn
❹ 哪两幅　nǎ liǎng fú
❺ 耸立　sǒnglì
❻ 佛香阁　Fóxiānggé
❼ 金碧辉煌　jīnbì-huīhuáng
❽ 宫殿　gōngdiàn
❾ 排云殿　Páiyúndiàn
❿ 掩映　yǎnyìng
⓫ 琉璃瓦　liú·líwǎ
⓬ 画舫　huàfǎng
⓭ 痕迹　hénjì
⓮ 堤岸　dī'àn
⓯ 露出　lòuchū

作品 42 号

一谈到读书，我的话就多了！

我自从会认字后不到几年，就开始读书。倒不是∧四岁时读母亲给我的∧商务印书馆出版的∧国文教科书第一册的“天、地、日、月、山、水、土、木”以后的∧那几册，而是七岁时∧开始自己读的“话说天下大势，分久必合，合久必分……”的∧《三国演义》。

那时，我的舅父∧杨子敬[1]先生[2]∧每天晚饭后∧必给我们几个表兄妹∧讲一段《三国演义》，我听得津津有味[3]，什么∧“宴桃园豪杰∧三结义，斩∧黄巾英雄[4]∧首立功”，真是[5]好听极了。但是他讲了半个钟头，就停下去干他的公事了。我只好带着对于故事[6]下文的无限悬念[7]，在母亲的催促[8]下，含泪上床。

此后，我决定咬了牙，拿起一本《三国演义》来，自己一知半解地读了下去，居然越看越懂，虽然字音都读得不对，比如把“凯”念作“岂”，把“诸[9]”念作“者”之类，因为[10]我只学过那个字一半部分。

谈到《三国演义》，我第一次读到关羽死了，哭了一场[11]，把书丢下了。第二次再读到诸葛亮死了，又哭了一场，又把书丢下了，最后忘了是什么时候才把全书读到“分久必合”的结局。

这时我同时还看了母亲针线笸箩[12]里常放着的那几本《聊斋志异》，聊斋故事是短篇的，可以随时拿起放下，又是文言的，这对于我的 // 作文课很有帮助，因为老师曾在我的作文本上批着“柳州风骨，长吉清才”的句子，其实我那时还没有读过柳宗元和李贺的文章，只因那时的作文，都是用文言写的。

……

节选自冰心《忆读书》

读音提示

1. 杨子敬 Yáng Zǐjìng
2. 先生 xiānsheng
3. 津津有味 jīnjīn-yǒuwèi
4. 英雄 yīngxióng
5. 真是 zhēnshi
6. 故事 gùshi
7. 悬念 xuánniàn
8. 催促 cuīcù
9. 诸 zhū
10. 因为 yīn·wèi
11. 哭了一场 kūle yì cháng
12. 笸箩 pǒluo

作品 43 号

徐霞客是明朝末年的一位奇人。他用双脚，一步一步地走遍了半个中国大陆，游览过许多名山大川，经历过许多奇人异事。他把游历的观察和研究记录下来，写成了《徐霞客游记》这本千古奇书。

当时的读书人，都忙着追求科举功名，抱着“十年寒窗无人问，一举成名天下知”的观念，埋头于经书之中。徐霞客却卓尔不群[1]，醉心[2]于古今史籍及地志、山海图经的收集和研读。他发现∧此类书籍很少，记述简略∧且多有相互矛盾之处，于是∧他立下雄心壮志[3]，要走遍天下，亲自考察。

此后三十多年，他与长风为伍，云雾为伴，行程九万里，历尽千辛万苦，获得了大量第一手考察资料。徐霞客日间攀险峰[4]，涉危涧[5]，晚上就是再疲劳，也一定录下当日[6]见闻。即使[7]荒野露宿[8]，栖身[9]洞穴[10]，也要“燃松拾穗[11]，走笔为记”。

徐霞客的时代，没有火车，没有汽车，没有飞机，他所去的许多地方[12]连道路都没有，加上明朝末年治安不好，盗匪横行[13]，长途旅行是非常艰苦又非常危险的事。

有一次，他和三个同伴到西南地区，沿路考察石灰岩地形和长江源流。走了二十天，一个同伴难耐[14]旅途劳顿，不辞而别。到了衡阳附近[15]又遭遇土匪抢劫[16]，财物尽失，还险 // 些被杀害。……

节选自《阅读大地的徐霞客》

读音提示

1. 卓尔不群 zhuó’ěr-bùqún
2. 醉心 zuìxīn
3. 雄心壮志 xióngxīn-zhuàngzhì
4. 攀险峰 pān xiǎnfēng
5. 危涧 wēijiàn
6. 当日 dàngrì
7. 即使 jíshǐ
8. 露宿 lùsù
9. 栖身 qīshēn
10. 洞穴 dòngxué
11. 燃松拾穗 rán sōng shí suì
12. 地方 dìfang
13. 横行 héngxíng
14. 难耐 nán nài
15. 附近 fùjìn
16. 抢劫 qiǎngjié

作品 44 号

造纸术[①]的发明，是中国对世界文明的伟大贡献之一。

早在几千年前，我们的祖先就创造了文字。可那时候还没有纸，要记录一件事情，就用刀把文字刻在龟甲和兽骨上，或者把文字铸刻[②]在青铜器[③]上。后来，人们又把文字写在竹片和木片上。这些竹片、木片用绳子[④]穿起来，就成了一册书。但是，这种书很笨重，阅读、携带、保存都很不方便。古时候用“学富五车”形容一个人学问[⑤]高，是因为[⑥]书多的时候需要用车来拉。再后来，有了蚕丝[⑦]织成的帛[⑧]，就可以在帛上写字了。帛比竹片、木片轻便，但是价钱太贵，只有少数人能用，不能普及。

人们用∧蚕茧[⑨]制作丝绵时发现，盛放∧蚕茧的篾席[⑩]上，会留下一层薄片[⑪]，可用于书写。考古学家发现，在两千多年前的西汉时代，人们已经懂得了用麻来造纸。但麻纸比较[⑫]粗糙[⑬]，不便书写。

大约在一千九百年前的东汉时代，有个叫蔡伦的人，吸收了人们长期积累的经验，改进了造纸术。他把∧树皮、麻头、稻草、破布等原料∧剪碎∧或切断，浸在水里∧捣烂成浆；再把浆∧捞出来晒干，就成了一种∧既轻便又好用的纸。用这种方法造的纸，原料容易得到，可以大量制造，价格又便宜[⑭]，能满足多数人的需要，所 // 以这种造纸方法就传承下来了。

……

节选自《纸的发明》

读音提示

1. 造纸术　zàozhǐshù
2. 铸刻　zhùkè
3. 青铜器　qīngtóngqì
4. 绳子　shéngzi
5. 学问　xuéwen
6. 因为　yīn·wèi
7. 蚕丝　cánsī
8. 帛　bó
9. 蚕茧　cánjiǎn
10. 篾席　mièxí
11. 薄片　báopiàn
12. 比较　bǐjiào
13. 粗糙　cūcāo
14. 便宜　piányi

作品 45 号

中国的第一大岛、台湾省的主岛∧台湾，位于∧中国大陆架的东南方，地处[1]∧东海和南海之间，隔着台湾海峡∧和大陆相望。天气晴朗的时候，站在福建沿海较高的地方，就可以隐隐约约[2]地望见岛上的高山和云朵。

台湾岛形状狭长[3]，从东到西，最宽处只有一百四十多公里；由南至北，最长的地方约有三百九十多公里。地形像一个纺织用的梭子[4]。

台湾岛上的山脉纵贯[5]南北，中间的中央山脉犹如全岛的脊梁[6]。西部为海拔近四千米的玉山山脉，是中国东部的最高峰。全岛约有三分之一的地方是平地，其余为山地。岛内有缎带般的瀑布，蓝宝石似的[7]湖泊[8]，四季常青的森林和果园，自然景色十分优美。西南部的阿里山和日月潭，台北市郊的大屯山风景区，都是闻名世界的游览胜地。

台湾岛∧地处热带和温带之间，四面环海[9]，雨水充足[10]，气温∧受到海洋的调剂[11]，冬暖夏凉[12]，四季如春，这给水稻和果木生长∧提供[13]了优越的条件。水稻、甘蔗[14]、樟脑是台湾的“三宝”。岛上还盛产鲜果和鱼虾。

台湾岛还是一个闻名世界的“蝴蝶王国”。岛上的蝴蝶共有四百多个品种，其中有不少是世界稀有的珍贵品种。岛上还有不少鸟语花香的蝴 // 蝶谷，岛上居民利用蝴蝶制作的标本和艺术品，远销许多国家。

节选自《中国的宝岛——台湾》

读音提示

1. 地处　dìchǔ
2. 隐隐约约　yǐnyǐnyuēyuē
3. 狭长　xiácháng
4. 梭子　suōzi
5. 纵贯　zòngguàn
6. 脊梁　jǐ·liáng
7. 似的　shìde
8. 湖泊　húpō
9. 环海　huán hǎi
10. 充足　chōngzú
11. 调剂　tiáojì
12. 冬暖夏凉　dōng nuǎn xià liáng
13. 提供　tígōng
14. 甘蔗　gānzhe

作品 46 号

对于中国的牛，我有着一种特别尊敬的感情。

留给我印象最深的，要算在田垄①上的一次“相遇”。

一群朋友郊游，我领头在狭窄②的阡陌③上走，怎料迎面来了几头耕牛，狭道容不下人和牛，终有一方要让路。它们还没有走近，我们已经预计斗不过畜牲④，恐怕难免踩到田地泥水里，弄得鞋袜又泥又湿了。正踟蹰⑤的时候，带头的一头牛，在离我们不远的地方停下来，抬起头看看，稍迟疑一下，就自动走下田去。一队耕牛，全跟着它离开阡陌，从我们身边经过。

我们都呆了，回过头来，看着深褐色⑥的牛队，在路的尽头消失，忽然觉得自己受了很大的恩惠。

中国的牛，永远沉默地为人做着沉重的工作。在大地上，在晨光或烈日下，它拖着沉重的犁⑦，低头一步又一步，拖出了身后一列又一列松土，好让人们下种⑧。等到满地金黄或农闲时候，它可能还得担当⑨搬运负重的工作；或终日绕着石磨，朝同一方向，走不计程的路。

在它沉默的劳动中，人便得到应得的收成⑩。

那时候，也许，它可以松一肩重担，站在树下，吃几口嫩草。偶尔摇摇尾巴⑪，摆摆耳朵⑫，赶走飞附⑬身上的苍蝇⑭，已经算是它最闲适的生活了。

中国的牛，没有成群奔跑的习 // 惯，永远沉沉实实的，默默地工作，平心静气。……

节选自（香港）小思《中国的牛》

读音提示

❶ 田垄 tiánlǒng
❷ 狭窄 xiázhǎi
❸ 阡陌 qiānmò
❹ 畜牲 chùsheng
❺ 踟蹰 chíchú
❻ 深褐色 shēnhèsè
❼ 犁 lí
❽ 下种 xià zhǒng
❾ 担当 dāndāng
❿ 收成 shōucheng
⓫ 摇摇尾巴 yáoyao wěiba
⓬ 摆摆耳朵 bǎibai ěrduo
⓭ 飞附 fēifù
⓮ 苍蝇 cāngying

作品 47 号

石拱桥[①]的桥洞成弧形[②]，就像虹。古代神话里说，雨后彩虹是“人间天上的桥”，通过彩虹就能上天。我国的诗人∧爱把拱桥比作虹，说拱桥是∧“卧虹”∧“飞虹”，把水上拱桥∧形容为∧“长虹卧波[③]”。

我国的石拱桥有悠久[④]的历史。《水经注》里提到的“旅人桥[⑤]”，大约建成于公元二八二年，可能是有记载[⑥]的最早的石拱桥了。我国的石拱桥几乎到处都有。这些桥大小不一，形式多样，有许多是惊人的杰作。其中最著名的当推河北省赵县的赵州桥。

赵州桥非常雄伟，全长五十点八二米。桥的设计完全合乎科学原理，施工技术更是巧妙绝伦。全桥只有一个大拱，长达三十七点四米，在当时可算是世界上最长的石拱。桥洞不是普通半圆形，而是像一张弓，因而大拱上面的道路没有陡坡[⑦]，便于车马上下。大拱的两肩上，各有两个小拱。这个创造性的设计，不但∧节约了石料，减轻了桥身的重量，而且∧在河水暴涨[⑧]的时候，还可以增加∧桥洞的过水量，减轻洪水∧对桥身的冲击。同时，拱上加拱，桥身也更美观。大拱由二十八道拱圈[⑨]拼成，就像这么多同样形状的弓合拢[⑩]在一起，做成一个弧形的桥洞。每道拱圈都能独立支撑上面的重量，一道坏了，其 // 他各道不致受到影响。……

节选自茅以升《中国石拱桥》

读音提示

❶ 石拱桥　shígǒngqiáo
❷ 弧形　húxíng
❸ 长虹卧波　chánghóng-wòbō
❹ 悠久　yōujiǔ
❺ 旅人桥　Lǚrénqiáo
❻ 记载　jìzǎi
❼ 陡坡　dǒupō
❽ 暴涨　bàozhǎng
❾ 拱圈　gǒngquān
❿ 合拢　hélǒng

作品 48 号

不管我的梦想能否成为事实，说出来总是好玩儿的：

春天，我将要住在杭州。二十年前，旧历的二月初，在西湖我看见了嫩柳[1]与菜花，碧浪与翠竹。由我看到的那点儿春光，已经可以断定，杭州的春天必定会教人[2]整天生活在诗与图画之中。所以，春天我的家应当是在杭州。

夏天，我想青城山[3]应当算作[4]最理想的地方。在那里，我虽然只住过十天，可是它的幽静已拴住了我的心灵[5]。在我所看见过的山水中，只有这里∧没有使我失望。到处都是绿，目之所及，那片∧淡而光润[6]的绿色∧都在轻轻地颤动，仿佛[7]∧要流入空中与心中似的。这个绿色会像音乐，涤清[8]了心中的万虑。

秋天一定要住北平。天堂是什么样子，我不知道，但是从我的生活经验去判断，北平之秋便是天堂。论天气，不冷不热。论吃的，苹果、梨、柿子[9]、枣儿[10]、葡萄，每样都有若干种。论花草，菊花种类之多，花式之奇，可以甲天下。西山有红叶可见，北海可以划船——虽然荷花已残，荷叶可还有一片清香。衣食住行，在北平的秋天，是没有一项不使人满意的。

冬天，我还没有打好主意[11]，成都或者相当地合适，虽然并不怎样和暖，可是为了水仙，素心腊梅，各色的茶花，仿佛就受一点儿[12]寒 // 冷，也颇值得去了。……

节选自老舍《“住”的梦》

读音提示

❶ 嫩柳 nènliǔ
❷ 教人 jiào rén
❸ 青城山 Qīngchéng Shān
❹ 算作 suànzuò
❺ 心灵 xīnlíng
❻ 光润 guāngrùn
❼ 仿佛 fǎngfú
❽ 涤清 díqīng
❾ 柿子 shìzi
❿ 枣儿 zǎor
⓫ 主意 zhǔyi（zhúyi）
⓬ 一点儿 yìdiǎnr

作品 49 号

在北京市东城区著名的天坛公园东侧，有一片占地面积近二十万平方米的建筑区域，大大小小的十余栋训练馆坐落其间。这里就是国家体育总局训练局。许多我们耳熟能详[①]的中国体育明星都曾在这里挥汗如雨[②]，刻苦练习。

中国女排的一天就是在这里开始的。

清晨八点钟，女排队员们早已集合完毕，准备开始一天的训练。主教练郎平∧坐在场外长椅上，目不转睛[③]地注视着∧跟随助理教练们∧做热身运动的∧队员们，她身边的座位上∧则横七竖八地∧堆放着∧女排姑娘们的∧各式用品：水、护具、背包，以及各种∧外行人[④]叫不出名字的东西。不远的墙上悬挂着一面鲜艳的国旗，国旗两侧是“顽强拼搏”和“为国争光”两条红底黄字的横幅[⑤]，格外醒目。

“走下领奖台，一切从零开始”十一个大字，和国旗遥遥相望，姑娘们训练之余偶尔一瞥[⑥]就能看到。只要进入这个训练馆，过去的鲜花、掌声与荣耀皆成为历史，所有人都只是最普通的女排队员。曾经的辉煌、骄傲、胜利，在踏入这间场馆的瞬间[⑦]全部归零。

踢球跑、垫球跑、夹球[⑧]跑……这些对普通人而言和杂技差不多的项目是女排队员们必须熟练掌握的基本技能。接下来 // 的任务是小比赛。……

节选自宋元明《走下领奖台，一切从零开始》

读音提示

1. 耳熟能详　ěrshú-néngxiáng
2. 挥汗如雨　huīhàn-rúyǔ
3. 目不转睛　mùbùzhuǎnjīng
4. 外行人　wàihángrén
5. 横幅　héngfú
6. 一瞥　yì piē
7. 瞬间　shùnjiān
8. 夹球　jiā qiú

作品 50 号

在一次名人访问中，被问及上个世纪最重要的发明是什么时，有人说是电脑，有人说是汽车，等等。但新加坡的一位知名人士却说是冷气机。他解释，如果没有冷气，热带地区如东南亚[1]国家，就不可能有很高的生产力，就不可能达到今天的生活水准。他的回答实事求是，有理有据。

看了上述报道，我突发奇想：为什么没有记者问："二十世纪最糟糕的发明是什么？"其实二〇〇二年十月中旬，英国的一家报纸就评出了"人类最糟糕的发明"。获此"殊荣"的，就是人们每天大量使用的塑料袋[2]。

诞生于上个世纪三十年代的塑料袋，其家族包括用塑料制成的快餐饭盒[3]、包装纸、餐用杯盘、饮料瓶、酸奶杯、雪糕杯等。这些废弃物形成的垃圾，数量多、体积大、重量轻、不降解，给治理工作带来很多技术难题和社会问题。

比如，散落[4]在田间、路边及草丛中的塑料餐盒，一旦被牲畜[5]吞食，就会危及健康甚至导致死亡。填埋∧废弃塑料袋、塑料餐盒的土地，不能生长庄稼[6]∧和树木，造成∧土地板结，而焚烧[7]处理[8]∧这些塑料垃圾，则会释放出∧多种化学有毒气体，其中一种∧称为二噁英[9]的化合物[10]，毒性极大。

此外，在生产塑料袋、塑料餐盒的过 // 程中使用的氟利昂，对人体免疫系统和生态环境造成的破坏也极为严重。

节选自林光如《最糟糕的发明》

读音提示

1. 东南亚 Dōngnán Yà
2. 塑料袋 sùliàodài
3. 饭盒 fànhé
4. 散落 sànluò
5. 牲畜 shēngchù
6. 庄稼 zhuāngjia
7. 焚烧 fénshāo
8. 处理 chǔlǐ
9. 二噁英 èr'èyīng
10. 化合物 huàhéwù

五　命题说话

“命题说话”项，要求说满3分钟，共计40分*，是普通话水平测试中分数占比最大的一项。此题型主要考查应试人在无文字凭借的情况下说普通话的水平，重点测查应试人的语音标准程度、词汇语法规范程度和自然流畅程度。命题说话没有文本参照，难度最大，是验证应试人普通话水平的关键环节。

（一）测试要求

应试人从试卷上给定的2个话题中选定1个话题，围绕选定的话题，独自连续说满3分钟。

（二）测试范围

话题均出自《普通话水平测试用话题》，共50则。话题仅是对说话范围的规定，并不规定具体内容。每份试卷共随机出现两个话题题目，应试人任选其一。

注意：不要说两个题目，也不要中途改换题目。

（三）本项评分

目前计算机辅助普通话水平测试是主要的测试方式。测试前三项（“读单音节字词”项、“读多音节词语”项、“朗读短文”项）评分由计算机评测系统完成，“命题说话”项仍然由测试员完成听测。测试员通过网络听取应试人考试录音，依据评分标准予以评分，计算机测评系统提供评分参考。具体评分标准如下：

（1）语音标准程度，共25分。分六档：

一档：语音标准，或极少有失误。扣0分、1分、2分。

二档：语音错误在10次以下，有方音但不明显。扣3分、4分。

三档：语音错误在10次以下，但方音比较明显；或语音错误在10次—15次之间，有方音但不明显。扣5分、6分。

四档：语音错误在10次—15次之间，方音比较明显。扣7分、8分。

五档：语音错误超过15次，方音明显。扣9分、10分、11分。

六档：语音错误多，方音重。扣12分、13分、14分。

---

* 目前，大部分省（自治区、直辖市）语言文字工作部门根据本地区的实际情况，免测“选择判断”测试项，“命题说话”测试项的分值由30分调整为40分。

（2）词汇语法规范程度，共 10 分。分三档：

一档：词汇、语法规范。扣 0 分。

二档：词汇、语法偶有不规范的情况。扣 1 分、2 分。

三档：词汇、语法屡有不规范的情况。扣 3 分、4 分。

（3）自然流畅程度，共 5 分。分三档：

一档：语言自然流畅。扣 0 分。

二档：语言基本流畅，口语化较差，有背稿子的表现。扣 0.5 分、1 分。

三档：语言不连贯，语调生硬。扣 2 分、3 分。

（4）说话不足 3 分钟，酌情扣分：缺时 1 分钟以内（含 1 分钟），扣 1 分、2 分、3 分；缺时 1 分钟以上，扣 4 分、5 分、6 分；说话不满 30 秒（含 30 秒），本测试项成绩计为 0 分。

（5）离题、内容雷同，视程度扣 4 分、5 分、6 分。

（6）无效话语，累计占时酌情扣分：累计占时 1 分钟以内（含 1 分钟），扣 1 分、2 分、3 分；累计占时 1 分钟以上，扣 4 分、5 分、6 分；有效话语不满 30 秒（含 30 秒），本测试项成绩计为 0 分。

（四）常见失分原因分析

1. 语音失误导致失分

应试人除因语音错误导致失分外，不同程度的方音也会影响成绩。系统性的语音缺陷（语音错误和语音缺陷详见前文“读单音节字词”项相关表述）会被测试员列入方音的考查范围，视程度扣分。方音程度分为不明显、比较明显、明显、严重四档，扣分相应增加。如果是语调问题，例如轻重音格式不准确，或者句调带有方言语调特征，也会列入方音的考查范围，视程度予以扣分。

2. 词汇语法不规范导致失分

如果应试人在说话时使用了方言词语或方言句法结构，测试员根据出现的次数、种类的多少来判断是“偶有”还是“屡有”不规范的现象，依据评分标准逐级扣分。例如：

阿爸有带我去过长沙。

这句话里出现了方言词语“阿爸”，表示曾经发生的动作时还使用了方言句法结构“有 + 动词”，这两个问题都会导致扣分。普通话的说法是：

爸爸带我去过长沙。

为避免出现词汇语法失误，应试人可参考前文“选择判断”项，进行专门的练习和自查。在说话时，培养使用规范的普通话词语和语法句式表达的良好习惯。

3. 说话不自然、不流畅导致失分

说话自然流畅包括语调自然、表达自然和话语连贯流畅几个方面。说话不自然，一般

表现为书面语色彩过于明显、背稿子、语调生硬等；说话不流畅，一般体现为磕磕绊绊，口头冗余的话语较多，语句不够连贯，停顿时间较长，停顿次数较多等。如应试人出现这些情况，测试员会视程度扣分。

4. 说话时间不足 3 分钟或说无效话语导致失分

命题说话限时 3 分钟，同时也要求应试人说满 3 分钟。说不满的时间，测试员会按照缺时标准，累计扣分。应试人在说话时出现说一说停一停的现象，不仅会因不够自然流畅而扣分，而且假如停顿时间过长，还会因缺时被扣分。

说和话题无关的话语，例如：唱歌、报数字号码、反复重复一句话或一段话等，都会按照无效话语累计扣分。

5. 说话离题、内容雷同导致失分

离题，就是跑题。如果应试人没有选择试卷上给定的两个题目之一，无论是故意为之，还是不小心看错，都会按照离题的内容所占时长比例严格扣分。

如果应试人在说话时，所说内容为一些参考资料中的“范文”，或者是名家名篇，或是别人说过的大段文字，那么，测试员凭借测试经验以及计算机后台大数据的查重提示，会依据内容雷同比例严格扣分。

（五）应试建议

说话项是在没有文字凭借的条件下完成的，特别是在计算机辅助测试中，应试人面对电脑屏幕自行组织语言说话，难度较大。有的应试人会紧张，有的会感到没有交流互动，无话可说，还有的应试人不了解测试内容，看到有 50 个话题，就以为是要做 50 篇口头作文，产生很大压力。因此，正确理解测试内容，精心准备，充分练习，才能取得好成绩。

测试的话题是为应试人提供一个说话的内容范围，引导应试人由此展开延伸。话题的设计紧紧围绕日常生活，可展开讨论的方向很多。客观来看，只要态度端正，稍加准备，打好提纲，多讲自己的观点、看法、经历和身边的事物，3 分钟的时间并没有想象中那么久。在实际测试中，虽然有应试人说不满 3 分钟的情况，但更常见的情况是应试人刚讲了开头，还没说到精彩处，考试已经结束了。所以，应试人一定要提前准备话题，设计好自己的话题结构，开头、展开、收尾，在 3 分钟的时间内说一段完整的话。

准备话题需要注意以下几点：

1. 认真审题

应试人要认真审题，不要看错题目。有的应试人将“我喜欢的节日”看成“我喜欢的节目”，即便他按照“喜欢的节目”说得很好，但依然会因离题被扣 6 分。

2. 从我说起

话题基本上分为叙述类、说明类、议论类三个类型。不论是哪类，都要从我说起，讲自己的故事，说自己的看法，这样才能从根本上避免因内容雷同导致扣分的情况。即便是议论类话题，也可以从小事说起，多举实例佐证自己的观点。源于自己的素材，都是说话人最为熟悉的内容，不容易忘记，而且有真情实感，最打动人。

不过，我们不建议应试人说容易引起情绪波动的话题，特别是悲伤的事情。过于强烈的悲伤情绪会使应试人思路不连贯，声音哽咽，说话难以继续。

3. 语速自然

一般人正常的说话速度大概为每分钟 200 到 230 个字，3 分钟大概是 600 到 700 个字。有的人说话语速快，会说得更多一点。我们建议在考试时，语速不要太快，也不要太慢。

语速太快，一是容易只顾着说话的内容，无暇顾及语音、词汇、语法问题，容易出错，说得越快，暴露的问题也越多；二是容易发音吐字不到位，暴露方音。

语速太慢，容易显得语调不自然。往往是因为过于关注每个字的发音，拿腔作势，像机器人一样一字一顿，或者一词一顿、一句一顿。这都是不自然的，会被扣分。

所以，建议应试人注意一下自己的语速，适当调整，控制在一个合理范围内。

4. 少说书面语和新词新语

命题说话虽然是口语表达，但和日常生活交际中的口语表达有略微差别，因为毕竟是在考试的场合下，不能过于随意。简单地说，命题说话就是在随想随说的基础上，去掉一些诸如口头禅等冗余话语，虽然不需要像书面作文那样逻辑严密、架构讲究，但也要略微组织一下话语结构，连续围绕一个话题展开。说话重在表达自然朴实，不做作，不需要辞藻华丽和新奇讨巧。因此，应试人应尽量少用书面语色彩强烈的词汇和表达方式，尽量少说网络语言、外语词汇、新词新语。不过，少说不等于完全不能说，例如“B 超”这类的专有名词，是生活中常用的字母词，测试员不会扣分。

5. 准备提纲

准备话题时，不建议应试人写整篇稿子背诵下来。在大数据技术的帮助下，测试员结合自身丰富的测试经验，可以轻松分辨雷同的说话内容。从参考资料中找“范文”、背模板、改编朗读篇目、集体备稿共享等不规范的行为，都是测试员和测评系统重点监测的对象。一旦出现，必然扣分。

正确的做法是，仔细审题，先从两个题目中选择一个自己更有话说、更有共鸣的题目，再考虑说话的思路：题目问的是什么？自己想到了什么？可以从几个方面来说？为什么这样说？还有什么可以补充说的？如果是议论类话题，还可以从正反两方面说明，举例子，做对比。将大概要说的几件事列一个提纲，并写上关键词，提醒自己，先说什么，再说什么，最好有可以展开的细节。测试时，应试人只管坚持滔滔不绝地说下去，直到系统提示结束为止。有的应试人担心可能控制不好时间，说话没有结尾，但这其实并没有关系，说话的完整性不是测查内容。

具体准备方法可以参看下面的内容，但不要受限于这些示范思路。每个人的思维方式、表述习惯各有不同，要拓展自己的思路，避免雷同扣分。最好是选择自身有共鸣的话题，准备真实存在的素材。不能试图以一两个素材应付所有的话题。不同的题目，侧重点不同，不能一味照搬。

叙述类话题举例

以“我的一天”为例。

（1）“我的一天”可以是这样的一天：

✧ 平常的一天、难忘的一天、向往的一天、学校的一天、实习的一天、周末的一天、春天的一天、夏天的一天、秋天的一天、冬天的一天、记忆中的一天、未来的一天……

（2）要如何介绍这样的一天？

✧ 从早上说起、从某一个时间节点说起、从早说到晚……

✧ 这一天里都发生了什么？遇到了哪些人？去了哪些地方？看了什么书？看了什么风景？吃了什么美食？看了什么电影？见了哪些朋友？有什么收获？……

（3）突出重点，说一些细节：

✧ 我喜欢的是这一天里的什么时候？为什么？我不喜欢的是这一天里的什么时候？为什么？

✧ 这一天里遇到了什么问题？是怎样解决的？心情如何？

（4）如果还有时间，可以再说另一天的生活。例如，先说了我平时在学校上学的一天，还可以说我在假期的一天。以此类推，总是有话可言，直到考试结束。

需要注意的是，一定是“我”的一天。举一个处理不当的例子：话题开端说这一天我遇到了一位尊敬的老师，或者读了一本书，然后大量时间都在围绕这个老师或者这本书来讲。这样貌似“聪明省力”的做法，会按离题扣分。所以要注意围绕主题，详略得当。

说明类话题举例

以“我喜爱的动物”为例。

（1）“我喜爱的动物”是什么？

✧ 内容足够多的话，可只介绍一种动物。

✧ 担心内容不够多，可介绍多种动物。例如：

 * 我喜爱的动物有很多，比如熊猫、狗、猫、马、乌龟、大象……其中，我最喜爱的动物是……其次，我还喜爱……

 * 我喜爱的动物有很多，比如熊猫、狗、猫、马、乌龟、大象……我先说说……下面，我再说一下……

（2）我要如何介绍这（几）种动物?

✧ 介绍动物的样貌特征。比如：动物的体态、颜色、是否有毛、是否有鳞……

✧ 介绍动物的生活习性和生活环境。比如：食肉动物、食草动物、陆地动物、海洋动物、夜行动物……

✧ 介绍动物的爱好和特点。比如：它爱吃什么、喜欢什么、有什么特别之处……

✧ 介绍你喜欢这种动物的原因。比如：毛茸茸的很可爱、能够展翅高飞、生存能力强……

✧ 如果是你养的宠物，或是家里饲养的家禽或者其他动物，可以讲一讲曾经发生的有趣的故事、难忘的回忆。例如饲养的经历，它名字的来历，你对它还有哪些特别的记忆……

（3）如果还有时间，再介绍一种动物，包括但不局限于上面列举的内容。

议论类话题举例

以“对环境保护的认识”为例。

（1）环境保护的重要性：

✧ 正面谈：保护环境的好处。例如：

* 保护地球、保护环境就是保护家园；绿水青山就是金山银山；利国利民，也是对子孙后代负责；像爱护眼睛、保护我们的生命一样保护环境；保护环境就是最大的民生……

✧ 反面谈：如果不好好保护环境，可能出现哪些问题？现在已经出现了哪些问题？是怎么产生的？出现了哪些危害？例如：

* 碳排放超标、资源浪费（电、水、粮食等）、污染源（废气、废水等）、垃圾过量（填埋不够、不能降解的垃圾等）、过度包装（食品或其他商品过度包装等）、海洋污染（塑料、玻璃制品等给海洋环境造成的污染导致海洋生物生存条件恶劣、大量死亡等）……

（2）怎样保护环境？有哪些办法？我们应该怎样做?

✧ 垃圾分类

✧ 节约资源（节电、节水、节约粮食、绿色出行……）

✧ 从小事做起

✧ 全社会形成共识

✧ 限制使用、少使用一次性制品、玻璃制品等

✧ 不要过度消费

✧ 你还能想到的其他办法

（3）如果还有时间，还可以介绍一下目前世界上做得好的国家或地区有哪些值得我们

借鉴的方式。还可以说一说你身边做得好的老师、同学或朋友是怎样做的。

6. 注意容易说错的字词

命题说话时，要特别注意一些口语中经常出现却容易说错字音的词语。例如：

因为 yīn·wèi	比较 bǐjiào	质量 zhìliàng	什么 shénme
一会儿 yíhuìr	挫折 cuòzhé	尽管 jǐnguǎn	友谊 yǒuyì
细菌 xìjūn	不禁 bùjīn	禁不住 jīn·búzhù	教室 jiàoshì
办公室 bàngōngshì	实验室 shíyànshì	卫生 wèishēng	模样 múyàng
档次 dàngcì	档案 dàng'àn	氛围 fēnwéi	当天 dàngtiān
果脯 guǒfǔ	肉脯 ròufǔ	处理 chǔlǐ	馄饨 húntun
生肖 shēngxiào	肖像 xiàoxiàng	玫瑰 méi·guī	结婚 jiéhūn
粗犷 cūguǎng	骨头 gǔtou	年级 niánjí	间断 jiànduàn
内疚 nèijiù	角色 juésè	强迫 qiǎngpò	勉强 miǎnqiǎng
曲折 qūzhé	围绕 wéirào	塑料 sùliào	违反 wéifǎn
膝盖 xīgài	纸屑 zhǐxiè	邮局 yóujú	邮件 yóujiàn
应用 yìngyòng	应试 yìngshì	应届 yīngjiè	允许 yǔnxǔ
晕车 yùnchē	暂时 zànshí	享受 xiǎngshòu	过节 guòjié
然而 rán'ér	而且 érqiě	复杂 fùzá	机械 jīxiè

如果在说话时不多加注意，将字音说错，会在不知不觉中被累计扣分，影响成绩。

附：普通话水平测试用话题

1. 我的一天
2. 老师
3. 珍贵的礼物
4. 假日生活
5. 我喜爱的植物
6. 我的理想（或愿望）
7. 过去的一年
8. 朋友
9. 童年生活
10. 我的兴趣爱好
11. 家乡（或熟悉的地方）
12. 我喜欢的季节（或天气）
13. 印象深刻的书籍（或报刊）
14. 难忘的旅行
15. 我喜欢的美食
16. 我所在的学校（或公司、团队、其他机构）
17. 尊敬的人
18. 我喜爱的动物
19. 我了解的地域文化（或风俗）
20. 体育运动的乐趣
21. 让我快乐的事情
22. 我喜欢的节日
23. 我欣赏的历史人物
24. 劳动的体会
25. 我喜欢的职业（或专业）
26. 向往的地方
27. 让我感动的事情
28. 我喜爱的艺术形式
29. 我了解的十二生肖
30. 学习普通话（或其他语言）的体会
31. 家庭对个人成长的影响

32. 生活中的诚信
33. 谈服饰
34. 自律与我
35. 对终身学习的看法
36. 谈谈卫生与健康
37. 对环境保护的认识
38. 谈社会公德（或职业道德）
39. 对团队精神的理解
40. 谈中国传统文化
41. 科技发展与社会生活
42. 谈个人修养
43. 对幸福的理解
44. 如何保持良好的心态
45. 对垃圾分类的认识
46. 网络时代的生活
47. 对美的看法
48. 谈传统美德
49. 对亲情（或友情、爱情）的理解
50. 小家、大家与国家

第四部分
计算机辅助普通话水平测试指南

本部分介绍计算机辅助普通话水平测试概况，包括测试简介和测试流程，并就测试中常见问题做了解答，目的是帮助应试人在测前了解测试操作过程和主要细节，在测试时能够顺利完成各项操作。

一　计算机辅助普通话水平测试简介

计算机辅助普通话水平测试是目前普通话水平测试的主要方式。计算机辅助普通话水平测试是计算机评测系统借助语音识别技术，部分代替人工评测，对应试人在普通话水平测试第一项“读单音节字词”、第二项“读多音节词语”和第三项“朗读短文”的语音标准程度进行辨识和评测；第四项“命题说话”则由测试员通过网络听取应试人录音进行评分。

二　计算机辅助普通话水平测试流程

（一）候测

应试人在测试当天携带身份证和准考证，在管理人员的安排下进入候测室。随后，管理人员采集应试人的身份证信息、照片作为本次测试的认证信息，采集的照片还将用于普通话水平测试等级证书。

1. 身份证信息采集

应试人将身份证贴到终端设备相应的位置上进行身份信息验证。

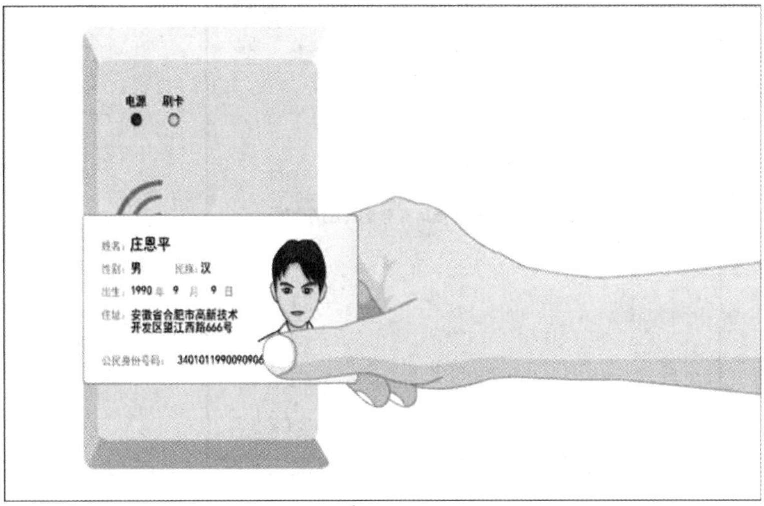

2. 照片现场采集

应试人坐到管理人员指定的位置上采集照片。

3. 系统抽签

采集照片后，系统自动将考试机号随机分配给应试人，应试人应记住自己的考试机号。

（二）测试

1. 登录

应试人根据自己的考试机号进入对应的测试机房，在规定时间内，面部正对屏幕，完成人脸识别验证。

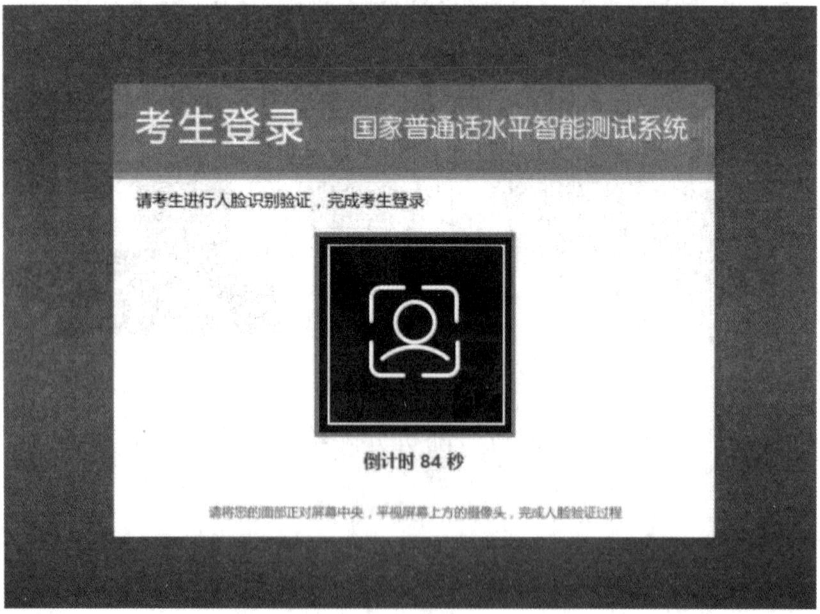

2. 核对信息

人脸识别验证通过后，电脑上会弹出应试人的个人信息，应试人应仔细核对，确认无误后点击“确定”按钮进入下一个环节。

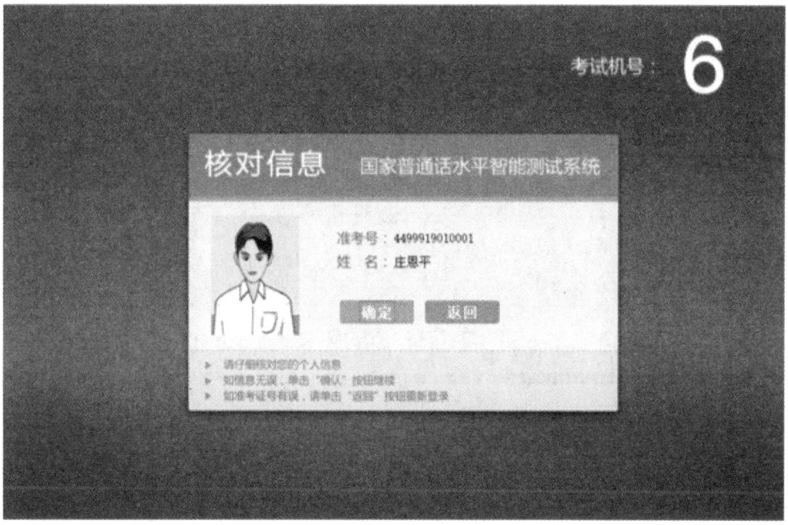

3. 佩戴耳机

应试人按照屏幕提示戴上耳机，并将麦克风调整到距嘴边 2—3 厘米的位置，准备试音。

4. 试音

当进入试音页面后，系统会提示“现在开始试音”。在听到“嘟”的一声后，应试人须用适中的音量和语速朗读文本框中的本人信息。系统会提示试音是否成功。若试音失败，页面会弹出提示框，请点击“确认”按钮重新试音；若试音成功，页面会弹出提示框：“试音成功，请等待考场指令！”实测时请保持试音时的音量，音量过大有可能导致测试失败。实测时请不要触碰麦克风，以免录入杂音，考场中轻微的环境音不会影响录音效果。

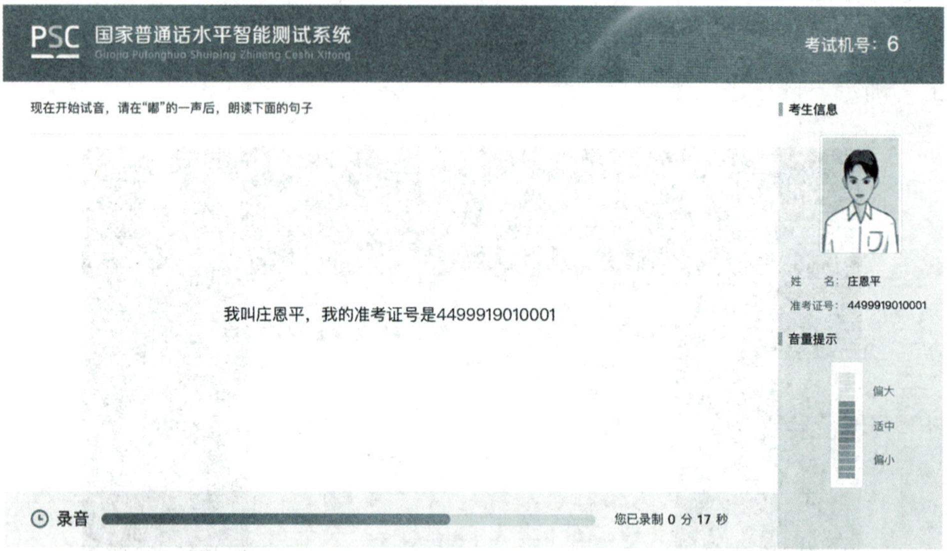

5. 实测

当系统进入第一题，应试人会听到系统的提示语“第一题，读单音节字词，限时 3.5 分钟，请横向朗读”。听到“嘟”的一声后，应试人就可以朗读试卷的内容了。

第 1 题　读单音节字词

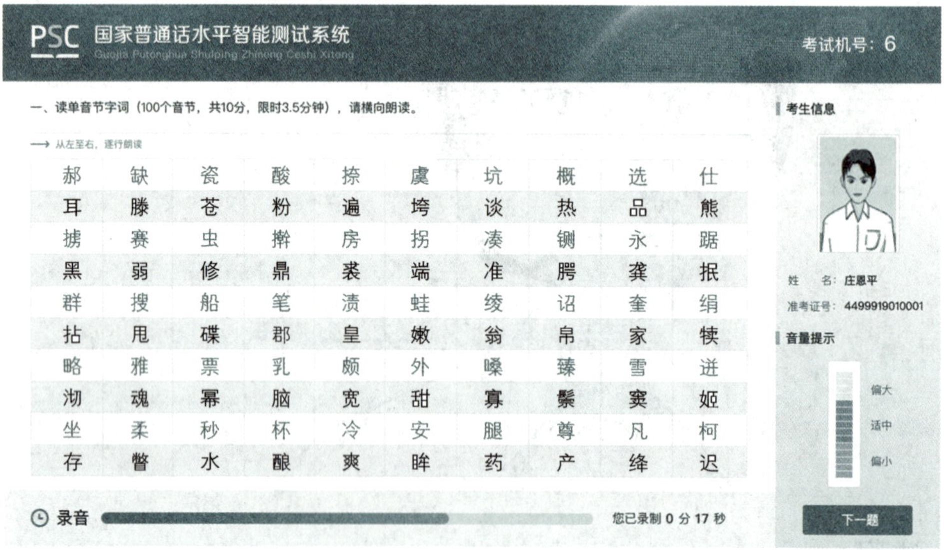

（1）应试人在提示语结束并听到“嘟”的一声后，再开始朗读。

（2）应试人务必横向朗读。试题中蓝黑字体是为了分行、防止考生读串行。应试人应逐字、逐行朗读，注意语音清晰，防止添字、漏字、改字。

（3）若提前完成该项测试，应试人可单击屏幕右下角的“下一题”按钮，进入下一项试题。

第 2 题　读多音节词语

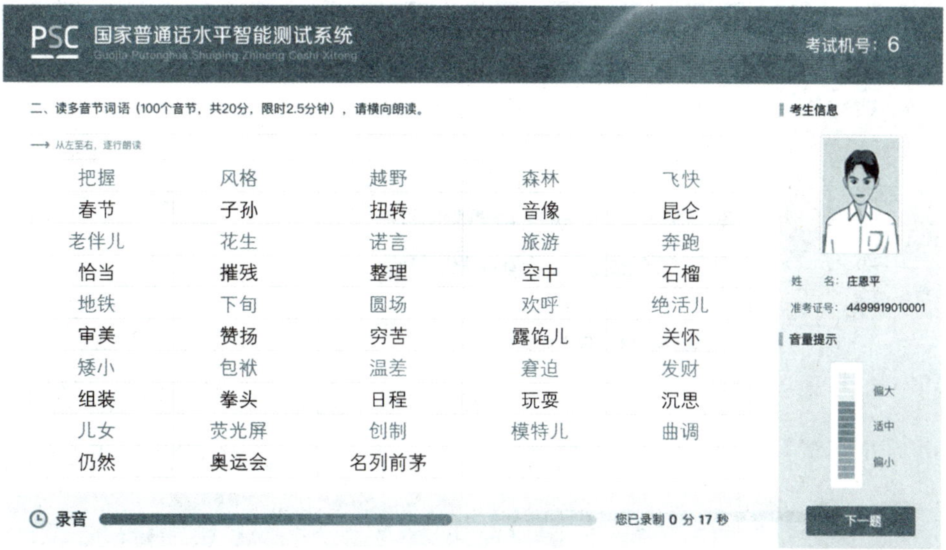

（1）应试人在提示语结束并听到“嘟”的一声后，再开始朗读。

（2）若提前完成该项测试，应试人可单击屏幕右下角的“下一题”按钮，进入下一项试题。

第 3 题　朗读短文

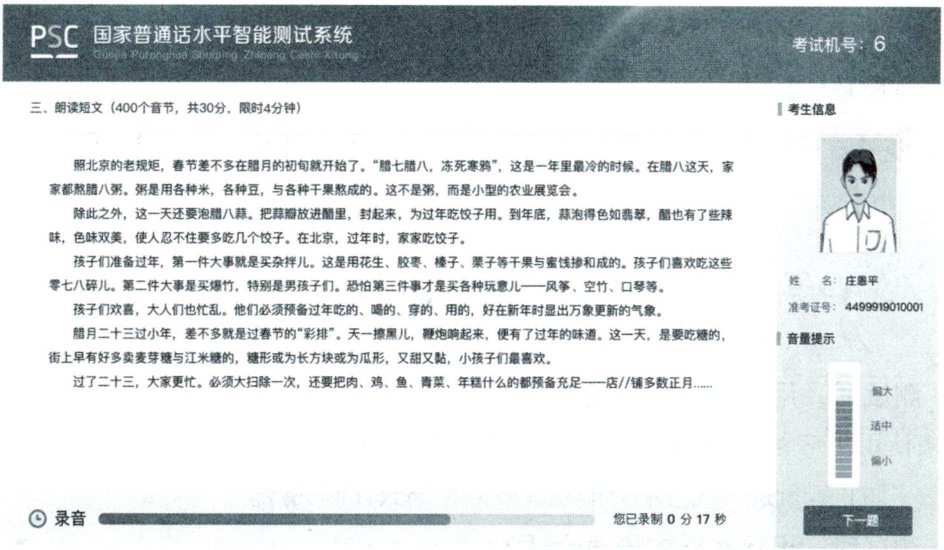

（1）应试人在提示语结束并听到“嘟”的一声后，再开始朗读。

（2）朗读时保持音量稳定，音量大小与试音音量一致，音量过低会导致评测失败。

（3）若提前完成该项测试，应试人可单击屏幕右下角的“下一题”按钮，进入下一项试题。

第 4 题　命题说话

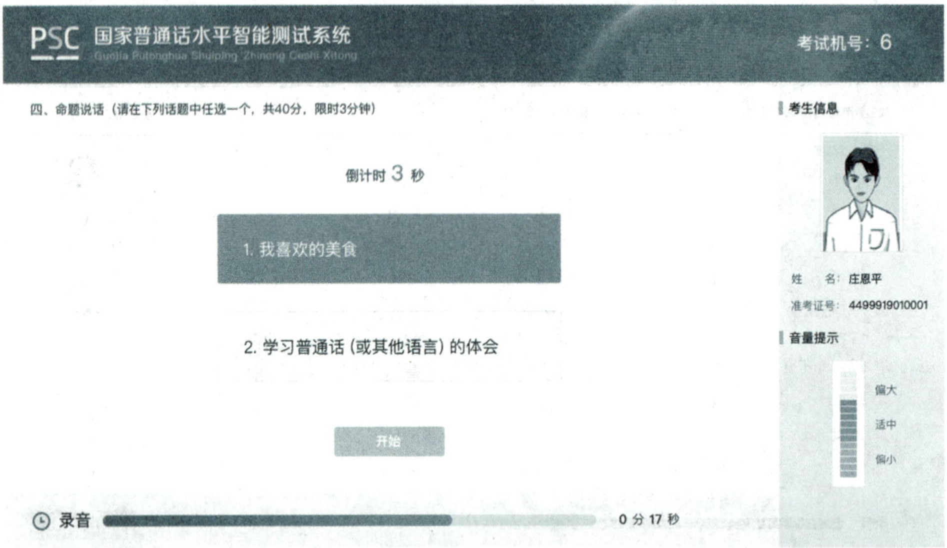

（1）应试人在说话前应按系统提示音要求，从两个话题中选择一个，并读出所选择的话题名称。（部分地区第 4 题话题选择方式是，在规定时间内用鼠标选定作答题目。测试时请根据考试界面及系统提示音进行操作。）

（2）说话内容需符合所选话题，离题或无效话语均会导致丢分。

（3）严禁携带纸质或电子文字材料进入测试室，应试人若在本项测试中朗读文字材料将被取消测试资格。

（4）本题必须说满 3 分钟，应试人可以参考主屏下方的时间提示条把握时间。

（5）说满 3 分钟后，系统会弹出相应提示框“考试完成，请摘下耳机，安静离开考场”。

三　常见问题解答

1. 测试时，用什么样的音量合适？

一般使用两三个人之间正常交谈的说话音量即可。实测过程中，音量大小与试音音量基本一致，防止音量过大或过小影响录音效果，导致评测失败。

2. 测试时，用什么样的语速合适？

能够保证每项测试任务在时限要求内完成即可，语速不要过快或过慢，也不要忽快忽慢。应试人在测前可以做些计时朗读模拟练习，体会适合自己完成各项测试的语速。测前进行模拟练习可以避免测试时因不熟悉题型而紧张，导致语速过快，发音含混，同时还可以避免在前三项朗读中出现漏字、改字、添字和漏行的现象。

3. 测试时，怎样控制好时间？

应试人朗读前三项时要留心页面下方的时间条。第一项“读单音节字词”限时 3.5 分钟，第二项“读多音节词语”限时 2.5 分钟，第三项“朗读短文”限时 4 分钟。应试人应当用正常语速朗读，如果提前读完，立即点击屏幕右下角的“下一题”。第四项“命题说话”限时 3 分钟，应试人说话时要注意屏幕下方的时间提示，必须说满 3 分钟；若说话不足 3 分钟，评分时会按缺时扣分。

应试人在测前做计时模拟练习有利于测试时控制好时间，特别是说话项，若测前练习时说满 4 分钟，测试时可以顺利完成 3 分钟的说话任务，也可以避免测前练习过于熟练，测试时说得过快导致说话时间不足 3 分钟。

4. 如果有个别字词读错，可以重新读吗？

在第一项“读单音节字词”和第二项“读多音节词语”中，若个别字词读错，可以即刻将该字词重新读一遍，计算机可以识别，评分以第二次读音为准。但是，在第三项“朗读短文”中，重新读会导致在流畅程度方面失分。

5. 在测试过程中，面对计算机朗读和说话，感到不习惯、不自然怎么办？

应试人测前可以在计算机前做模拟练习，测试时注意调整心态，可以假设与一位交流对象进行交流，克服这种不适感。

6. 说话项测试除了对语音标准程度、词汇语法规范程度和自然流畅程度有要求之外，对说话内容有要求吗？

测试时，说话内容应符合所选话题。若出现离题、内容雷同，视程度扣 4 分、5 分、6 分；若出现无效话语，累计占时 1 分钟以内（含 1 分钟），扣 1 分、2 分、3 分；累计占时 1 分钟以上，扣 4 分、5 分、6 分；有效话语不满 30 秒（含 30 秒），本测试项成绩计为 0 分。此外，还要避免背稿子和不断重复等现象。应试人应当在测前对“命题说话”项的 50 个题目从语音、词汇、语法和内容等方面做比较充分的准备。

7. 考场的噪声会影响应试人的成绩吗？

为避免考场噪声的影响，测试站会将考位隔开。应试人测试时使用的是专用麦克风和耳机，因此，正常情况下噪声不会对应试人的成绩有影响。

8. 考场遇到问题怎么办？

测试过程中若遇到与考试有关的问题或个人无法处理的异常情况，应举手与考务人员联系。

第五部分
普通话水平测试训练试卷

试卷 1

一、读单音节字词（100 个音节，共 10 分，限时 3.5 分钟）

墙	换	戳	告	蹄	庄	陕	控	娃	段
锥	百	瞥	逆	添	壤	究	群	法	残
揩	末	厅	裂	宣	耳	瞎	瘦	温	揍
硼	晚	察	吞	持	比	昧	孙	日	脖
总	徐	粗	随	奉	汝	劝	黑	定	皆
谬	夺	享	杂	捞	滑	死	德	坏	此
瞧	女	冻	鸟	及	奶	罐	砂	扯	逛
粉	狼	抄	锦	绳	窘	驻	撅	或	揉
冢	悦	连	新	牙	藕	蕴	贴	吾	永
歪	迸	篇	尝	坎	螯	筛	本	绫	勉

重点与难点解析

1. 注意字形：戳、瞥、揩—皆、末、汝—女、宣、昧、日、冢

2. 注意难点音：

①平翘舌：庄（zh）、陕（sh）、瘦（sh）、揍（z）、粗（c）、死（s）、扯（ch）

②边鼻音：逆（n）、鸟（n）、裂（l）、捞（l）

③ z（c、s）—zh（ch、sh）—j（q、x）：墙（q）、徐（x）

④介音：段（uan）、吞（uen）、孙（uen）

⑤前后鼻尾音：厅（ing）、奉（eng）、定（ing）、绳（eng）、迸（eng）、绫（ing）

⑥卷舌韵母 er：耳（er）

⑦声调：百（第三声）、法（第三声）、黑（第一声）、吾（第二声）

二、读多音节词语（100 个音节，共 20 分，限时 2.5 分钟）

背后	特别	冲刷	战略	农民	胆固醇	馒头
浅显	加速	所有制	疲倦	标准	佛教	红娘
飞船	恰好	夸张	配套	扎实	藏身	快乐
双方	明确	军队	未来	四周	挨个儿	英雄
跳蚤	力量	胡同儿	蜗牛	昂贵	仍然	原因
底子	难怪	小鞋儿	麻醉	篡改	穷人	富翁
雨点儿	遵循	何况	上层	陡坡	轻而易举	

重点与难点解析

注意难点音：

①平翘舌：冲（ch）刷（sh）、藏（c）身（sh）、四（s）周（zh）、篡（c）改

②边鼻音：农（n）民、红娘（n）、未来（l）、力（l）量（l）

③ i—ü：原（üan）因（in）

④介音：军队（uei）、遵（uen）循

⑤前后鼻尾音：明（ing）确、英（ing）雄（iong）、仍（eng）然（an）、上（ang）层（eng）

⑥卷舌韵母 er：轻而（er）易举

⑦声调：特（第四声）别、疲倦（第四声）

⑧变调：浅显、所有制

⑨轻声：馒头、扎实、跳蚤、底子

⑩儿化：挨个儿、胡同儿、小鞋儿、雨点儿

三、选择判断（共 10 分，限时 3 分钟）

1. 词语判断：请判断并读出下列各组中的普通话词语

（1）掉　　跌撇　　漏脱

（2）草蜢　　蚱蜢　　蝗虫

（3）老豆　　爷老子　　阿爸　　父亲

（4）走闪　　回避　　闪阿开

（5）连牢　　接筹　　接连　　连世

（6）角落头　　角弯　　角下里　　角落

（7）上面　　上便　　高头　　上背

（8）一生人　　一世人　　一辈子　　一世侬

（9）馅头　　馅儿　　馅子

（10）眼睛　　眼乌珠　　目珠

答案

（1）掉 （2）蝗虫 （3）父亲 （4）回避 （5）接连 （6）角落 （7）上面 （8）一辈子 （9）馅儿 （10）眼睛

重点与难点解析

判断方面，注意第 2 组的正确选项是“蝗虫”。

语音方面，第一项和第二项的重点和难点同样适用，注意“一辈子、眼睛”是轻声词，“馅儿”是儿化词。

2. 量词、名词搭配：请搭配并读出下列符合普通话规范的数量名短语（例如：一条鱼）

大钟　三轮车　医生　仓库　教师　汽车　阳光　屋子　井　树叶

只　间　口　辆　名　片

答案

一口大钟　一辆三轮车　一名医生　一间仓库　一名教师

一辆汽车　一片阳光　一间屋子　一口井　一片树叶

重点与难点解析

搭配方面，注意本题中量词“只”是干扰项，没有用到。

语音方面，注意“钟、车、生、师、树”等字的声母是翘舌，“三、仓”等字的声母是平舌，“屋子”是轻声词。

3. 语序或表达形式判断：请判断并读出下列各组中的普通话语句

（1）A. 这菜齁咸。

B. 这菜伤咸。

C. 这菜太咸。

D. 这菜老咸。

（2）A. 妈妈说红的花多半不香。

B. 妈妈说红的花多半没有香。

（3）A. 起杭州出发。

B. 对杭州出发。

C. 从杭州出发。

（4）A. 今天上午他有来过。

B. 今天上午他有来。

C. 今天上午他来过。

（5）A. 面包掉在地上了。

B. 面包掉咧地上了。

答案

（1）C. 这菜太咸。（2）A. 妈妈说红的花多半不香。（3）C. 从杭州出发。

（4）C. 今天上午他来过。（5）A. 面包掉在地上了。

重点与难点解析

判断方面，注意第 4 组的正确选项是 C。在“命题说话”项中如有类似的句式也要注意正确表达。

语音方面，注意“这、州、出、上”等字的声母是翘舌，“菜、从”等字的声母是平舌，“妈妈”是轻声词。

四、朗读短文（400 个音节，共 30 分，限时 4 分钟）

父亲喜欢下象棋。那一年，我大学回家度假，父亲教我下棋。

我们俩摆好棋，父亲让我先走三步，可不到三分钟，三下五除二，我的兵将损失大半，棋盘上空荡荡的，只剩下老帅、士和一车两卒在孤军奋战。我还不肯罢休，可是已无力回天，眼睁睁看着父亲“将军”，我输了。

我不服气，摆棋再下。几次交锋，基本上都是不到十分钟我就败下阵来。

我不禁有些泄气。父亲对我说："你初学下棋，输是正常的。但是你要知道输在什么地方；否则，你就是再下上十年，也还是输。"

"我知道，输在棋艺上。我技术上不如你，没经验。"

"这只是次要因素，不是最重要的。"

"那最重要的是什么？"我奇怪地问。

"最重要的是你的心态不对。你不珍惜你的棋子。"

"怎么不珍惜呀？我每走一步，都想半天。"我不服气地说。

"那是后来，开始你是这样吗？我给你计算过，你三分之二的棋子是在前三分之一的时间内丢失的。这期间你走棋不假思索，拿起来就走，失了也不觉得可惜。因为你觉得棋子很多，失一两个不算什么。"

我看看父亲，不好意思地低下头。"后三分之二的时间，你又犯了相反的错误：对棋子过于珍惜，每走一步，都思前想后，患得患失，一个棋也不想失，//结果一个一个都失去了。"

重点与难点解析

1．父亲　fù·qīn
2．度假　dùjià
3．我们俩　wǒmen liǎ
4．兵将　bīng jiàng
5．损失　sǔnshī
6．一车两卒　yī jū liǎng zú
7．不禁　bùjīn
8．正常　zhèngcháng
9．珍惜　zhēnxī
10．棋子　qízǐ
11．计算　jìsuàn
12．三分之二　sān fēn zhī èr
13．不假思索　bùjiǎ-sīsuǒ
14．不好意思　bù hǎoyìsi

本文中有两个人物——父亲和儿子，父子之间的对话较多，口语化明显，读起来难度并不大。建议在朗读时首先在头脑中设想父子对弈的场景，父与子在年龄、性格、心态上的差异主要通过语速、音量和语气上的变化来体现，但总体上语调仍较为平实，不用刻意夸张。

五、命题说话（请在下列话题中任选一个，共 30 分，限时 3 分钟）

1．我的理想（或愿望）
2．谈社会公德（或职业道德）

重点与难点解析

以“我的愿望”为例。首先可以表明自己的愿望是什么；其次讲述愿望产生的背景和原因，比如来自家庭、老师、朋友的影响，或者其他原因；接着可以讲述愿望对自己的影响和意义；最后可以讲讲自己为实现愿望付诸的行动。在文字内容方面，可能会用到一些关于职业或称谓的词语，比如：父亲、母亲、爸爸、妈妈、老师、朋友，要注意读准用好。

试卷 2

一、读单音节字词（100 个音节，共 10 分，限时 3.5 分钟）

电	远	日	韦	仄	尖	黄	塌	眉	艘
临	赚	池	憎	饶	促	丝	国	伞	床
觅	丢	裙	匾	庞	恩	俘	拢	醉	劳
肉	萌	倦	准	内	熏	仰	抬	袜	您
黯	虫	篾	朽	糟	并	枪	蠢	羹	不
激	牌	瓜	粤	而	梳	你	块	雄	另
巴	让	条	攥	硫	鸟	瘸	磕	统	驱
我	跤	苟	章	景	瞎	海	搭	女	饭
许	黑	抵	摹	炒	跌	蕊	神	哑	签
甩	蹿	坠	恐	破	磁	圣	法	授	炯

重点与难点解析

1. 注意字形：日、仄、肉—内、朽、糟、瓜、鸟、苟、蕊

2. 注意难点音：

①平翘舌：艘（s）、赚（zh）、丝（s）、伞（s）、虫（ch）、攥（z）

②边鼻音：内（n）、您（n）、另（l）、硫（l）

③ z（c、s）—zh（ch、sh）—j（q、x）：枪（q）、雄（x）

④介音：远（üan）、醉（uei）

⑤前后鼻尾音：憎（eng）、并（ing）、羹（eng）、另（ing）、景（ing）、圣（eng）

⑥卷舌韵母 er：而（er）

⑦声调：韦（第二声）、塌（第一声）、俘（第二声）、拢（第三声）、篾（第四声）、不（第四声）、蹿（第一声）

二、读多音节词语（100 个音节，共 20 分，限时 2.5 分钟）

贵宾	奶粉	刀背儿	一律	状况	爆炸	存款
盎然	选举	柴火	加入	封锁	咏叹调	放松

热闹	佛像	逃走	亏损	军事	影子	权利
玩耍	怀念	铺盖	奇怪	钢铁	小偷儿	将来
主人翁	进化	聪明	运行	无穷	偶尔	扇面儿
政治	传播	培育	恰当	牛皮	咖啡	谬论
唱歌儿	词汇	虐待	综合	战略	轻描淡写	

重点与难点解析

注意难点音：

①平翘舌：状（zh）况、放松（s）

②边鼻音：怀念（n）、牛（n）皮、谬论（l）、战略（l）

③ z（c、s）—zh（ch、sh）—j（q、x）：主（zh）人翁

④介音：存（uen）款（uan）、亏（uei）损（uen）、权（üan）利、玩耍（ua）

⑤前后鼻尾音：运行（ing）、无穷（iong）、政（eng）治

⑥声调：盎（第四声）然、钢铁（第三声）

⑦变调：奶粉、一律、选举、偶尔

⑧轻声：柴火、热闹、影子

⑨儿化：刀背儿、小偷儿、扇面儿、唱歌儿

⑩多音字：佛（fó）像、恰当（dàng）

三、选择判断（共 10 分，限时 3 分钟）

1. 词语判断：请判断并读出下列各组中的普通话词语

（1）手袜　手套　手囊　手套子

（2）粟米　苞粟　玉米　苞谷

（3）姑姑　阿姑　姑姐

（4）挨夜边子　临暗晡　暗头　黄昏

（5）香肥皂　香枧　香皂　芳雪文

（6）两旁边　两片爿　两边　两爿

（7）斗木佬　整房桶个　木匠　木师

（8）台型　时髦　行时

（9）围领　颈巾　围巾

（10）刁皮　跳皮　翻灿　调皮

答案

（1）手套 （2）玉米 （3）姑姑 （4）黄昏 （5）香皂 （6）两边 （7）木匠
（8）时髦 （9）围巾 （10）调皮

重点与难点解析

判断方面，注意第2组的正确选项是“玉米”。

语音方面，注意“姑姑、木匠”是轻声词，“手、时”的声母是翘舌 sh，“皂”的声母是平舌 z，“黄昏”二字的声母都是 h，“调皮”的“调”的正确读音是 tiáo。

2. 量词、名词搭配：请搭配并读出下列符合普通话规范的数量名短语（例如：一条鱼）

家具 对联 字典 西装 猪 炸弹 电影 球拍 牛 卫星

粒 部 副 颗 套 头

答案

一套家具 一副对联 一部字典 一套西装 一头猪
一颗炸弹 一部电影 一副球拍 一头牛 一颗卫星

重点与难点解析

搭配方面，注意本题中量词“粒”是干扰项，没有用到。

语音方面，注意“对”的韵母是 uei，“联”的韵母是 ian，“装、猪、炸”的声母是 zh，“影、星”的韵母是后鼻音韵母 ing。

3. 语序或表达形式判断：请判断并读出下列各组中的普通话语句

（1）A. 我来过福州。
B. 福州我有来。
C. 我有来过福州。

（2）A. 你去，我没有去。
B. 你去，我不去。

（3）A. 冰嘎凉
B. 冷冰冰
C. 冰冰冷
D. 冷冰哒

（4）A. 你会跳这种舞吗？
B. 这种舞你跳得来不？
C. 这种舞你跳得来跳不来？

（5）A. 这朵花儿很红。

B. 这朵花儿红极。

C. 这朵花红得极。

答案

（1）A. 我来过福州。（2）B. 你去，我不去。（3）B. 冷冰冰

（4）A. 你会跳这种舞吗？（5）A. 这朵花儿很红。

重点与难点解析

判断方面，注意第 1 组的正确选项是 A。在“命题说话”项中如有类似的句式也要注意正确表达。

语音方面，注意“福州”非“湖州”，“福”的声母是 f，“湖”的声母是 h；“冷、冰”的韵母分别是后鼻音韵母 eng、ing。

四、朗读短文（400 个音节，共 30 分，限时 4 分钟）

夕阳落山不久，西方的天空，还燃烧着一片橘红色的晚霞。大海，也被这霞光染成了红色，而且比天空的景色更要壮观。因为它是活动的，每当一排排波浪涌起的时候，那映照在浪峰上的霞光，又红又亮，简直就像一片片霍霍燃烧着的火焰，闪烁着，消失了。而后面的一排，又闪烁着，滚动着，涌了过来。

天空的霞光渐渐地淡下去了，深红的颜色变成了绯红，绯红又变为浅红。最后，当这一切红光都消失了的时候，那突然显得高而远了的天空，则呈现出一片肃穆的神色。最早出现的启明星，在这蓝色的天幕上闪烁起来了。它是那么大，那么亮，整个广漠的天幕上只有它在那里放射着令人注目的光辉，活像一盏悬挂在高空的明灯。

夜色加浓，苍空中的“明灯”越来越多了。而城市各处的真的灯火也次第亮了起来，尤其是围绕在海港周围山坡上的那一片灯光，从半空倒映在乌蓝的海面上，随着波浪，晃动着，闪烁着，像一串流动着的珍珠，和那一片片密布在苍穹里的星斗互相辉映，煞是好看。

在这幽美的夜色中，我踏着软绵绵的沙滩，沿着海边，慢慢地向前走去。海水，轻轻地抚摸着细软的沙滩，发出温柔的//唰唰声。……

重点与难点解析

1. 燃烧 ránshāo
2. 而且 érqiě
3. 壮观 zhuàngguān
4. 因为 yīn·wèi
5. 闪烁 shǎnshuò
6. 绯红 fēihóng
7. 肃穆 sùmù
8. 神色 shénsè
9. 广漠 guǎngmò
10. 次第 cìdì
11. 围绕 wéirào
12. 倒映 dàoyìng
13. 晃动 huàngdòng
14. 苍穹 cāngqióng
15. 星斗 xīngdǒu
16. 细软 xìruǎn

在练习朗读本文时，在熟练掌握语音语调和文本内容的基础上，建议充分发挥联想和想象，让纸面上的文字活起来，朗读时有身临其境、景在眼前之感就更好了。

五、命题说话（请在下列话题中任选一个，共 30 分，限时 3 分钟）

1. 难忘的旅行
2. 谈服饰

重点与难点解析

以“难忘的旅行”为例。首先可以点题，先概括说明是在什么时间、到什么地方、和什么人一起或是独自一人的旅行。其次围绕“难忘”二字展开叙述。可以讲述这次旅行的特殊意义，比如时间的选择、路线的确定和人员的组成等方面的特殊安排；可以讲述旅行中让人难忘的自然风光、目的地的风土人情、旅途中结识的新朋友；可以讲述旅行中发生的趣事；还可以总结旅行中增长了哪些见识或是悟到了什么道理。话语中可能会用到一些人名、地名或其他一些专有名词，要注意发音准确。

试卷 3

一、读单音节字词（100 个音节，共 10 分，限时 3.5 分钟）

育　寡　莫　偿　永　鬓　淮　卵　驳　噎
涩　堵　粪　饼　砚　抵　夏　陕　酱　乔
帆　字　斟　阅　挖　怎　帽　取　撰　蹲
锤　万　腮　迟　困　伏　扔　儿　炼　明
烈　烤　偏　甲　凑　轮　扭　荣　掏　昂
拱　察　纺　捐　谷　擦　块　黑　奴　披
受　雄　恩　嚷　柴　忧　匀　搓　谓　腔
铝　锥　选　词　薰　至　光　寝　程　踩
禾　探　憎　瓢　斤　幂　王　均　某　东
级　乌　岁　塔　多　萍　卧　北　投　雪

重点与难点解析

1. 注意字形：淮、匀、搓

2. 注意难点音：

①平翘舌：偿（ch）、陕（sh）、腮（s）、擦（c）、柴（ch）

②边鼻音：炼（l）、扭（n）、奴（n）、铝（l）

③ z（c、s）—zh（ch、sh）—j（q、x）：字（z）、锥（zh）、词（c）、级（j）

④介音：卵（uɑn）、蹲（uen）、轮（uen）

⑤前后鼻尾音：永（iong）、饼（ing）、怎（en）、扔（eng）、程（eng）、萍（ing）

⑥卷舌韵母 er：儿

⑦声调：莫（第四声）、鬓（第四声）、帆（第一声）、甲（第三声）、憎（第一声）、幂（第四声）、塔（第三声）、雪（第三声）

二、读多音节词语（100 个音节，共 20 分，限时 2.5 分钟）

赶紧　必须　领海　恰当　没谱儿　窈窕　全部
绘画　挎包　栅栏　传统　作风　压力　扫帚

丢掉	虐待	火星儿	大娘	温柔	运输	确实
挨个儿	钢铁	推测	椅子	男女	外面	佛经
衰变	张罗	象征	亏损	窘迫	群体	苍穹
沉重	罪恶	主人翁	生存	萌发	而且	消费品
节日	矿产	露馅儿	高原	荒谬	司空见惯	

重点与难点解析

1. 注意字形：衰变、节日

2. 注意难点音：

①平翘舌：传（ch）统、作（z）风、沉（ch）重（zh）

②边鼻音：压力（l）、虐（n）待、大娘（n）、男（n）女（n）

③ z（c、s）—zh（ch、sh）—j（q、x）：运输（sh）

④介音：推（uei）测、衰（uai）变、亏（uei）损（uen）

⑤前后鼻尾音：象征（eng）、群（ün）体、苍穹（iong）、生（eng）存（uen）

⑥声调：必（第四声）须、挎（第四声）包、钢铁（第三声）

⑦变调：赶紧、领海、窈窕

⑧轻声：栅栏、扫帚、椅子、张罗

⑨儿化：没谱儿、火星儿、挨个儿、露馅儿

⑩多音字：恰当（dàng）、佛（fó）经

三、选择判断（共 10 分，限时 3 分钟）

1. 词语判断：请判断并读出下列各组中的普通话词语

（1）	勿方便	唔方便	不便	无利便
（2）	受吓	着吓	吃惊	食惊
（3）	腾等	跟倒	跟随	
（4）	断故意	故意	罢是	刁故意
（5）	长生果	瓜生	花生	涂豆
（6）	细小	幼细	异细	
（7）	吃个	膳堂	食堂	
（8）	外祖母	丫婆	外阿婆	外家妈

（9）结蛛　　决蛛子　　蜘蛛　　蜘蛛子

（10）老早子　本底　　先前　　往摆

答案

（1）不便 （2）吃惊 （3）跟随 （4）故意 （5）花生 （6）细小 （7）食堂

（8）外祖母 （9）蜘蛛 （10）先前

重点与难点解析

判断方面，注意第 5 组的正确选项是“花生”。

语音方面，注意“不便”中的“不”发生变调，“吃、食、蜘蛛”等字词的声母是翘舌，“随、祖”等字的声母是平舌，“惊、生”等字的韵母是后鼻音韵母。

2. 量词、名词搭配：请搭配并读出下列符合普通话规范的数量名短语（例如：一条鱼）

蘑菇　剪刀　作家　客人　扫帚　手表　摄像机　布　花　医疗设备

把　朵　块　张　台　位

答案

一朵蘑菇　一把剪刀　　一位作家　一位客人　一把扫帚

一块手表　一台摄像机　一块布　　一朵花　　一台医疗设备

重点与难点解析

搭配方面，注意本题中量词“张”是干扰项，没有用到。

语音方面，注意“帚、手、摄、设”等字的声母是翘舌，“作、扫”等字的声母是平舌，“手表”有上上变调的情况，“蘑菇”“扫帚”是轻声词。

3. 语序或表达形式判断：请判断并读出下列各组中的普通话语句

（1）A. 他大约要二三个月才能回来。

　　B. 他大约要两三个月才能回来。

（2）A. 我赶太原来。

　　B. 我朝太原来。

　　C. 我从太原来。

　　D. 我迎太原来。

（3）A. 你们来过没来过？

　　B. 你们来来没呐？

（4）A. 他得不得不理我？

　　B. 他会不会不理我？

（5）A. 他评我高。

B. 他品我高。

C. 他比我高。

D. 他赶我高。

E. 他跟我高。

答案

（1）B. 他大约要两三个月才能回来。（2）C. 我从太原来。

（3）A. 你们来过没来过？（4）B. 他会不会不理我？（5）C. 他比我高。

重点与难点解析

判断方面，注意第 1 组的正确选项是 B，第 2 组和第 5 组选项较多，本身难度不高，但要耐心审题。

语音方面，注意“才、从”等字的声母是平舌 c，“能”的声母是鼻音 n、韵母是后鼻音韵母 eng，“你们”是轻声词。

四、朗读短文（400 个音节，共 30 分，限时 4 分钟）

我打猎归来，沿着花园的林阴路走着。狗跑在我前边。

突然，狗放慢脚步，蹑足潜行，好像嗅到了前边有什么野物。

我顺着林阴路望去，看见了一只嘴边还带黄色、头上生着柔毛的小麻雀。风猛烈地吹打着林阴路上的白桦树，麻雀从巢里跌落下来，呆呆地伏在地上，孤立无援地张开两只羽毛还未丰满的小翅膀。

我的狗慢慢向它靠近。忽然，从附近一棵树上飞下一只黑胸脯的老麻雀，像一颗石子似的落到狗的跟前。老麻雀全身倒竖着羽毛，惊恐万状，发出绝望、凄惨的叫声，接着向露出牙齿、大张着的狗嘴扑去。

老麻雀是猛扑下来救护幼雀的。它用身体掩护着自己的幼儿……但它整个小小的身体因恐怖而战栗着，它小小的声音也变得粗暴嘶哑，它在牺牲自己！

在它看来，狗该是多么庞大的怪物啊！然而，它还是不能站在自己高高的、安全的树枝上……一种比它的理智更强烈的力量，使它从那儿扑下身来。

我的狗站住了，向后退了退……看来，它也感到了这种力量。

我赶紧唤住惊慌失措的狗，然后我怀着崇敬的心情，走开了。

是啊，请不要见笑。我崇敬那只小小的、英勇的鸟儿，我崇敬它那种爱的冲动和力量。

爱，我//想，比死和死的恐惧更强大。……

重点与难点解析

1. 蹑足潜行　nièzú-qiánxíng
2. 白桦树　báihuàshù
3. 跌落　diēluò
4. 翅膀　chìbǎng
5. 附近　fùjìn
6. 胸脯　xiōngpú
7. 似的　shìde
8. 倒竖　dàoshù
9. 露出　lòuchū
10. 战栗　zhànlì
11. 嘶哑　sīyǎ
12. 牺牲　xīshēng
13. 怪物　guàiwu
14. 惊慌失措　jīnghuāng-shīcuò
15. 鸟儿　niǎo'ér
16. 冲动　chōngdòng

本文语言简洁，句子都不长，建议先把重点词语练熟，再把全文读熟，以叙事的口吻读出来。本文用词非常准确传神，朗读时注意有些描述猎狗或麻雀的神态、动作的词语可以重读，使表达更生动。

五、命题说话（请在下列话题中任选一个，共 30 分，限时 3 分钟）

1. 我喜欢的节日
2. 科技发展与社会生活

重点与难点解析

以“科技发展与社会生活”为例。这是一个议论类话题，时代感比较强，由于每个人都处在当今社会生活中，所以这个话题适用性也比较强。内容方面，可以结合亲身经历或生活中的具体事物讲述科技发展对社会生活产生了哪些影响、科技发展给社会生活带来哪些改变，还可以谈谈自己对科技发展与社会生活之间的关系的认识。

版　权　声　明

音 频 资 源

朗读 姚喜双（总指导） 于 芳 肖 玉
康 辉 贺红梅 李洪岩

监听 韩玉华 孙海娜 齐 影 于 谦